最後的晨星

The Last Morning Star：
Talks on the Enlightened Woman Mystic, Daya

奧修 OSHO 著
李奕廷 Vivek 譯

封面動畫
http://www.flag-publishing.com.tw/book4.html

譯者序

本書是奧修談論成道的女人——達雅。和莎訶若同為聖者查藍達的女弟子。她們都透過奉獻達到了那個最終的，和靜心之路不同的是，奉獻之路的方式是屬於心的、深情的、融化在愛裡面的。在本書中，達雅精緻、熱情、自發性的詩句，表現了奉獻者令人驚嘆的美與愛。關於達雅，我們知道的不多，只能透過一些奧修的話語：

「在印度，我們知道只有五個女人可以和佛陀、耶穌、查拉圖斯特拉、老子和那那克相比。第一個是蜜拉，已經是舉世聞名的。第二個是萊拉——在喀什米爾出生，喀什米爾非常尊敬女人。在喀什米爾流傳著一個諺語，當地人只知道兩個名字：Allah和Lalla。Allah的意思是神，Lalla則是指萊拉。第三個是莎訶若；第四個是達雅——和莎訶若是同時代的人，也是莎訶若的朋友。第五個是瑪里貝，耆那教的渡津者，其中一個最重要的師父。」

奧修《Is the Grass Really Greener》

「達雅和蜜拉及莎訶若是同一時代的人，但是她比她們還要深奧。她確實是無人可及的。」

奧修《Books I Have Loved》

目錄

第一章 記住神

記住神，
時間之蛇和悲傷之蟲就不會打擾到你。
從現在起，擁抱神，達雅說，
將世界的羅網留下。

不要對那些沒興趣記住神的人說話，
對那些愛上神的人敞開你的心。

當你說出神的名字的那一瞬間，
你所有的罪惡都消失了。
噢，人啊，把對於神的記住拘束在你的心裡。

沒有這個記住，
而只有人，人，你頭腦中的人，
你將會在痛苦中悲傷和哭泣。
在幻象的掌控中，
你的頭腦將永遠無法平靜。

除非琴弦已經準備要彈奏某個新的旋律、新的曲調，
否則即使一個人撥彈了那些琴弦一萬次，
也不會有任何共鳴產生。

除非黑蜜蜂因為甘露而酣醉，
除非牠的內心響起一段美麗的音樂，
否則即使一個人逗弄牠一萬次，
也不會有任何嗡嗡聲。

除非一個人從焦慮不安中覺醒，
除非火準備點燃自己，
否則即使一個人刺激一顆死掉的心一萬次，
也不會有任何吼叫的回應。

除非琴弦已經準備要彈奏某個新的旋律、新的曲調，
否則即使一個人撥彈了那些琴弦一萬次，
也不會有任何共鳴產生。

成道的神秘家是一個他的琴弦已經被神喚醒的人。成道的意識是一個它的維納琴不再閑置不用的意識。神的手已經觸碰了它。成為成道的神秘家，意思是為了唱這首

歌而生的人終於唱出了那首歌。藏在花朵的芬芳已經散播到風中。成道的意識是，你已經成為你注定成為的。所以自然的，隨著這個命運的達成，最高的喜樂也跟著來到。

只要種子仍是種子，它就會一直處於痛苦和煩惱中。煩惱的原因在於它是一粒種子。種子的意思是你應該要成為某個東西，但是你還沒有成為它。種子的意思是你應該要開花，但是你還沒開花。種子應該要成長，但是卻還沒成長，它還沒發揮它的潛力。種子的意思是繼續等待⋯⋯那條路是漫長的，而你還沒到達你的目的地。

成道的神秘家是一個已經成為他注定要成為的人。他不再是一粒種子，現在他是一朵花：綻放出千片花瓣的蓮花，如同花朵一樣的喜樂。什麼是花朵的喜樂？現在已經沒有任何事要做了，已經沒有任何地方要去了。旅程結束了，劃上句點了。現在已經可以待在寧靜裡——因為如果有任何地方要去，你會一直是焦慮不安的，如果有任何事要做，你就必須計畫。只要你仍然必須成為某個人，成功和失敗就會一直跟著你。誰知道你會不會成功？懷疑和誤解會圍繞著你⋯⋯有一千件事情。頭腦會一直猶豫不決，頭腦會是不安定的。「我該選擇哪條路？如何避免出錯？我選擇的路最後可能完全不是一條路。我選擇的路是否會和我最終的命運是和諧一致的？」懷疑將會活在我們的內在裡，燃燒著我們，使我們充滿絕望。

而且一路上自然會充滿痛苦和阻礙。最大的阻礙會是種子沒有成為花朵的信心。它怎麼可能？它以前從未成為一朵花。要如何相信那個過去從未發生過的？「其他的種子已經變成花朵了，但是這不表示我也會一樣。其他的種子是其他的種子；它們可能和我不同。我這粒種子可能只是一粒小卵石，裡面可能什麼都沒有。」

種子不可能會對它的未來充滿信心。信心只會來自於經驗。所以會有一千個懷疑和誤解圍繞著它：我是否會有未來？我選擇的方向是否沒錯？我想要達成的想法是否只是頭腦的惡作劇？我是否只是在作夢？我是否在創造某個新的謊言，某個新的幻象？這一切都造成了痛苦；它們就像荊棘一樣的刺痛著我們。

花朵的喜樂就是它不用去任何地方；未來已經結束了。一旦未來結束，和過去的連結也中斷了。一旦不會再發生任何事，誰還會牢記過去？我們牢記過去是因為某件事即將發生，是因為我們可能會用上過去的經驗。我們是為了前方的旅途而收集過去的經驗：它們可能會派上用場。一旦沒有任何地方要去，一旦沒有任何事要做，一旦未來已經結束，我們也同時免於過去的束縛。現在已經沒有必要背負記憶的重擔。考驗結束了。現在已經沒有任何考驗了。

所以已經不用牢記任何事了，不用編織幻想的羅網了。原本用在過去和未來的能量，現在正穿透著當下短暫的瞬間，在這個強度中的是最高的喜樂和透徹的中心。這是一個sat-chit-anand的片刻——真理、意識和喜樂的片刻，或者是奉獻者稱為達成神的片刻、智者稱為達成真理或解脫的片刻。

成道的意識是，一個人的生命之花已經綻放了。一旦花開了，它的芬芳就一定會散播開來；一旦花開了，將會有一個慶祝。所有成道的神秘家都透過詩來表達他們的祝賀。有些人不是透過詩，但是他們的談話充滿了詩意。即使他們沒有寫出任何歌或詩，即使他們只是單調的談話，他們的單調中仍然充滿了詩意。佛陀從未寫出任何歌，但是那不會造成差別。他說出來的每個字都是多汁的。每個字都充滿了汁液，每個字都是非常詩意的，每個字都是點燃的燈。

在我們談論達雅的歌之前，我們必須先記住幾件事。

首先，成道是一個慶祝，一個偉大的慶典。沒有任何慶典比這更偉大了。生命中最重要的片刻已經來到了。將會有舞蹈、歌唱、感恩，一個感激的表達。一個人要如何表達是另一件事。蜜拉會跳舞、達雅會唱歌、莎訶若會哼著歌、柴坦亞會跳舞、卡比兒會寫詩、佛陀會談話。有時候一個人也會保持寧靜：但是這樣的安靜有一種美。

你沒注意到不同寧靜的差異嗎？有時候一個人會因為憤怒而沉默，所以他的寧靜帶著憤怒。他是寧靜的，但是他不是真的寧靜；他正透過寧靜表達他的憤怒。有時候一個人悲傷的時候是寧靜的。他是寧靜的，但是他仍然在訴說某件事。他身上的每根纖維都在訴說他的悲傷。他的面容訴說了他的悲傷，他的雙眼訴說了他的悲傷，他的姿勢訴說了他的悲傷。當他坐著，他是悲傷的，當他站起來，他是悲傷的。圍繞著他的空氣是鬱悶沉重的。他的胸膛有如千斤重。有時候一個人寧靜只是因為他沒有話要說。那麼他的寧靜中會有一個空洞、一個空虛、一個負向性。你會發現他的寧靜是因為他內在的存在是空虛的。

當水壺是空的，就無法產生聲音。當水壺是滿的，也無法產生聲音。但是空和充滿是完全不同的兩件事。一個人不說話只是因為他沒有話要說——你會有了一個負向的經驗，某個東西不見了——而另一個人不說話是因為有太多話要說了，以致於不知從何說起。他要怎麼說？會需要用很多文字表達，所以他保持寧靜。話語將無法容納他想要說的，語言是不夠的。因為他想要說出來的，是如此龐大，以致於無法用文字表達，所以他保持寧靜。水壺是滿的，會有一個完全的寧靜，但那是一個非常正向的狀態。它不是負向的狀態。它不是一個空；不是無物；它是一個整體，有一個「充滿」在那兒支配著。你會發現這個人是什麼都不缺的，有一個濃厚的神性圍繞著他。

這就是ishwara的意思：神。你可以在這個人的存在中感覺到神的存在。他是非常充滿的。他可能讓自己是空的，但是他充滿了神性。但是使自己空的人並不是真的空的。沒有神性才可能使一個人是空的。神秘家和聖人使自己消失後讓神進入；他變成了神的王座。

有時候這樣的人會保持寧靜，但是即使在他的寧靜中也充滿了詩意。如果你仔細聽，你會從他的寧靜中聽到一段美妙的音樂。如果你閉上雙眼保持寧靜，你會從他的存在中聽到一段甜美的旋律，你會從他的存在中感到寂靜的共鳴。他的起身和坐著，會傳來一陣浪濤——遙遠的彼岸傳來的浪濤。如果你去經驗他，你會發現他的存在擁有豐富的養分，而不是空無一物的。

但是當你和一個寧靜的人在一起，因為他是空虛的，所以你回家後也會感到空虛；就好像他把你吸乾了，就好像他把你的水分吸走了，就好像你被他搶劫了。你一定有很多這樣的經驗。當你離開人群後回到家，你感覺身上的某些東西被拿走了，你感覺身上有些瘀傷。你需要休息一或兩個小時才能恢復。發生什麼事了？因為那兒有很多空虛的人，他們搶了你、他們掠奪了你、他們榨乾了你。當某個人像一個空洞，你的能量會流到那個人裡面。

所以當你拜訪過一個沉默的朋友後回到家，你會因為他的空虛感到筋疲力盡。如果他的寧靜是因為他是充滿的，那你也會充滿的回到家——因為他的某些能量進入了你內在的存在，他的某些光會進入你的黑暗。你會吸收到他的芬芳。當你離開他之後，你會狂喜的回到家——攜帶著一個新的旋律、一個新的和諧。沉睡在你裡面的琴弦會和他的琴弦發出的聲音產生共鳴。

成道的神秘家是一個慶典。成道的意識會透過很多方式顯現自己：有的人會創造出卡修拉荷的雕像，有的人會製作阿旃陀和埃洛拉的石雕，有的人會跳舞，有的人會寫歌，有的人會保持寧靜。但是有一件事可以確定：如果你深入的看著他們，那些都是偉大詩意的表達，從未出現過的詩意。那首詩採用什麼樣的形式或色彩——那是另一件事。大部分的情況下，聖人會唱歌。他們會唱出他們想要說的；他們不會只用談話表達出他們想要說的，他們會狂喜的唱著歌、哼著歌。兩者是不同的。

當你單調的說話，你會使用邏輯。當你充滿詩意的說話，你會依賴感覺。當你想要證明某個論點，就不能透過詩；當你想要證明某件事，你必須使用散文。必須擦亮邏輯的語言。邏輯需要沒有任何瑕疵的數學方法。但是奉獻者和聖人不需要證明任何事。他們已經經驗過神。那不只是一個假設；對他們而言，那已經是證實的。不需要蒐集任何證據了。成道的神秘家不需要證明神的存在。當他對你說話，並不是在向你證明任何事。對他而言，那已經被證實了；他的談話是在表達他的達成。他說：「那已經發生在我身上了。我跳舞是因為那已經發生在我身上了。如果你可以了解我的跳舞——那很好。如果你不了解，那是你的不幸！」

成道者不需要證明任何事，所以你不會在他的語言中看到「因此」這個字。他不會說：「這個世界存在，因此神也存在，因為一定是誰創造了這個世界。」這是胡說八道！用邏輯證明神的存在是一種無神論。那表示神是小於邏輯的；祂是可以用邏輯證明的。任何可以用邏輯證明的，也可以用邏輯反駁。

所以要記住，神秘家不是一個學者。他是一個敏感的、充滿感覺的、以感覺行動的人。神秘家已經知道了：現在，要如何讓你知道？他已經經驗到過去沒經驗過的——如何將這個好消息告訴你？他的雙眼已經張開了，他已經看見光了——很多世以來，你一直在尋找同樣的光。要如何告訴你光是存在的？他是否要辯論、將理論傳授給你、試著對你的頭腦解釋？

成道的神秘家沒有這樣的功能。沒有人可以透過頭腦傳達那個了解。成道者會觸碰你的心，喚醒你的感覺。他會說：「來吧，和我一起跳舞！和我一起唱歌！拋棄所有的邏輯和思想——來吧，和我一起沉浸在這個汁液中，也許那個已經觸碰了我的東西也會觸碰你。沒有理由不觸碰你。我和你一樣是個罪人，我和你一樣都是人類。跟你一樣，我也犯過錯。跟你一樣，我也有同樣的限制。我和你之間沒有任何差別，我沒有什麼地方比你特別。你和我是一樣的。也許神進入我裡面是因為我的門是打開的——而你的門是關上的，所以祂無法進去。只要和我一樣！看！當我跳舞，我的門是打開的。你也可以打開你的門。只要你有過一次經驗，你也會發現祂。」

神秘家的目的不是去解釋：他會讓你去經驗。神秘家的功能不是讓你的頭腦認同他：他想要的是喚醒你的感覺。這是完全不一樣的過程。就好像他醉了，完全的喝醉了，在不受拘束的狂喜中跳著舞——而你卻坐在那兒，乾枯的，沒有任何汁液，像一個沙漠。綠洲從未出現在你生命中的沙漠，所以他能怎麼做？他是否該跳舞，然後希望你會看見他的舞嗎？他是否該要求你看著他的雙眼，發覺他的狂喜嗎——那個已經是他生命的一部分的狂喜，也可能是你的一部分嗎？他是否該說：「我已經在喜樂中搖曳著，你為什麼不也在喜樂中搖曳自己？」

了解這個不同。學者會解釋神的存在；神秘家會解釋狂喜的存在。當你是狂喜的，你就會開始看到神。學者會說如果你相信神，你就會是狂喜的。但是要如何相信神？誰不想相信神？誰不想成為狂喜的？這是一個很奇怪的條件——你先相信神，然後狂喜就會來到。然而這就是阻礙出現的地方。你怎麼能接受神？你怎麼能相信你沒有看見的？你怎麼能相信你還不知道的？你怎麼能相信你還沒經驗過的？所以那些相信神的人，他們的相信是虛假的。

這樣的人充滿了全世界——虛假的信徒。他們的相信是因為他們的貪婪——以為相信可以帶給他們喜樂。到目前為止，這還沒有發生過。已經過了很多世，他們在寺廟中膜拜，他們在石頭上放上鮮花，他們去朝聖，他們去過卡巴和卡西——他們已經做了所有複雜的工作，但是這裡面仍然有一個基本的錯誤。他們的相信是虛假的。真實的相信會是你經驗的成果，它不可能在那之前就發生。你接觸的方式是錯誤的。你正試著把牛綁在牛車後面。現在，你在拖著牛車，但是它沒有在動，旅程無法開始，你很沮喪。你們的學者說你們應該先相信，然後你就會知道神。這是把方向弄反了。一旦你知道，相信就會出現。

聖人說：「只要知道，不要急著接受。」你怎麼能相信？如果你相信了，那會是一種虛偽。如果你相信了，那會是一個謊言。而且不要根據謊言建立關係，至少不要對神這樣做。至少真實的面對神。至少不要把你的虛偽和欺騙的行為延伸到祂那兒。至少真實的面對祂，至少用這樣的方式表達你的尊重——「除非我知道祢，我才會相信祢。」否則我要如何相信？我怎麼能強迫自己相信？我是否應該因為害怕地獄而相信？或者我是否應該因為貪求天堂而相信？或者是因為我的邏輯不好，而某個人用它威脅我相信？我是否應該為了這個原因相信？

你有注意到嗎？沒有人會因為邏輯而同意；你最多只能讓他啞口無言。可能是因為你的邏輯能力比較好，所以你可以讓他無法回答。你可能會固執己見，使得別人無法回應。但是一個沉默的人並非因此而真的同意。那個說不出話的人是不同意的；他的內在是沸騰的，他是怒火中燒的。他會尋找理由，然後等著遇到比你的說法更正確的人。就算他沒有找到更好的理由，他的生命也仍然不會有所轉變。這個世界充滿了虛假的信徒。寺廟、清真寺、謁師所——都充滿了虛假的信徒，盲目的相信。

成道的神祕家說：「相信是沒有幫助的，去經驗它！」成道的神祕家能讓你隨時都可以經驗到。他會在他淹沒的地方注入香甜的蜂蜜。那就是為什麼satsang會這麼被重視——坐在一個成道的神祕家身旁。

Satsang的意義是什麼？師父，一個成道的神祕家，因為神性的酒而醉；你可以從他那兒取到一些來飲用。甚至飲用陶杯的水，飲用他裡面的水，也會使你開始酣醉——因為神性的酒還沉澱在那裡面。即使你只是坐在他旁邊，不是今天就是明天，不是明天就是後天，你會開始搖曳——你心裡的某個東西會開始產生共鳴。這個共鳴是完全不合邏輯的！它是超越你的理智的，它不是你的頭腦可以抓到的東西。

成道的意識就是當一個人已經經驗到神性，就是當一個人已經打開了窗戶，就是當一個人的雙眼已經看見。你必須試著接近這個人的雙眼。你必須把他的雙眼當成望遠鏡來用。你必須透過他的雙眼而得到一個瞥見。這就是師父的定義。師父就是一個已經知道的人。師父就是一個讓你開始去經驗的神祕家，他是媒介，你透過他開始知道。

西藏流傳著一句諺語：「如果你想要找到上山的路，就問常常在那些路上往返的人。」不要問那些從未爬上山的人或那些一直住在山下的人——即使他們研究過很多地圖或者很熟悉偉大的經典。如果你問他們，你會漫無目的地徘徊，你會迷路。問問每天都要經過那些路的人：郵差、收送信件的人。他可能不是偉大的學者，他可能沒有任何地圖，但是你應該問問他。

達雅不是一個很聰明的人——就學者的角度來看，她不是很聰明。她不懂經典。但是我仍然選擇談論她。我要談論她，而不是那些偉大的學者。她似乎沒有受過教育，但是她已經走過那條路，她熟悉那條路。她已經吸入了很多那條路上的灰塵。她已經被塗上了那些灰塵的色彩，不斷的在那條路上行走，在那條路上旅行，就她本身而言，她已經變成了一個空。現在存在的是那條路上的芬芳。那些芬芳已經在這些詩句中顯現了自己。

有三種詩人。第一：那些在夢裡面瞥見到神的。他們是我們一般認知的詩人：卡理達斯、莎士比亞、米爾頓、埃茲拉龐德、本德、黛維，我們把他們稱為詩人：他們在他們的夢中瞥見過神。他們並沒有在清醒的狀態下見過神。當他們上床睡著後，只有一個微弱的呢喃聲傳到他們的耳裡。他們將那個呢喃轉變成一首歌。當然，他們的歌中仍然帶有一種香甜。神沒有進入他們的生命。但是他們偶爾會在一朵玫瑰中依稀瞥見到祂，他們聽到祂遠方傳來的腳步聲。他們偶爾會在月亮或星辰上聽到祂的聲音。他們偶爾會在一條河流或小溪的潺潺聲中聽到祂的聲音。有時候祂的美會在揚起的海浪上閃爍著：但是他們沒有直接看過祂；這一切都發生在他們的睡眠中。他們在睡眠中活著，他們是無意識的——但是仍能從他們的詩中嚐到前所未有的汁液。

詩是屬於神的——所有的詩都是屬於神的，因為所有的美都是祂的。詩是對美的讚頌，對美的讚揚，對美的稱頌，對於美的壯麗描述。詩是美的科學。所有的美都是屬於神的。他們偶爾會瞥見到祂，他們在一些地方看過祂的足跡——不是清醒的狀態下，因為他們沒有做過任何使自己覺醒的事。他們還沒有為了覺醒流過淚，他們還沒有為了覺醒受過苦。只有奉獻者是覺醒的。

所以第二種詩人是奉獻者，一個成道的神秘家。他不只看到了美，他還看到了最美的。他不只聽到了回音，他還看見了那個源頭。就好像某個人在山頂上唱歌，他的聲音迴繞在整個山谷。詩人聽到了回音，神秘家則是看到了音樂家。詩人已經捕捉到回音，在山谷中所產生的音樂的共鳴；透過直接坐在他的存在裡，神秘家已經吸收了它。所以自然的，他們話語中的力量是前所未有的。就藝術方面而言，詩人是更熟悉技巧的，因為他擁有作詩的天賦。就藝術方面而言，神秘家不是很熟悉技巧，因為他從未學過作詩的技巧。因為就詩的藝術技巧而言，神秘家的話語可能不會是偉大的詩。但是就真理而言，它們是最高層次的詩意。

還有第三種詩人，既不是聖人也不是詩人，他只是懂得很多作詩的技巧。他了解講話的方式和詩的韻律。他只是根據那些原則把散文改寫成詩。他沒看過真理，他甚至沒看過真理的影子，但是他熟悉語言學、他知道文法。他是一個打油詩人，他可以把一般的談話押韻。

一百個詩人中有九十個是打油詩人。有時候他們押韻的效果很好，會製作出一些令人陶醉的詩。但是那些只是押韻詩；裡面沒有任何生命，那些詩裡面沒有任何實際的經驗。他們的文字是精巧的：他們會計算音節，他們會觀察韻律的規則和技巧。一百個人之中有九十個人是打油詩人。剩下的十個詩人有九個是詩人，只有一個是真正的聖人。

達雅就是這樣的聖人：一個奉獻者和一個成道的神秘家。關於她的生平不是很清楚。奉獻者從不會留下太多和自己相關的資訊。她們是如此全神貫注的唱著神之歌，以致於她們沒有時間留下和自己相關的資訊。我們只知道她的名字。一個名字特別的地方在哪兒？每個名字都有它的目的。我們只能確定一件事：她會利用師父的名字靜心。她的師父是查藍達。他有兩個門徒——莎訶若和達雅。我已經談過莎訶若。查藍達說過：「她們就像我的雙眼。」這兩個人都奉獻了她們的一生去服侍查藍達。如果一個人找到了師父，他的服侍就是sadhana，一種靈修；只是接近他就夠了。沒有任何資料提到他們的靈修方式，但是這樣就夠了。如果某個人已經找到了真理，只要待在他身旁就夠了。如果你經過一個花園，你的衣服會沾到花朵的芬芳。如果你待在一個已經知道真理的人身旁，他的芬芳也會進入你的存在。那個芬芳會飄在空氣中，它會散播到每個地方。她們一定有按摩師父的腳，她們一定有為他煮飯，她們一定有為他倒茶……她們一定有為他做很多這類的小事。

這兩個人的詩也沒有太大不同——因為師父是同一個人，所以從師父身上流向她們的，不可能會有任何不同。她們都喝同一個井的水，她們都有了同樣的經驗。這兩個人似乎都是沒有受過教育的。有時候沒有受過教育是一種祝福。受過教育的人無法向別人鞠躬，那是因為他們受過的教育。教育會增強自我主義：「我是某某人物！我是有教養的，我怎麼能向某個人鞠躬？」她們是沒有受過教育的，她們和蜜拉一樣，來自於同一個地方。

常常會發生……如果一個靈魂在某個特別的地方出生，如果看到神的出現，那兒會留下閃耀的光芒。那個地區的空氣會變成傳染性的。一個波浪會喚醒另一個波浪：因為第一個波浪而產生第二個波浪，因為第二個波浪而產生第三個波浪。成道的暴風曾經存在過。有時候，這些颶風會來襲。在佛陀和馬哈維亞的時代就有過這樣的暴風。全世界的成道狀態達到了這樣的高度——以前從沒有達到這樣的高度，之後也沒有達到這樣的高度過。一萬個人被挾帶在那個暴風中而達到成道，他們乘著那股暴風。一旦某個人成道，那會造成一個連續性的成道。這就是科學家所謂的連鎖反應。當一間房子起火了，整個區域都會陷入危險。火焰會從這間房子躍向第二間房子，然後是第三間房子。這是一連串的、連續的。如果房子彼此很接近，整個村莊可能都會燒成灰燼。

成道是一個類似的現象。當某顆心捕捉到神性之火，當某顆心被點上神性之火，然後那些火焰會開始跳躍⋯看不見的火焰，無論誰靠近，都會被那些火焰捉到。所以莎訶若、達雅和蜜拉都來自同一個地方。那個地方是受到祝福的，因為沒有其他地方這麼幸運，誕生了三個成道的女神秘家。

她們都是在同一個師父腳下寫出那些詩歌，所以她們的歌帶著同樣的色彩，同樣的旋律。當然會有一點小小的不同，那是因為她們的個性是不同的。那些不同是如此渺小，所以我在莎訶若的第一個系列的講道中，我會用達雅的詩去命名它們。達雅的詩是：

沒有閃電的無數光芒，
那是沒有雲的雨。

看著這一切，持續地，
我的心充滿了喜悅，達雅說。

這首詩會用在莎訶若的那個系列的講道，我會用達雅的詩來命名那個講道。用於這個系列的詩，也就是我們今天開始的講道，是達雅的系列，我會用莎訶若的詩來命名這個講道：

這個世界就像最後的晨星。
莎訶若說：它就像一滴露珠，
就像你用雙手盛住的水，
正在快速的消失。

就像最後的晨星，不會停留太久，這個世界就是拂曉時的星星。其他的星星都已經消失了。月亮消失了，星星離開了，太陽要升起了，天快亮了。最後一顆星星閃爍了一會兒，然後消失了。你幾乎看不見它了──前一個片刻還在那兒，然後就消失了。前一個片刻還在那兒，下一個片刻就消失了。這個世界就像最後的晨星：那就是它的狀態──最後的晨星！現在它在這兒，但是你看不見它了。不要太依賴它。去尋找那個一直在的──北極星，而不是最後的晨星。在那個不變、永恆、不朽裡面尋求庇護；那個過去一直在的，現在也一直在的，以後也會一直在的──只有在那裡面求得庇護，你才能超越死亡。

如果人們執著於最後的晨星，他們的快樂能持續多久？那就好像想要去捉住水中的泡泡。在你可以用手托住它之前就破了。

這個世界就像最後的晨星。
莎訶若說：它正在快速的消失⋯⋯

你可以試著用一千零一個方式讓它留下，但是它不會留下。這就是我們一直在做的——全世界一直在做的。我們在試著抓住什麼不放？關係、依戀、愛、我們的丈夫和妻子、子女、財富、名聲、地位。**這個世界就像最後的晨星**。它會在你可以掌握它之前就消失了。它會在你浪費時間去掌握它的過程中就消失了。你無法留住這些波浪。這個世界是變化無常的。那些想要掌握它的人，最終將會是不快樂的。

我們為什麼不快樂？我們痛苦的根本原因是什麼？那個根本的原因只不過是：我們試著抓住無法持久不變的東西。但是我們想要它們是持久不變的，我們想要的是不可能的，因此我們是不快樂的。我們依賴那些氣泡，我們用沙子堆砌成房子，我們用紙牌蓋房子。只要一個微風吹過，一切就崩塌了。然後我們悲傷、嚎啕大哭。然後我們變得很不快樂，我們說：「多麼不幸啊！」那不是不幸，那是愚蠢。我們說那是因為我們觸怒了神。我們沒有觸怒誰，那只是我們缺乏了解。

如果你用紙牌做房子，它當然會倒塌。令人驚訝的是，當你在用紙牌做房子的時候，它們沒有倒塌。那很好。通常在你蓋好那個房子前，它就倒塌了。你一定在童年的時候蓋過這種房子——它通常會在你蓋好之前就倒塌了。甚至不需要一陣微風吹過。也許是你碰到它，那就夠了。也許是你的呼吸，那就夠了。一旦動到任何一張紙牌，整個宮殿都會崩塌。

這個世界就像最後的晨星。
莎訶若說：它正在快速的消失⋯

一個了解到這一切而不再用紙牌蓋房子的人，不再做紙船並讓它在水上流動的人，不再用沙子堆砌成房子的人，不再依賴幻想的人——只有那時，他才能知道那個永恆的。只要你的雙眼還填滿了那些短暫無常的東西，你就無法看到那個永恆的。那些短暫無常的波浪遮住了那個永恆的。螢幕被那些短暫無常的事物遮住了，而你卻投入所有的能量去試著得到它，試著維持它。你無法永遠的維持它，它遲早會破碎。這種情況已經發生過很多次，一世又一世，⋯**就像一滴露珠**。你曾經看過清晨閃閃發光的露珠，就像被曙光照耀的珍珠：在草葉上、樹葉上、荷葉上。甚至連珍珠都沒有如此閃耀。但是要和它們保持距離，不要太靠近，不要觸碰它們，不要試著收集這些珍珠——否則它們會像你用手盛住的水；你的雙手最後只會殘留幾滴水。如果你試著撿起它們，收集它們，儲藏它們，把它們放到你的保險箱，你只會擁有一雙弄濕的雙手，但是沒有珍珠。這些珍珠是虛假的。這個世界就跟它一樣，就像某個人用手盛著水一樣。它會一再地逃掉，它會一再地從你的雙手中滑落。

這就是我談論達雅所要用的名字：最後的晨星。智者已經試著說出了很多事情，但是也許沒有說出比這些詩還要甜美的話語：**這個世界就像最後的晨星**。還能有什麼更直接了當的話語？所有的經典，所有冗長的學術論文，用這句話就足以涵蓋它們。

在佛陀一生的事蹟中，據說當他看著最後的晨星慢慢的消失，他成道了。也許他在那個片刻下的內在狀態就跟莎訶若寫下「**這個世界就像最後的晨星**」時的狀態一樣。他坐在菩提樹下，他的雙眼是張開的，最後一顆星星正在下沉……下沉……下沉……然後消失了。當最後的星星沉落後，同一個片刻中，他內在的某些東西也沉落了。因為那顆沉落的星星，所有他思考的、他在意的一切，都跟著結束了。在那個瞬間，火燃起了，一盞燈點燃了。佛陀沒有談過這件事，但是如果他遇到莎訶若，他一定會同意這些詩：

這個世界就像最後的晨星。
莎訶若說：它就像一滴露珠，
就像你用雙手盛住的水，
正在快速的消失。

當佛陀看到最後的晨星下沉後，他了解到世界的本質。現在已經沒有任何事要執著了，他的雙手不再抓著任何東西不放。了解到世界變化無常的本質的人將會免於世界的束縛，只有了解到世界變化無常的本質的人才能抬起他的雙眼看著神。這一切都是息息相關的。

為什麼會發生？

噢，為什麼會發生？
生命在尋找中逝去，
然而一個人卻找不到靈魂的伴侶。
心的花朵沒有被觸碰過，
一個人度過這麼多季節卻從未開花。
心，表面上微笑著，
內在卻靜靜的流淚。
為什麼會發生？
噢，為什麼會發生？
在這個不可能發生的情況下，事情會持續多久？
在持續不斷的愛裡面，我的手何時才會碰到別人的手？
我的雙眼何時才會了解別人雙眼中的語言？
真理的道路上，何時才不會有任何荊棘？
心為什麼渴望去得到那個永遠失去的？
為什麼會發生？
噢，為什麼會發生？
生命在尋找中逝去，
然而一個人卻找不到靈魂的伴侶。
心的花朵沒有被觸碰過，

一個人度過這麼多季節卻從未開花。

為什麼會發生？

噢，為什麼會發生？

為什麼會發生？原因很簡單。因為我們試著要留下那些本來就無法被留下的事物，因為我們試著留下那些必須不斷改變的事物——那些一直在改變的事物，它的本質就是變動。我們試著抓住那些無法抓住的事物，那些本質上是無法抓住的。就好像某個人試著抓住水銀。水銀會散開。我們追逐世界的方式就如同某個人在追逐水銀。水銀會四散開來。

但是我們甚至不去深入看著那個一直存在的、那個超越我們玩的所有遊戲的、那個站在我們裡面的、那個站在我們外面的。我們甚至沒有深入看著那個在凝視著所發生的一切遊戲的、那個是一個觀照的。我們還沒有凝視著神。那就是為什麼我們找不到靈魂伴侶。很多人似乎都是我們的靈魂伴侶，但是沒有一個真的是我們的靈魂伴侶。我們有很多次以為我們找到了靈魂伴侶，但事實上只是一再的失去他們。

你已經偽造了多少友誼？你已經塑造了多少愛情？你已經綁了多少依戀之線——每一次，你都失去了一切。來到你手上的只有煩惱和痛苦。但是你仍然沒有覺醒。你仍然希望在某個地方遇到某個人：「讓我再尋找一下，只要再尋找一下！」希望是永遠不死的。我們的經驗說我們永遠不會找到我們想要的，但是希望會繼續說服經驗。希望會繼續編織新的夢想。只有從希望中覺醒、從世界中覺醒的人才能自由。

不，這裡沒有靈魂伴侶，心的內在花朵永遠不會在這裡綻放。它只能因為神的觸碰而綻放。季節來了又去，但是你裡面的花朵永遠不會綻放，永遠不會。只有當神的季節來到，它才會綻放。那會是它的春天；剩下的會是秋天。你想要等多久就能等多久，但是你遲早都得返回。一個有智慧的人會很快返回，一個愚蠢的人會花比較長的時間。即使只有獲得一點點經驗，有智慧的人也能從中學習到東西，而蠢人會一再犯同樣的錯——然後漸漸習慣這些錯誤。他不會覺醒也不會學到任何東西，他會變得越來越了解如何犯錯。他會一直重複犯錯，他會熟悉這方面的技巧。

醒來！不要重複犯錯。如果你已經嘗試過，但是一無所得，那就不要再過度使用你的頭腦去問為什麼會發生這樣的事——為什麼？它的發生是因為一個非常簡單的法則。如果你試著走過一面牆，你會撞到頭。為什麼會發生這樣的事？從門出去，門就在那兒。所有的聖人都在談論這個門，這個入口。

記住神，
時間之蛇和悲傷之蟲就不會打擾到你。
從現在起，擁抱神，達雅說，
將世界的羅網留下。

世界是一個網。你已經把它保存了很長的一段時間，但是沒有任何東西來到你的手上。你已經把這個網撒出去多少次了？但是卻一條魚都沒抓到。你坐在岸邊，一世又一世，悲傷的，完全疲倦的；一再的編織同樣的網，一再的撒出同樣的網，但是仍然沒抓到任何魚。

耶穌看到一個漁夫在捕魚。那時候是早上，他將手放在漁夫的肩膀上說：「看著我。你還要捕多久的魚？來，跟我來。我會教你如何捕捉到真正的魚。」

漁夫深入看著耶穌的雙眼——非常奇怪，一個陌生人走到你後面，把手放到你的肩膀上——但是漁夫把他的魚網留在那兒，跟著耶穌走了。

他的弟弟大喊著：「你要去哪兒？」他的弟弟正在船上。他也在捕魚。「你要去哪兒？」漁夫說撒網的部份已經夠了，他已經花了一輩子在做這件事。即使有時候他捕到一些魚，他實際捕到的是什麼？有時候他們會捕到魚，有時候沒有，但是他們實際捕到的是什麼？他是空虛的，他一直是空虛的。「今天我看著這個人的雙眼，我相信他說的。不會有什麼傷害，我們沒有什麼好失去的。如果我們得到某個東西，那很好。如果沒有，那也很好。我要和他一起走。」

所有的神祕家都在對你說一樣的事。他們把手放在你的肩膀上說：「你還要撒多久的網？」

從現在起，擁抱神，達雅說，將世界的羅網留下。

你已經撒了這個網很多次。有時候你會捕到某些東西，有時候什麼都沒有。但是如果你更深入的看，你會發現這個網收回來的時候總是空的，什麼都沒捕到。無論你捕到什麼，都會是不重要的，不會有任何價值。有時候你會捕到一些金錢，有時候是一些地位，有時候是一點聲望，但是它們有什麼價值？有一天你會把它們留在你的腦後：你的地位、你的名聲、你的財富。你不會成為它們的師父——你不是它們的師父。它們在你來到之前就在這兒了，當你離去後，它們仍然會繼續待在這兒。名聲和地位會繼續留下，但是你會離去。如同你空著手來到，你也會空著手離去。

記住神，
時間之蛇和悲傷之蟲就不會打擾到你。

達雅說，如果你記住神，那麼生命中所有的痛苦，生命中所有極大的痛苦，都將會被撫平。然後就沒有任何事可以灼傷你。現在，你所謂的生命並不是生命，它是火葬用的柴堆。你承受著各種形式的灼傷。有時候你被憤怒灼傷，有時候你被火葬用的柴堆灼傷，但是你一直被灼傷。有時候火葬用的柴堆是明顯的，有時候它是藏起來的；有時候它是看得見的，有時候它是看不見的——但是你不斷的被灼傷。你是否曾經嚐過生命的甘露？你是否有過這樣的片刻——你的心沒被灼傷、灼傷的痛苦已經完全的減輕了？有時候那個灼傷是非常痛的，有時候沒有那麼痛，有時候那個灼傷後的疤消失了，有時候沒有消失，但你是否有過一個寧靜的片刻，你是否有過一個喜樂的片刻？門是否打開過？從來沒有！

記住神，
時間之蛇和悲傷之蟲就不會打擾到你。

但是只有記住神的人會獲得最高的喜樂，超越世界上所有的慾望之火。

記住神的意思是什麼？那不表示坐在那兒說：「羅摩——羅摩，羅摩——羅摩，」或者用印著羅摩名字的圍巾蓋住你自己。事情沒有這麼容易！記住神的意思是你已經開始超越你自己，你已經開始抬起雙眼往上看，種子已經開始尋找花朵…它還不是一朵花，但是它可以做到…種子已經開始尋找花朵，燈的火焰已經開始朝著天空升起、朝著太陽升起。旅程已經開始了：種子已經爆開了，嫩芽已經冒出來了，已經開始它朝向天空生長的旅程。

只要你還認為：「無論我是什麼，無論我是誰，我都是一個人類，然後事情到此為止，」那就不會有任何超越你的門在你裡面開啓。你是沒有門的。一個沒有門的人是悲傷的、痛苦的；他是封閉的，被關在監牢裡。

相信神不表示有一個神坐在天空，追著世界跑。不要相信這些幼稚的想法。相信神的意思只是…如果你正確的了解它，它的意思只是：「我不會僅止於此，還有更多的可能。」讓我重複：「超越我自己是可能的。我現在的狀態不是我存在的最終狀態。我可以是更巨大的，我可以是更浩瀚的，我可以是無邊無際的。」記住這點就是記住神。

記住神只是一個象徵。當一個人坐著，全神貫注的吟誦神的名字，他在說什麼？他是在說：「我召喚祢，噢，我的未來；我呼喚祢，噢，我的潛力！我現在只是一粒種子，但是我會記著花朵，以便這能變成我內在的旅程。我會走，我不會現在就坐下，我會出發，我會旅行。我必須尋找，我必須找到我的目的地。只是坐著會有什麼事發生？」一個心靈上開始不滿足的人已經是宗教性的。在世俗的事務上是滿足的，在心靈上是不滿足的，這就是宗教性之人的特質。

現在的情況剛好相反。世俗方面，你是不滿足的。你擁有財富，但是那還不夠。你有房子，但是它太小了。你有一輛車，但它是舊的；那是你從廢車廠買來的，你想要一輛新的、一輛適合的車子。你有一個保險箱，但是它太小了。你擁有某個地位，但是它無法讓你滿足，你想要更高的地位。現在你對世界感到不滿意。有趣的是，你完全對自己很滿意！就你的內在而言，沒有任何事需要完成。你的不滿足都是關於外在的東西：你的保險箱必須再大一點，你必須買一輛新車，你的房子必須更大，你必須試著增加你的財富，找到更好的妻子或丈夫……這就是你在糾纏的一切。你在擴充，但是你在擴充你的世界，不是你自己。

這就是世俗的人和宗教性的人唯一的差別。你想要擴充你的世界；而宗教性的人會擴充他自己。你對自己是完全滿意的。對於你的狀態，你是感到滿意的；你完全不在意你可以是完全不同的，你完全不在意可以有一個佛降臨到你身上，你完全不在意你裡面可以誕生一個馬哈維亞，你完全不在意你裡面可以誕生一個耶穌。不，你不擔心這部分。你對小事感到很不滿意，但是對更重要的事情卻完全沒有任何不滿意。

記住：當你對小事感到的不滿意轉向內在，而將對於內在感到的滿意轉向外在，你就已經成為一個宗教性的人。你只需要做到這個小小的改變。滿意必須轉向外在：雖然房子比較小，它仍然可以住。生命是如此的短暫：你住大房子或小房子不會有任何不同。生命是短暫無常的：滿足你所擁有的。外在的事物只會持續一段短暫的時間。外在的生命就像某個人坐在火車站的候車室。你不會只是因為要在那兒等三個小時就開始改變候車室：擦些油漆、打掃一下、掛張畫、做些裝飾。你會告訴自己：「這是候車室，我不需要太在意它。我會安靜的坐在這兒，看我的報紙。一旦火車來了，我就要離開了。」

外在的生命是一間提供過夜的旅館。到了早上，你就得離開了。不需要太擔心它。滿足於外在的生命就表示他是宗教性的人。當然，如果你想對某些事感到不滿意，那麼內在的旅程是浩瀚的。它是一個漫長的旅程，它是一個永恆的旅程：在那兒，你必須探索真理。所以讓你的不滿足在那兒運作，將你不滿足的火丟向內在，讓你所有的滿足停留在外在。一旦你這樣做，你就是一個桑雅士；你是宗教性的，靈性的。

記住神，時間之蛇和悲傷之蟲就不會打擾到你。任何記住神的人…記住神的意思是朝著成為神的方向前進。但是首先你必須記住。首先，你必須記住你必須成為神的。

你曾經試著了解思考的本質嗎？你想蓋一間房子，但是首先，思想會出現——你想要蓋一間房子。你在頭腦中計畫，你延伸你的幻想，也許你甚至會在紙上畫出想要蓋的房子。然後也許你會去找建築師，以便讓他對你的計畫做更好的規劃。房子稍後會蓋好，但是首先你會先在頭腦中蓋好它，用你的記憶蓋好它。

這個世界所發生的一切都是先發生在思想中，然後才會發生在這個世界；首先是思想，然後才是實際存在的事物。記住神的意思是你已經開始了內在的旅程。現在你知道你必須成為充滿神性的，你必須全心全意的投入到神性裡。你已經看過了世界，最後的晨星，現在你必須朝著它移動。現在你必須開始寫信；目的地仍然很遙遠，但是你已經提前傳達那個訊息。

祂如此徹底的忘了我，

甚至沒寄任何信給我。
雨季已經過了，
愛人見面的季節已經過了，
令人愉悅的濃厚黑雲開始打雷，
但是我的水壺仍然是空的。
沒有任何雨水碰到我的唇，
所以我用更多的渴解了我的渴。
祂如此徹底的忘了我，
甚至沒寄任何信給我。
每天早上我乞求烏鴉飛走，
每天早上我製作歡迎的裝飾圖案。
有時候在黑暗中，有時候在光亮中，
我沾了許多路上的灰塵。
我變成人們嘲笑和揶揄的對象。
祂如此徹底的忘了我，
甚至沒寄任何信給我。

記住神的意思是你已經開始寫信了。神是遙遠的：現在甚至還看不到祂的馬車，你甚至還看不到路上揚起的灰塵。現在，神還只是一個夢，一個想法，一個漣漪——從思想中泛起的一個漣漪，認為現在的我仍是不夠的，現在的我沒有任何寧靜和喜樂，現在的我是沒有時間放鬆的，我仍然得繼續旅行。你對自己滿意嗎？你真的滿意嗎？你不想要某件事在你裡面發生嗎？——一盞被點燃的燈，一個升起的旋律，一朵綻放的花，釋放它的芬芳。如果這個慾望，這個對花朵的渴望，對芬芳的渴望，對光的渴望，已經從你的內在被喚醒，那你就已經開始寫信了，那你就已經記住了。

記住神，時間之蛇和悲傷之蟲就不會打擾到你。

一個對於神的記憶已經想起來了。你已經回想起你的家，你是從那個地方被送來這兒的。這裡是一個外地的島嶼。你已經來到這兒，但是在你出生之前，你並不是在這兒，在你死後，你也不會在這兒。當你開始記起你的家——你來自於那兒，那是你最初的源頭，你最初待的地方，你出生前所在的地方，你睡在那個巨大的乳海中，那是你死後會待的地方，那是你這股溪流將會流入的海洋，那是你出生前的面貌，那是你出生前所待的地方，也是你死後會待的地方——當你開始記起這一切，轉變就開始了，你的雙眼將會開始向內看，外在上，你會垂下眼皮，然後你的雙眼開始向內移動。

你仍會生活在外在的世界，但是會像一個住在外地的人，仍然記著他的家。他在那兒生活，他會讓一切繼續進行著：他會去店裡，他會在市集裡走動，他會去辦公室，他會做每件事：會有丈夫、有妻子、有小孩，他會照顧每個人，一切都沒問題，但是現在，一個內在的記憶，一個無法抑制的內在記憶會開始出現。就好像某個人開始拉著他。你真正的生命力量已經開始轉向內在。外在的力量是微不足道的。大量的生命之流開始在你裡面聚集，能量開始結晶化。

記住，我們會回到我們來的地方。河流來自於海洋，它會上升到天空，變成雲，降雨在喜馬拉雅山，然後又變成一條河，奔回海洋。源頭就是目標。我們會回到我們來的地方。我們出生前所在的地方也是我們死後會去的地方。永恆就在那個最初的源頭裡。休息的地方在那兒。在這兒，只會是忙碌的、跑來跑去的。

祂如此徹底的忘了我，
甚至沒寄任何信給我。
雨季已經過了，
愛人見面的季節已經過了，
令人愉悅的濃厚黑雲開始打雷，
但是我的水壺仍然是空的。
沒有任何雨水碰到我的唇，
所以我用更多的渴解了我的渴。
祂如此徹底的忘了我，
甚至沒寄任何信給我。

這就是整個狀況。現在，你用更多的渴來解你的渴。連一滴水都沒有。你只是在試著安慰自己。無論你如何安慰自己，你都無法安慰你的頭腦。可以用渴來解渴嗎？

你是否注意過一件令人驚訝的事：在一個慾望還沒滿足前，你就已經創造出另一個慾望。為什麼？——因為如果某個慾望還沒被滿足，你會感到沮喪，而你的頭腦必須在某些事裡面保持忙碌。如果你的頭腦沒有被使用，你會做什麼？你會立刻創造另一個慾望——用更多的渴來解渴。某個慾望使你難過，於是你帶入另一個慾望。

你觀察過嗎？當你有了某些痛苦，還會有別的痛苦，然後出現了非常大的痛苦，比較小的痛苦很快就被忘了？就好像你的頭在痛，你會去看醫生：「我的頭很痛，它快要炸開了，」醫生會回答：「等一下。你的頭沒事。讓我檢查你的心臟。」然後他聽了你的心跳後說：「你為什麼要擔心你的頭痛？你很有可能會發生心臟病！」在那個當下，你的頭痛會完全消失。你可能甚至會忘掉你的頭，更別說頭痛了！

發生了什麼事？因為較大的痛苦接替了較小的痛苦。因為較大的憂慮接替了較小的憂慮。因為較大的絕望抑制了較小的絕望。這是你的方式。一旦有了痛苦，你會做什麼來忘掉它？——發明一個更大的痛苦。你遇到了一個麻煩，然後你會帶一個更大的麻煩回家。比較小的麻煩會被忘掉，現在你要應付比較大的麻煩。

你會先和比較大的問題糾纏一陣子。然後，當你開始厭倦那個問題，你甚至會去找一個更大的問題。因為這個方式，人們不斷的擴大問題。這就是達雅說的：「世界的羅網。」

「…用更多的渴來解渴。」渴可以用來解渴嗎？你瘋了嗎？沒有一滴水落在你的嘴唇上，季節很快的交替，這一世可以把握的機會已經沒了。

記住神，

時間之蛇和悲傷之蟲就不會打擾到你。
從現在起，擁抱神，達雅說，
將世界的羅網留下。

將你的不滿意轉向——**從現在起，擁抱神：**記住神。照顧那個會照顧一切的。記住那個最初的源頭。記住你的本性，然後一個對它的渴求，一個對它的強烈渴求，才可能在你裡面覺醒——一個渴望。從現在起，記住神。

記住，你不能依據奉獻者的話語驟下結論，你開始念誦：「羅摩——羅摩，羅摩——羅摩，」然後你做了一切你可以做的。吟唱「羅摩——羅摩」是你做的一切的一部份。如果你做的一切是你的一部份，那麼念誦「羅摩——羅摩」會是有意義的。如果你做的一切不是你的一部份，那麼吟唱會是毫無意義的。用這個方式來理解：當你按壓開關，電燈亮了。但不要以為你所要做的只是從市集買了一個開關，把它黏在牆上，按住它，然後燈就會亮了。電是這個巨大網絡的一部份。只有一個開關無法完成整件事。

有一個不凡的人，T·E·勞倫斯。他住在阿拉伯，信奉回教。他是一個非常勇敢的人。雖然他是一個英國人，但是他愛上阿拉伯，一輩子都住在阿拉伯。

有一次，法國舉辦了一個大型展覽——一個世界級的展覽。他帶了十到十二個朋友前往法國，去看看世界。「你們住的地方，你們在阿拉伯所做的一切是落後的。你們必須看看世界！」所以他帶他們去看展覽。在展覽上，他很震驚的發覺到他們完全對展覽沒興趣。但是當他們進去旅館的浴室，就不會再出來了。他們唯一的興趣是浴室！他問了他們好幾次，他們在裡面待了這麼久，他們在做什麼，待了四小時！他們是渴望水的種族。他們沒有洗過像樣的澡。在那裡面，他們會坐在蓮蓬頭下或是在浴缸裡躺好幾個小時，他們對其他的一切都沒有興趣。他會帶他們去看展，但是他們很快就會說：「我們回去旅館吧。」

當他們要回國了，道別的日子來到了，所有的行李都已經放上車子，勞倫斯發現那些朋友都不見了。他不了解他們去哪兒了。他很震驚。他們快要錯過飛機了。然後他想到他們可能又回去旅館了。於是他回到旅館，發現那些朋友都待在浴室裡面。有一個人試著拆掉蓮蓬頭，另一個人試著拆水龍頭——但是沒有成功。他問他們：「你們在做什麼？」

他們說：「我們想把這些帶回去。我們可以在家裡享用它。如果我們可以把這些水龍頭帶回去阿拉伯，我們就可以在家中使用它們。」

他們不知道水龍頭，也就是他們可以看到的，只是可以看到的部份。牆裡面有一個巨大的水道網絡。巨大的管線連接著遠方的水源。水龍頭只是最終的部份。念誦「羅摩——羅摩」就像這樣。不要認為你坐著並不斷念誦「羅摩——羅摩」就能打開水龍頭，洗個澡。這不會有用。在它背後是一個巨大的意識背景，一個漫長的過程。

這個過程的第一階段是不要滿足自己的現況。第二個階段是對世界感到滿足：無論它如何，都是好的。如果它是這樣，你接受它，如果它是那樣，你也接受它。但是現在不要滿足你內在的現況。你所有的渴望、慾望和熱情都開始匯集成一條溪流，而那條溪流屬於你最深處的存在。但是這條溪流必須盡可能流到遙遠的地方，流到神那兒。你必須尋找那個無限的，因為死亡遲早會摧毀那些有限的，身體會被摧毀。你已經參加過別人的葬禮；有一天你的葬禮也會舉行。你已經看過別人火葬用的柴堆；有一天你也會被放在那些柴堆上。這個有限的身體將會離去。

在你有限的身體離去前，認出那個無限的。否則你的生命將會白費。機會來了又離去了，而你還無法認出那個無限的，你無法找到一個靈魂伴侶，你的心蓮並未綻放。

必須認出那個無限的。認出那個無限的請求就是神的名字。必須認出那個沒有名字的。到目前為止，你一直認為你就是你的名字所代表的。你的名字怎麼會代表你？你可以有任何名字。名字一直是借來的。你沒有攜帶任何名字而來到，離去時也帶不走任何名字。所以當離別的時刻來到前，你必須認出那個沒有名字的。這個沒有名字的，我們把它稱為「Hari」。連這個沒有名字的，也得給它名字！我們必須給它某個名字，否則要怎麼稱呼它？所以就稱為「Hari」！

Hari這個字是非常迷人的。它的意思是一個賊——讓人著迷的人、偷竊的人、拿走你的心的人。在這個世界上，沒有比印度教徒更令人驚奇了。人們曾經給了神很多名字——但是Hari！只有印度教徒才會這樣做。而那個字是正確的。愛是一個賊。它會偷走你的心。有一天你會發現你沒有什麼不一樣，除了你的心不見了。過去被你的心控制的，現在已經被Hari控制了，它已經占據了一切。它已經偷走了一切。它是「Hari」，因為它已經偷走你的心。它不會留任何東西給你。它會把你的一切納為己有。它會喝掉每滴水，什麼都不會留給你。

有天晚上，有些竊賊進了一個托缽僧的家裡。那個托缽僧躺在毯子上——他只有一條毯子。他看著他們努力的工作。「他們能找到什麼？」他心裡想著。他們努力的工作，找到一些破裂的舊茶壺和鍋子。

他們把那些東西收拾好準備離開，托缽僧也準備跟著他們。他們問他：「你為什麼要跟我們走？你要去哪兒？」他們有點害怕：這個人為什麼要跟著他們？

他回答：「朋友，既然你拿走了一切，我想我也應該一起被拿走。為什麼要把我留下？無論它們在那兒，我也會住在那兒。把我帶走不會對你們有任何傷害。」

他們立刻把那些東西放回去：「先生，拿著你的東西；它們並不是很多。誰會想要為你負責？」

當Hari偷了你，把你帶走，它不會留下任何東西。況且，你有什麼可以被偷的？當Hari拿走你的心，記住那個托缽僧。和Hari一起走，並說：「先生，也把我帶走。你把我的東西都拿走了——我的思想，我的情感。這沒問題，但是也把我帶走。我現在要在這兒做什麼？」Hari確實拿走了一切。當它行竊，它會偷走一切。它不會留下任何東西。

記住神，
時間之蛇和悲傷之蟲就不會打擾到你。
從現在起，擁抱神，達雅說，
將世界的羅網留下。
不要對那些沒興趣記住神的人說話，

達雅說她不會向那些對Hari沒興趣的人解釋。這樣做有什麼意義？他們不會了解。他們只會誤解。

不要對那些沒興趣記住神的人說話，

她說你也不應該因為他們而困擾。他們是反對神的，所以讓他們維持他們的方式。如果神無法對他們解釋，你又怎麼能解釋？他們會扭曲神的意思，他們也會扭曲你的意思！他們已經變得很固執。讓他們照料他們自己。

……那些沒興趣記住神的人。

這也是我的經驗。只有那些尋找神的人可以了解。這個了解不能是強加的，只有當你裡面出現一個強烈的慾望，它才會來到。當你聽我說話，如果你的聽帶著和諧、深深的興趣、愛和奉獻，那麼我說的話將會像甘露一樣灑落到你裡面。如果你和我爭論，如果你對我是封閉的，反對我的，那麼我所說的話，會像荊棘一樣的刺痛著你。對於那些仍然糾纏於世俗的人，神秘家的話就像荊棘。他們會說：「什麼意思？這個世界就像最後的晨星？我們才剛完成選舉，而你卻說這個世界就像最後的晨星！不要用這句話打擾我們的選民！先讓我去德里！然後你可以說任何你想要說的。但是先讓我達到目標。」

那些仍然對世界有興趣的人會認為這些話是充滿劇毒的。那些瘋狂追逐世界的人甚至會感覺神的名字是酸苦的，那是把毒藥注入到他的耳朵。記住這點：一切依你而定。如果你是有毒的，那即使像「神的名字」這樣重要的話語，被徐徐注入到你耳朵，也會變成毒藥。如果你的容器是裝滿毒藥的，那麼就無法把甘露注入到裡面。

……那些沒興趣記住神的人。不要對那些還沒記住神的人說話，不要對那些還沒思考過神的人說話，不要對那些甚至沒想過有像神這樣的存在而且必須獨自找尋祂的人說話，不要對那些仍然沉醉在世界裡的人說話。他們是昏睡的。不要打擾他們的夢，否則他們會生氣。

對那些愛上神的人敞開你的心。

達雅說，愛上神的美的人，開始投入到神裡面的人，對神打開心門的人——**對那些愛上神的人敞開你的心**——只要對那個人說話。這些事情是非常私密的。

人們來找我：「為什麼不是每個人都能進來？」只有那些開始尋找的頭腦可以進來。為什麼每個人都能進來？這不是電影院！不應該只是因為他的好奇而讓他進來。在這兒進行的不是講道。在這兒，心是攤開來檢視的。只有那些做好準備的人、那些渴望敞開心的人可以進來。來這兒的唯一目的在於我們的心是否可以會合，否則你會浪費時間，我所有的工作都會白費。相反的，你會憤怒的離開這兒：「這是什麼樣的講道，他應該要解釋某些事情，他應該要解釋某些有用的事情。」

當你去找一個聖人，你是為了得到某些東西。人們來找我，他們說：「把你的祝福給我們。」你要我的祝福做什麼？至少告訴我原因。

他們說：「你是知道一切的。」不，不，清楚的告訴我。我不想以後遇到麻煩，因為如果我的祝福造成任何後果，我還得負責。

他們說在法院有一個訴訟。已經進行了很長的一段時間，所以「請幫我勝訴。」有一個訴訟在那兒，而你是為了那個訴訟來找我。但是你們所謂的聖人都在做這類工作。你把他們稱為聖人，但是發生訴訟時，他們會祝福你，當你想贏得選舉，他們會給予祝福，當你染上某些疾病，他們會給你護身符。

你要知道，透過任何方式幫你處理世俗事務的人不可能是一個聖人。他只是你們生意人的世界的一部份，他是一個宗教的零售商。他也是一個生意人——就像你一樣。但是他是比你更有技巧的生意人。你賣看得見的商品，他賣的是看不見的商品。而且你甚至無法掌握這個看不見的商品。要小心他！

一個真正的聖人會使你吃驚。一個真正的聖人會打擊你。在他的存在下，你會因為無能為力的憤怒而感到不安。你會對他生氣很多次，你會有很多次想要躲開他。你會害怕聖人。接近他之前，你會考慮一千次。因為接近一個成道者的意思是改變、轉變。

對那些愛上神的人敞開你的心。

心只有在這種人的存在下才能打開。和心相關的事情只能告訴某個已經落入神的美的人，落入神的愛的人：**那些愛上神的人**，在神的支持中找到喜悅的人，已經從他內在的瘋狂中清醒的人。

對那些愛上神的人敞開你的心。

……對那個已經開始有點覺知到神的美的人，對那個他裡面開始出現一個新的渴望的人，對那個會說：「沒關係。無論現況如何都沒關係，但是沒有理由只是滿足於此。如果一切最多就是如此，那麼生命就沒有任何意義。」，對這樣的人敞開。你每天早上起床，去上班，在傍晚回家，吃飯，睡覺，然後早上又起床，再去上班……如果這就是一切，那麼生命是沒有意義的。比這更多是必要的。某個決定性的意義是必要的。某個其他世界的光是必要的，某個意識的新區域是必要的，某個全新的天空是必要的。

如果這就是一切——每天在地上爬行，從早到晚——如果這個生命就像一隻昆蟲，那麼生命是毫無價值的。任何了解這一點的人，將你的心對這個人敞開——將你心裡的一切告訴他，袒露你的心弦。把你的鑽石放在他面前。這就是成道的神祕家在做的。他們不只是講道，他們會在你面前展示他們已經找到的鑽石。但是只有當你了解到世界上沒有任何鑽石，你才能看到那些鑽石。了解到除了污泥之外，沒別的了。如果你仍然把石頭和小卵石當成鑽石，那麼最好不要對你展示這顆鑽石。你會把它當成另一顆石頭或小卵石。

當你已經學到如何認出鑽石，如何測試它，如果你已經成為一個鑑定家——**對那些愛上神的人敞開你的心**。將你內心的一切和那個生命已經成為一個對於神的等待的人分享。將你的心對那個人敞開。讓那個人看到一切。給他看到你所有的寶藏。邀請他進入你的內心深處，邀請他進入你的廟。對他說：「進來裡面，做我的客人。看看我裡面發生了什麼事，測試它，認出它，享用它，經歷它。」告訴他，發生在你身上的，也可以發生在他身上。

一株脆弱的紅色植物，
等待著，等待著。
鍾愛的，
一株脆弱的紅色植物，
讓門一直是打開的；
彩雲會拿著芬芳的旗幟來到。
噢，和微笑連結，你可以活得很長久。
一個溫柔的早晨。
不斷的注視著光
不斷的讓燈火燃燒著——噢！
如同度過夜晚的夜來香，
靜靜的，噢，如此的安靜。
一道耀眼的閃光，
等待著，等待著。
鍾愛的。
一道耀眼的閃光，

鍾愛的。
一株脆弱的紅色植物，
等待著，等待著。

讓門一直是打開的——不斷的注視著光。不斷的讓燈火燃燒著。師父邀請你進入他的心，並對你說：「只要看看已經在我裡面發生的。現在對你而言，它會變成一個等待。你必須再等一會兒，然後發生在我身上的，也會發生在你身上。我就跟你一樣，一個有骨、有肉、有活力的化身。我背負著這些限制，就跟你一樣。我曾經在黑暗中徘徊，就跟你一樣。我裡面的燈已經被點燃了，你也有這樣的燈。我昨天就處於你今天的狀態。明天你將可以達到我今天的狀態。只要再等一下。」

讓門一直是打開的；
彩雲會拿著芬芳的旗幟來到。
噢，和微笑連結，你可以活得很長久。
一個溫柔的早晨。
等待著，等待著。
鍾愛的。
一個溫柔的早晨。
不斷的注視著光
不斷的讓燈火燃燒著——噢！

如同度過夜晚的夜來香，
靜靜的，噢，如此的安靜。
一道耀眼的閃光，
等待著，等待著。

一旦你遇到一個成道的神祕家，一個師父，等待將會變得很容易——非常容易。在等待中不再有任何痛苦。等待變成非常有趣的，因為現在有了信任，現在也有了信念。

人們問我，什麼是一個成道的神祕家？我告訴他們，那個使你的心產生信任的人，在那個人的陪伴下，你的等待變得非常容易，那個你接近的人，使你感到它會發生，它一定會發生，除非它發生，否則它不會停止，這就是一個神秘家。無論它何時發生——那是另一件事——但是它會發生，那是絕對確定的。如果它今天發生了，很好。如果它在明天才發生，那就等它明天發生。現在你可以耐心的等待。不再有任何懷疑。在成道的神祕家的存在下，你會拋棄你的懷疑。

當你說出神的名字的那一瞬間，
你所有的罪惡都消失了。

達雅說，**當你說出神的名字的那一瞬間…**在一個人的生命中，一旦有了一個深切的等待，一個深切的記住，在他的內心深處裡，神的名字開始迴繞著，他開始在神性的樂趣中搖曳著；他開始愛上神的美，愛上神：**當你說出神的名字的那一瞬間，你所有的罪惡都消失了**。你所有的罪惡都因為說出這個名字而被完全燒毀。記住這點，你也說出了神的名字，但是你的罪惡並沒有燒毀。所以你並沒有真的說出那個名字。要知道這點。

你以前說出這個名字過，你已經呼喚它好幾次，但那不是你真正的意圖。你只是偶然說出它，表面上的；它並沒有深入到你裡面。你並沒有賭上你的生命，那隻箭並未穿透你的心。你只是一如往常的說出它。你說出它是因為人們告訴你這樣做是有益的；但是那不是因為你的探尋。你還沒有陷入愛，你還沒有被瘋狂佔有。

當你說出神的名字的那一瞬間，
你所有的罪惡都消失了。

你所有的罪都會被燒毀。它們應該被燒毀；它們沒有理由繼續存在。一旦燈被點亮，所有的黑暗都被驅散了。同樣的，一旦一個人開始記住神的名字，他在世界上的一切將會離去。你的全世界將會消失，你在世界上做過的所有事將會遠離。一切都是個夢，一切都只是黑暗。

噢，人啊，把對於神的記住拘束在你的心裡。

「拘束」的意思是，無論你說了什麼，做了什麼——無論你站起來或坐下，走路或沒有走路，吃或睡——神的名字隨時跟著你，支持著你。你會倚賴它。不要放棄那個支持。

噢，人啊，把對於神的記住拘束在你的心裡。

我們在歌裡面看到這部份，不是嗎？有句話不斷的出現，它被稱為拘束。同一句話不斷的出現。讓神的名字變成你的拘束。無論你做什麼——你在經營你的店鋪、攤子、或是做家事——讓你所有的行為都受到神的名字所拘束，在你的心裡記著祂。看著你的兒子，記住神；看著你的妻子，記住神。洗妳丈夫的腳，記住神，招待你的客人，記住神。神的窗户在每個地方為你敞開——那就是「拘束」的意思。

只有那時，你才能一天二十四小時都能跟著神。否則，你會在廟裡坐好幾個小時，或是坐五分鐘，吟唱神的名字然後趕著離開。你會是急急忙忙的——有數千件事要做。如果記住神只是你必須做的一千件事的其中一件，那它永遠都無法深入到你裡面。讓神的名字成為你的拘束。讓它成為你所有行為的核心。當你去到市場，讓自己在每個客人裡面遇見神。你仍然待在你的店鋪，但是你會感覺神以客人的外形來到你這兒。

這就是卡比兒常常在做的。他們説當卡比兒要去卡西賣衣服，他會跳著舞去。一旦人們問他，他的工作如此的普通，為什麼這麼快樂，只是去賣衣服。他會回答是因為羅摩來了，神在那兒等著他。也許祂會感到失望，因為織布工卡比兒還沒來，他那天遲到了。

當卡比兒賣給客人某些東西，他會說：「羅摩，好好照顧它。我非常辛苦的紡著這塊布的紗。它是我織過的布之中最精美的，我帶著極大的愛織出了它。我一邊記住羅摩一邊織出它——好好的照顧它。我在這樣的狀態下織出它，它應該可以讓你用一輩子。它應該也可以讓你的小孩用到。」

讓羅摩成為你的拘束。卡比兒會一邊織布一邊說：「羅摩。」可以垂直的織著，也可以水平的織著，但是羅摩的名字會出現在每一條線裡面。讓羅摩變成你的曲子：就像你的呼吸，就像你的心跳。**噢，人啊，把對於神的記住拘束在你的心裡。**

沒有這個記住，
而只有人，人，你頭腦中的人…

這就是長久以來我一直對你們說的。除非一個人記住神，否則人裡面只會有「人」。如果人裡面只有「人」，那表示他裡面什麼都沒有。試著思考一下：如果你裡面除了你以外沒有別的東西，那麼，在那裡面的是什麼？

沒有這個記住，
而只有人，人，你頭腦中的人…

只有人。你的腦中只有人，沒別的了。只有你和你的頭腦。這就是為什麼你是毫無意義的。意義來自於在你之外的。意義來自遙遠的地方。意義來自於超越。你是毫無意義的。意義永遠不會在你裡面，意義總是來自於在你之外的。

你注意過嗎？當一個女人煮飯，她毫無喜悅的烹煮著。不管怎樣——她總得煮飯。但是當她的愛人在很多年後回來，她將會是興奮的，她會跳舞，她會哼著歌，她會非常喜悅的烹煮！在她之外的某個人為整件事添加了某些東西。當一個女人變成一個母親，另外的芬芳，某些非凡的，會進入她的生命中。女人畢竟是女人。一旦小孩出生，新的意義進入了她的生命，現在她的生命有了目標。男人會為他自己而活，那沒問題，但是當他愛上一個女人，他走路的樣子改變了。他的臉上散發著光芒。某些在他之外的東西被加入到他的生命裡。

這些都是非常小的事。神是一個偉大的事件。當神的海洋進入你微小的露珠，無窮的意義將會進入你的生命，永恆的天空、永恆的空間將會進入你的生命。你變得更巨大了。你會是無邊無際的。

只要限制還在，就會是痛苦的。沒有任何限制，就會是喜樂的。一旦界線存在，監獄就存在，牆壁就存在。一旦界線不存在——一旦一個人和神合而為一，一個人就會是沒有界線的——就會有喜樂。

沒有這個記住，
而只有人，人，你頭腦中的人，
你將會在痛苦中悲傷和哭泣。
在幻象的掌控中，
你的頭腦將永遠無法平靜。

當你裡面除了人以外沒有別的東西，你會傷痛哭泣，你會不斷的像個哀鳴流淚的乞丐——**在幻象的掌控中，你的頭腦將永遠無法平靜**。而且在這個混亂、哭泣、灰心、貧窮中，你的頭腦永遠無法平靜。你會挨家挨户的乞求：

你將會在痛苦中悲傷和哭泣。
在幻象的掌控中，
你的頭腦將永遠無法平靜。

只要你的心中還存在著幻象，你就會一直是一個乞丐，你的頭腦永遠無法平靜，永遠無法寧靜下來。它不會停止、它不會休息。所有的平靜都存在於神裡面，所有的安定都存在於神裡面。

在這個國家，好幾世紀以來，人們探尋神的地方一直被稱為ashram。意思是安定存在的地方。「Ashram」的意思是你可以暫時停止的地方，寧靜的地方，使你的頭腦寧靜的地方。如果你仍然依戀那些不斷變動的，你會不斷的哭泣哀痛。你會流淚、你會悲傷。去依戀那個永恆的，依戀那個不會改變的。如果你必須結婚，如果你必須遵循婚禮的儀式，那麼，卡比兒說，那就迎娶那個叫做神的新娘。這樣誰還會在意少了新娘或少了新郎？然後就讓偉大的婚禮發生：

你將會在痛苦中悲傷和哭泣。

在幻象的掌控中，
你的頭腦將永遠無法平靜。

一旦記住神，頭腦就會安定下來，
因為祂的名字，生命有了意義。

「一旦記住神，頭腦就會安定下來⋯⋯」只有當你處於記住神的狀態，你才能處於安定的狀態：「⋯⋯因為祂的名字，生命有了意義。」只有當你和祂結合，生命才有了意義——在那之前是不可能的。

記住，生命是一個迎娶神的機會。不要死的時候還是一個鰥夫，就像你現在的狀態。

徘徊在黑暗沙漠的生命，
那些出現在地平線的星星發生了什麼事？

⋯⋯否則你會如同在地平線升起然後下沉的星星一樣，你也下沉了。它們沒有任何意義的升起，然後沒有任何意義的下沉。今天綻放的花朵，明天就枯萎了。「徘徊在黑暗沙漠的生命」，靈魂在這個生命的沙漠裡漫無目的的徘徊。花開了，花謝了。你出生了，你死了，你一再的出生和死亡。這就是你一直發生的狀況。你升起了，你下沉了；你升起了，又下沉了。早晨來了，然後夜晚來了；這一直發生著，一世又一世。還要多久，升起又下沉，你還要繼續這樣多久？一旦你和神結合，你將能永遠的升起。然後只會有升起，不再有任何下沉。

你現在陶醉的，似乎對你的生命有些意義的，遲早會被奪走。某些你在童年陶醉的，到了青年時期就被奪走了。青年時期有它令人陶醉的地方，但是老年會奪走它們。有一些沒有生氣的、死氣沉沉的陶醉仍然會留在你的老年時期，然後死亡會奪走它們。

童年有很多令人陶醉的事物：「有一天我會成為這個，有一天我會成為那個。」穆拉納斯魯丁告訴我：「當我年輕時，我曾經發誓除非我成為百萬富翁，否則我永不休息。」

我對他說：「然後呢？」

他說：「喔，等到我十八歲了，我發現忘掉承諾會比遵守承諾容易。」

百萬富翁！改變承諾會比較容易。童年時，每個人都有自己的夢想，誰知道那些夢想讓他成為什麼？但是青年時期會帶走那些夢。到了青年時期會有其他的夢想——愛情的夢想。然後老年又會帶走它們。有一些夢還會遺留在老年時期——屬於尊敬的、屬於榮譽的——然後死亡會把那些帶走。在這個世界上，使你陶醉的事物都會不斷的被奪走。不等待死亡帶走它們的人是明智的。一個察覺這一切的人會了解未來。了解過去不需要任何智慧。要了解過去完全不需要任何智慧。一個可以預先看到將要發生什麼事的人，一個在那些事情發生前就有所領悟的人，才是明智的。

哎呀，當我不是因為喝酒而酣醉時，曾經有過一段時光。

哎呀，現在我即使喝酒也不會醉。

在你的生命裡曾經有過一段時光，那時你即使沒有喝酒也會醉——你是年輕的，總是對一切感到陶醉。然後有另一段時光來到，無論你喝了多少酒都不會醉。在這個時光來到前，拋棄所有的陶醉！我要你拋棄所有的陶醉，當你不再對任何事物陶醉，會有一種陶醉來到。這個陶醉來自於神性的酒。

這就是達雅說的，**那些愛上神的人**。它是讓你永遠不再陶醉的陶醉。它是永遠不會離開你的不受拘束的狂喜。它是永恆的陶醉。

我們將試著從達雅的這些詩句中找到同樣不受拘束的狂喜。但是要記住第一個提示：

這個世界就像最後的晨星。
莎訶若說：它就像一滴露珠，
就像你用雙手盛住的水，
正在快速的消失。

第一步就是了解到世界是微不足道的，它是不重要的。然後我們可以進行第二步，找到重要的、有意義的。認出虛假的虛假，就是朝著真理走出第一步。

第二章 愛可以等一輩子

奧修，渴望還沒出現，我的門還沒打開。

沒有人可以使自己口渴。你可以尋找水，但是你無法使自己口渴。如果口渴出現了，它就出現了。如果它沒有出現，你就得等待。你無法強迫自己口渴，也沒有必要。當正確的時刻來到，你的時機成熟了，然後口渴將會出現。在那之前，沒有任何事發生是好的。

你的頭腦是貪婪的。例如一個小孩，如果聽到愛、性交或是取得了筏蹉衍那的愛經，他會開始好奇，他要如何也能對性感到熱衷，會出現這樣的貪婪。但是一個小孩無法對性感到熱衷；他必須等待。當他的性能量成熟了，他對性的熱衷將會出現。當我們的性能量成熟了，對於神的熱衷的時機也會在同樣的狀況下成熟。沒有別的方式。也沒有必要讓它提早發生。

但是當你聽到別人的談話，你有了貪念，你開始好奇什麼時候才能遇見神。你已經知道達雅唱著關於神的歌，你已經知道蜜拉因為不受拘束的狂喜而搖擺著——你的貪念在你裡面顫動著。你想要擁有同樣不受拘束的喜悅。你不在乎神，是這個不受限制的喜悅在吸引你。你想要這種狂喜。你看到一個因為神性的酒而酣醉的人在路上搖擺著，所以你想要經驗類似的酣醉狀態。你在乎的不是神性的酒——也許你甚至不知道有這個酒——但是這個人不受限制的狂喜引起你的嫉妒。

記住：接近一個成道的神祕家，如同會使你想要祈禱一樣，也同樣會引起你的嫉妒。如果嫉妒出現了，那會比較麻煩，一個很大的不安會在你裡面出現，因為你沒有任何渴望。一旦沒有任何渴望，一條溪流可能從你身旁流過，但是你能做什麼？如果你的喉嚨沒有感到乾渴，你怎麼會在意一條河？即使你喝了它也不會感到滿足。因為滿足只有當不滿足存在時才會來到——否則你甚至會想要嘔吐。

不。永遠不要急。耐心點，保持信任的。一旦時機來到，你就能做好準備，你的時機成熟了。而且要了解時機成熟的意思。時機成熟的意思是現在所有世俗的愉悅，對你而言似乎都是沒有意義的。只有那時，對神的渴望才會出現。世俗的愉悅對你而言，還不是微不足道的。它們不會只是因為我這樣說就讓你感到它們是毫無意義的。它們怎麼可能只是因為我這樣說就讓你感到它們是毫無意義的？老年人不斷的對小孩說：「玩具是沒有價值的。你為什麼把時間浪費在這些沒有價值的玩具？它們沒有任何意義。」但是小孩會不斷看到玩具的重要性。

一個小孩在對他的玩偶說話。他的母親說：「停止說這些愚蠢的話。」然後他跑開了。他的母親不了解他為什麼這麼快跑走。

然後他很快回來了，他說：「妳想說什麼？」他回來，但是沒帶著玩偶在身上。於是他的母親問：「你為什麼這麼快跑走？」

他回答：「如果玩偶聽到妳說的話，它會很難過。所以我讓它去睡覺。現在，告訴我，妳想說什麼。」

對妳而言，小孩似乎在胡說八道，但是在那個時候，玩偶對他而言是有生命的，玩偶會感到受傷。對他而言，不和玩偶說話會傷害到它的感情，會使它生氣。

小孩的狀態和老人的狀態不同。如果小孩因為老人是成人，因為他們說的一定是對的而被迫丟掉他的玩偶，他晚上會無法入睡。他的睡眠會一直被打擾。「我的玩偶會怎麼樣？我希望沒有人在黑暗中折磨它！它可能會怕黑！晚上在下雨——它可能全身都溼了！可能會有些動物或壞人折磨它！」他會無法睡著。他整晚都會夢到玩偶。對他而言，放下玩偶的時機還沒有來到。

有一天，那個時機會來到。有一天小孩會突然了解到玩偶只是玩偶，對它說話是沒有意義的。玩偶從來不會知道他在說什麼。他會嘲笑自己的愚蠢，他會把玩偶放到角落，然後繼續他的生活。他以後甚至不會再去看它。生命也是如此。

我了解你的困難。你會貪求快樂。你在財富和權力中尋找快樂——到處尋找快樂。你還沒找到它，但是你也還沒了解到快樂是無法在那裡面找到的。

你會進退兩難。你還沒找到快樂。它是無法被找到的。沒有人找到快樂。無論你多年輕，無論你多麼確信玩偶一定會回應你，它永遠都不會，它從沒說過話。它沒有辦法說話。沒有人可以透過這個方式找到快樂。你也還沒找到它，但是你還沒放棄希望。你認為是有可能找到它的，你認為玩偶會說話：「讓我再努力嘗試一下。讓我再試著說服它，讓我再等一會兒。也許我不夠努力；也許我沒有付出應有的努力，也許我在比賽中是半心半意的。也許我沒有盡力奔跑，也許我沒有完全賭上我的生命。讓我再冒險一次。」

你的希望還沒完全死亡。你的希望是充滿生氣的。這就是世界存在的地方——在那些希望中。當你的希望破滅⋯⋯那不表示它們會只是因為聽到某個人的話就破滅——

否則小孩會因為只是聽從老人的話就變得很成熟。如果它們是因為聽到某個人的話語而破滅，那並不會使它們完全破滅。你會坐在廟裡，但是你會想著生意。你可能會開始禁慾、棄世，並坐在喜馬拉雅山的某個山洞裡，但是你仍會想著你的妻子和小孩。這並沒有錯，那是絕對正常的。我甚至沒有說你這樣是不對的。

有一天，穆拉那斯魯丁拿著他被摔壞的懷錶去修理。它的狀況是如此糟，以致於很難想像它曾經是一隻懷錶。它被他從七樓丟下去。因為他彎下身去看某些東西，身體太過前傾，所以懷錶從他的口袋滑了出去。

因為它從這麼高的地方掉下去，所以它完全摔壞了。當他把很多破裂的金屬和碎片放在錶匠的桌上，錶匠一邊仔細的查看它們，一邊調整自己的眼鏡，就好像在試著確認這是什麼東西。最後他問：「先生，這是什麼東西？」

那斯魯丁說：「這太過分了！你看不出這是一隻懷錶嗎？」

錶匠大喊：「你為什麼…？」那就是他說的整句話：「你為什麼…？」

穆拉以為他是在問：「你為什麼扔了它？」所以他回答：「我能怎麼辦？它就掉下去了。我從七樓的窗户探出身子，所以造成這個遺憾。」

錶匠說：「我不是問你為什麼扔掉它。我是想知道你為什麼把它們撿起來？你為什麼自找麻煩？」

一旦你覺醒，你會發現你的生命中什麼都沒有。到了那時，你不會擔心是否要放下。你反而會納悶你為什麼在這樣的狀況下待了這麼久！「我為什麼要撿起這隻錶？」你將不會想到棄世的偉大。那時你會納悶你為什麼花了這麼久的時間去全神貫注在這些娛樂和消遣。「這是怎麼發生的？我為什麼如此盲目？我為什麼如此無知？那兒什麼東西都沒有，但是我為什麼卻如此無意識？」

西方有一句諺語，哲學家就是一個在非常暗的夜晚尋找黑貓的人，在沒有光的房間尋找黑貓的人——尋找甚至在一開始就不存在的貓。這就是你的生命故事。你在暗夜裡的某個沒有光的房間中尋找一隻黑色的貓，而那隻貓根本一開始就不存在。所以你不可能找到牠。但那是一個非常暗的夜晚，而且你以為那隻貓是黑色的，所以你持續尋找牠。你以為你只是在那個時候沒看到牠，但是如果你持續尋找，也許你就能找到牠。但是沒有人找到牠過。

但是不要因為某個人對你這樣說就離開房間，否則你會繼續徘徊。你會一再的回到同樣的房間。即使你的人沒有回來，你的頭腦也會回來，你的思考過程會回來，你的思想會回來，你的夢會回來。當你和一個女人坐在一起，你的雙眼是否閉上不會造成任何不同。你是數著真的鈔票還是想像的硬幣，這有什麼差別？不會有任何差別。財富只是一種想像。看起來真實的硬幣，你把它們丟到石頭上所發出的鏗鏘聲，就如同你閉上雙眼數著它們一樣的虛幻。兩者都是想像力創造出來的東西。但是不要只是因為我這樣講就認為它們是虛構的。經驗不能是借來的。

我了解你的困難。你說：「渴望還沒出現，我的門還沒打開。」你在尋求借來的經驗。避開任何借來的東西。就是這些借來的東西摧毀了你。就是這些借來的東西一直讓你誤入歧途。現在，停止去借任何東西。現在，如果你感覺這個世界仍然有某些令你快樂的事物，那就做最大努力進入它。試著進入它——用你全部的身體、頭腦和靈魂。不要留下任何一顆沒掀開的石頭——因為正是那些沒有嘗試過的事物在折磨你，正是那些沒有嘗試過的事物在糾纏你。不是世界在糾纏你，而是那些你還沒進入的世界角落，那些沒經歷過的、沒拜訪過的角落在糾纏你。所有你知道的一切，你是免於它們的束縛的。而那些你不知道的一切會一直束縛著你。

所以退後幾步。如果你裡面還沒有渴望，為什麼要試著喚醒它？你可能仍然渴望這個世界。這兩個渴望不會同時存在。只要你還一直渴望那些不真實的，你裡面就不會出現對真實的渴望。只要你還想飲用那些不真實的，你就不會有興趣去飲用那些真實的。你仍然在意那些不真實的，你仍然在意自我主義。自我主義的意思是虛假的。現在你想要地位、名聲、權力——你在意你的自我主義。去經歷過這些娛樂和消遣。沒有什麼要害怕的——因為這些娛樂並不是真的存在。房間裡並沒有貓。那就是為什麼我說要鼓起勇氣去尋找，進入每個角落。不要漏掉任何地方。

你們所謂的聖人是極度恐懼的。你們所謂的聖人似乎也借來了一切。他們對你說：「不要進入世界，你會陷在裡面。」我要對你說：進入它！你怎麼會陷在裡面？什麼會使你陷在裡面？是的，如果你沒有全然的進入，那你就會一直陷在裡面。然後你的頭腦會一直說：「如果我進入它！也許我就能找到它了……誰知道？某部份仍然是未知的，寶藏可能就在那兒，可能就是在那兒——而我錯過了！」你怎麼能完全肯定真理不在那兒，你怎麼能完全肯定那兒除了虛假，什麼都沒有。你怎麼能完全肯定那兒只會有妄想。

所以我對你說：去。無論想去哪兒就去哪兒。不要試著改變你在意的。某個地方一定有你在意的事物，沒有人會沒有任何在意的事物。這種人無法存活，一個片刻都無法存活。一個人如果沒有任何在意的事物，那他為什麼還要呼吸？他為什麼要一直每天早上起床？他為什麼還要去任何地方？他為什麼還要張開雙眼？如果一個人在某一個片刻中沒有任何在意的事物，他也會在同一個片刻中死亡，就在那個片刻！他不可能再多活一刻。如果活下去的慾望繼續存在，生命也會繼續存在。

所以在某個地方一定有你在意的事物。我了解你的困難。你在意的東西將會使你追逐財富、追逐地位，你所謂的聖人則在阻止你。他們說：「你要去哪兒？那兒不會有任何東西。」你會進退兩難：「我是否應該聽從聖人？他們說的話似乎是正確的——他們是善良正直的人⋯⋯」但是你的心告訴你：「去尋求它，馬上。」

有一位教律專家在清真寺講道。講道後他說：「那些想要上天堂的人，請站起來。」除了穆拉那斯魯丁之外，每個人都站了起來。那個專家有點困惑。當每個人坐下後，專家說：「那些想要下地獄的人，請站起來。」沒有人站起來，穆拉仍然坐著。然後專家說：「穆拉，你想要什麼？你不想去任何地方嗎？」

穆拉回答：「我確實想要上天堂，但不是現在。而你說話的方式就好像巴士已經在外面等待，每個人必須準備出發。還不行！我是想上天堂，但不是現在。這裡還有很多事要做。我的慾望還沒實現。」

穆拉是一個比較誠實的人。如果所有站起來的人發現，事實上有一輛巴士正在外面等著。他們會再次坐下。他們想表達上天堂的慾望，但不是現在。誰想要現在上天堂？現在，還有很多俗世裡的事要做。你還有計畫，你還有野心。你的夢還沒有破滅。現在，你的夢就像彩虹一樣的散開來——有無數的虹橋在那兒。現在，你可以在遙遠的地平線看到海市蜃樓。現在，你會認為：「我們快要到達了，我們離那兒不遠了。不管實際上到德里有多遠，你都會認為那並沒有很遠。我們似乎非常接近——我們幾乎要實現了。我們就快到達了。再兩步，或者再四步⋯⋯我們很快就會在那兒了。只要再努力一點，只要再辛苦一點，只要再等一會兒……」你的頭腦不斷的這樣對你說。

你在意的是這個世界。但是當你看著那些世俗之人的臉，你似乎不太可能會得到你想要的，因為他們似乎都沒有得到他們想要的。然後你看著那些虔誠的人、看著那些聖人——他們似乎已經得到他們想要的……寧靜、喜樂……但是你內在的經驗會說：「還不行，還不是現在；再找看看。誰知道，我可能會找到沒有人發現過的東西。」

關於頭腦，其中一件最基本的事情是它總是一直告訴你：你可能是個例外。雖然從來沒有人得到過他想要的東西，這會表示你不會得到你想要的嗎？關於頭腦的其中一個習慣就是它總是會把你排除在外。它會說：「你可能是不一樣的。」每個人都會死，地球是一個墓地，每天都有人死去，但是你的頭腦會對你說：「死的是別人。那不表示你會死。你死了嗎？你何時會死？你看過自己死掉嗎？也許你不會死！」

直到最後一刻，人會繼續認為死亡會發生在別人身上，但不會發生在他身上。你都是看到別人的棺材被送走，不是你自己的。你參加的都是別人的送葬隊伍。有誰把你送到火葬場過嗎？你的內心仍然希望也許神會使你免於這個自然法則的束縛。

當小偷要行竊，他也知道很多小偷被抓到過，但是他仍然認為：「也許我不會被抓。別人被抓到的原因是：他們一定是技巧不夠好才被抓到。也許他們不知道行竊的技巧。」

當一個兇手殺了某個人，他知道殺人的後果，但是他會想：「我會被抓嗎？不。我會非常有技巧的做這件事，注意每個細節，讓他們不會抓到我。」

你每天都依循這個習慣。昨天你是憤怒的，某一天你是憤怒的——然後每次憤怒過後，你都會感到自責。但是今天你又憤怒了。你以為也許這一次不會自責，也許你這次不會難過。你的手已經被荊棘刺到多少次、已經流了多少血？但是你仍然想玩弄著荊棘，只要再一次——也許這一次，荊棘會變成花朵，也許這一次，荊棘會放過你，也許因為你已經從生活中學到了這麼多，也許荊棘不會再造成你的麻煩。你的頭腦不斷的以這個方式將你排除在外。

一個開始了解生命的永恆法則的人，也就是：我不會是例外。我也會死，我也會變成塵土，然後一直是塵土；我所有的地位和名聲都無法拯救我。無論我擁有多少財富，都無法使我免於一死。當一個人徹底了解這點，他的生命發生了一個革命。到了那時，使他追逐世界、對外在的渴望，將會轉向內在、轉向神。等待！

愛是令人不安的，但也是測試耐心的。
靈魂是滋養喜樂的，也是喜愛痛苦的。

愛總是渴望得到對方：「愛是令人不安的，但也是測試耐心的。」愛是渴望得到對方的；也是有耐心的，可以等待的。這就是愛互相矛盾的兩面。愛是令人不安的，它總是渴望對方，然而它同時也是可以等待的。愛可以等一輩子。這就是它矛盾的地方；你無法從表面上了解它。

你曾經看過被愛的人站在門口等待她的愛人嗎？她是多麼的焦慮不安！連枯葉的沙沙作響聲也會讓她跳起來，以為是她的愛人來了。當一陣微風觸碰到門，她會跑去開門——也許是她的愛人來了。

你忘記你在等信的樣子嗎？當某個人經過，你馬上跑出去，以免那個人是郵差而錯過他。你可能在處理一千件事，但是你的心仍然留在門口，等待客人，希望自己沒有錯過他。你擔心你可能無法在那兒迎接他。有一個很大的不安和渴望——但也是一個很大的耐心。你是非常焦躁的、渴望的；但你也是非常耐心的。即使你必須等待一世又一世，你的等待中也會有喜悅，你會等待。

所以愛裡面會有不耐煩，也會有耐心。愛是對立者的會合。

所以有一件事：如果渴望還沒出現，不用急，不要衝動。享受生命的經驗。如果你認為你已經完全不再在意世界——不是因為聽到某個人的話語，而是透過經驗——你認為世界已經是無趣的，那就再耐心點。某件事正在路上，某個在意的東西一定正在路上。稍微耐心點。有時候在這兩者間會有一個間隔。有時候在一個旅程和另一個旅程之間會有一個小測試。一個比賽結束了，在下一個比賽開始前會有一個短暫的休息。你可能真的不再在意世界了。那就沒有什麼好擔心的。稍微忍耐一下，稍微容忍一下，稍微等待一下……很快，新的比賽就要開始了。你一直在外面追逐著，現在它已經不再追逐了。給你的能量一個機會——轉個彎，往回走，養成一個新的習慣，培養一個新的作風，一個新的方式，找到一個新的方向。給它一次機會。

一般人就像這樣。當福特製造出第一輛汽車，它沒有倒退檔。他沒有考慮到倒退檔。有行進檔，但是沒有倒退檔。需要經驗才會了解到問題。人們會開車到離家有點遠的地方，然後他們必須繞一大段路才能回家，因為他們沒辦法轉向。甚至你把車開到車庫外，然後你得開車繞了整個村子，才能把它開回車庫。所以後來車子被安裝了倒車檔。

你的頭腦汽車已經在沒有倒退檔的情況下行進了好幾世。它沒有倒退檔。它只能往前開，往外開。它只能開到別人那兒。沒有可以把它駛回到你自己的裝置。你甚至從沒想過要把它駛回你的車庫。因此，唯一讓你駛回到你自己的方式就是遊遍整個世界。而這個世界是巨大的：即使經過好幾世，你的旅程仍然還沒結束。它是浩瀚無垠的。

所以有時候一個人對外在的興趣可能真的結束了，但是在一個人可以裝上倒車檔之前，還需要一點時間。那個裝置在那兒，但是它已經生鏽了。它就在你裡面——因為神不會讓你只能走一個方向，祂創造了你，使你可以向內走，也可以向外走。最終，你必須向內走。你的機械設計沒有問題，但是因為你已經這麼久沒有使用它……一世又一世，你從未嘗試向內走，你從未向內看。

如果人從未向後看，他的脖子會變得僵硬。然後，好幾年以後，他想要往後看，他的肌肉會變得僵硬，他的脖子會扭到。這就是你頭腦的情況。所以稍微有點耐心，再等一會兒……

「渴望還沒出現，我的門還沒打開。」門怎麼會打開？是渴望在敲門。你在煩惱中感到痛苦，那是因為你在渴望；當你像一條魚一樣感到痛苦，那是因為你在渴望——就像魚被從水中抓起來並丟到岸邊——你處於世界的感覺就如同魚在炎熱沙地上的感覺，當你渴求神的痛苦如同一條想要回到海洋的魚，那麼你已經開始在敲門了。

耶穌說過：「敲，門就會打開。」但是敲的意思是什麼？當然，那兒並不是真的有門；你無法按門鈴。我們是在談論內在的門。在那兒，沒有實體的門和門鈴。只有當你的整個存在出現了渴望才會發生。就如同你渴望有妻子、小孩、財富和地位、渴望世界——當你的渴望融合成一條溪流並變成一個對神的渴望，那時門會自行開啓。

在這樣巨大的溪流面前，門怎麼還會是不能移動的、怎麼還會是關上的？那條溪流會是奔騰氾濫的。你所有的能量會變成一個巨大的流動…門會倒塌。事實上沒有任何關上的門或鎖上的門。神並沒有躲著你。神在呼喚你——是你不想聆聽。神每天都在敲你的門——但是除非你開始敲祂的門，否則你無法和祂會合，無法和祂結合。否則要怎麼會合？如果渴望還沒出現，門當然不會打開。

所以這裡面有兩件事。第一：如果你仍然在意世界，那麼就不要急。是神給了你這個世界，這樣你就能完全的經驗它，然後這個經驗會告訴你，在你之外並沒有別的東西，在你之外並沒有值得得到的東西。這是一個空虛的、無意義的競賽。你的雙手，一如往常地，會一直是空的，你的生命永遠不會是滿足的。

世界就在那兒，你可以從裡面得到經驗。

有一天，穆拉那斯魯丁要他的小兒子爬上梯子。於是小男孩爬上梯子。然後穆拉要他跳下來：「跳到我的手臂上。」小男孩有點害怕。如果他從這麼高的地方跳下去，父親可能會沒接到他，他會摔到地上。穆拉說：「你為什麼要害怕？你不相信我嗎？」

小男孩跳了，但是穆拉走開了。小男孩摔到地上。他一邊大哭一邊說：「你為什麼這麼做？」

穆拉說：「我要給你上一課。不要相信你的父親。不要相信任何人。那就是智者的特質。你了解嗎？」

神創造了這個世界讓你去經驗。但是不要依賴外在的事物。這兒有很多美麗的誘惑。遠方的鼓聲讓人感到容易被催眠，但是需要一段距離，它們才會讓人容易被催眠。一旦你靠近它們，它們的吸引力就消失了。當你終於得到它們，你會發現它們的吸引力只是一個妄想。

世界被創造出來，透過它，你會了解到真正的財富是在你裡面。只要你持續在你的外在尋找，你會一直是貧窮的。當你厭倦向外尋找時，你會停止尋找：閉上雙眼，潛入到你的內在，你會發現所有的財富就擺放在你的內在裡。

你被送來這兒是要成為一個皇帝。但是只有當你經驗到所有外在的貧窮，你才能成為一個皇帝。如果不了解那個貧窮，成為皇帝的經驗就不會發生。如果你沒有見過黑暗，你就無法見到光明。如果你還不知道荊棘，你就無法知道一朵花的美。如果你還沒經驗過那些毫無意義的，意義就不會來到你的生命。

人們問我：世界為什麼一開始就存在了？透過世界的存在，你可以有機會去經驗。我們可以在學校看到一樣的道理。當我們教導小孩，我們會用白色的粉筆在黑板上寫字。我們也可以寫在白板上，但是就會看不清楚那些字。如果你想要寫在白板上，你必須使用黑色的粉筆。

世界是一塊黑板；透過它，你的生命能量可以用最純粹、最明亮的方式顯現。沒有它就不行。

世界的痛苦就是背景。生命最終的喜樂透過這個背景顯現自己。沒有別的方式。生命顯現了自己，它對照出死亡的背景。人透過失敗了解成功，透過苦惱了解喜樂，透過失去了解達成。喉嚨只有透過渴才知道什麼是它要的。只有當你餓了，你才會知道什麼是飽足。

世界是神創造出來的一個手段。除非你進入世界，否則你永遠無法達成自己。如果你還沒有進入世界，如果你的內心仍然有些在意的東西拉著你——去達成它！去吧，不要猶豫。不要聽任何人的意見。即使你聽過了，仍然只是做你想做的。去吧！當你發現世界除了沙子之外什麼都沒有，發現你無法從沙子裡把油提煉出來，然後你會開始返回你的家。只有到了那時，你才會了解經典。只有到了那時，門才會打開。只有到了那時，入口才沒有任何阻礙。事實上，門一直是打開的。

花園失去了控制，花苞開花了，
院子哼著歌，小路喜悅的跳著舞，
但是我的門沒有打開。
一邊試著打開門，一邊過了一生，
祢到底上了什麼鎖？
祢忘了。祢甚至沒寫信給我。
在那兒的住處是我的心，它是空的。
香甜的白檀木被用來生火，
鍾愛的，這些捉迷藏的遊戲已經夠了。
現在聽我說。
早上已經變成晚上。
祢忘了。祢甚至沒寫信給我！

當你的早上變成晚上，當你一直無止盡的尋找，當你筋疲力盡，感到挫折，當你停止追逐，倒了下來，門會自行打開。鎖會被打開。就在那一刻，神降臨了。

強烈的經歷過世界是尋找神的過程所需要的一部份。世界不是和神對立的；世界是尋找神的背景。了解這點將會改變你所有的看法。

你所謂的聖人對你說的話並沒有太大價值。他們向你解釋世界是神的敵人，而神是世界的敵人。這是非常奇怪的——而你從未問過他們，即使他們也同時告訴你是神創造了世界。神是創造者，而他們卻又說世界是神的敵人。不可能兩種情況都是正確的。如果是神創造了世界，那祂怎麼會是它的敵人，如果祂是它的敵人，那祂又怎麼能創造它？

不！世界不是神的敵人。世界是尋找神所必經的旅程。你必須經歷它；它是一個必要的旅程。如果你避開它，如果你中途放棄而且逃走，你就無法找到神。那是一個測驗。你必須通過它。

奧修，你在太陽裡，你在月亮裡，你是無處不在的。不是透過我的知道，不是透過我的詢問，我在你裡面找到無法形容的喜樂的春天，我已經被它淹沒了。但是你說一個人也必須超越這個喜樂。我為什麼要刻意扔掉這個喜樂？

妮露帕瑪問了這個問題。她說的是正確的。當一個人處於喜樂中，他為什麼要扔掉這個喜樂？但是你必須了解一件事。

有一種快樂是世界一直承諾要給你的，但是你永遠不會得到它。人會期待快樂，但是所有你找到的只是痛苦。門上寫的是「快樂」，但是等你進去後，所有你能找到的都是痛苦。還有一種是神的喜樂，它是真實的。師父站在這兩者之間。師父就是門。師父就是讓你從世界這一邊進入神的入口。對那些已經厭倦在大太陽底下行走並想要休息的旅人而言，師父就是隨時可以找到的樹蔭。師父就是遮蔭。

但是他只是一個休息的地方，一個休息站，不是你最終的目的地。你會獲得快樂，很多快樂。因為你從未在世界上找到任何快樂，所以你會在師父的存在中、在他的愛裡面、在他的祝福中找到很大的快樂。但你不知道還有其他的快樂，你不知道還有比這個快樂還要巨大的快樂，所以你的心會說：「我們為什麼要放棄這個快樂？讓我們緊緊的抓住它。」但如果師父是真正的師父，他會告訴你還可能有更大的喜樂，他會要你不要急著停留在它上面。他會說：「聽著。當你離開世界，你遇見了我。如果你也離開我，你將會找到最終的實相。當你離開世界，你聽我說話，找到如此多的快樂。現在再聽我說幾句；如果你也能放下我，你會找到永恆的快樂。」

但是我了解奉獻者的痛苦。他從未在世界的沙漠中找到花園。除了口渴之外，什麼都沒有，那兒只有飢餓，除了煎熬之外，什麼都沒有。他一直迷失自己。現在他找到某個可以休息的地方、找到了寧靜、找到了春天、找到了瀑布、找到了旁邊有綠樹和青草的瀑布。他開始在草地上休息。他因為喝了瀑布的水而酣醉，他坐在樹蔭下。他怎麼能因為某個人叫他放棄就放棄這一切？他只知道兩個選擇。如果他離開綠洲，他就得再回到沙漠。他只知道這兩件事。離開綠洲的意思是回到沙漠。沒有第三個選擇。

但是師父怎麼說？師父說在這兒流動的小瀑布是連接著海洋的。小溪不是獨自出現在這兒的。如果只留下它自己，所有的瀑布都會乾涸。如果源頭就在它們裡面，而不是在海洋，它們能持續這樣多久？它們很快就把水用光了。瀑布不像池塘。池塘是封閉的，除了它以外什麼都沒有；它的水很快就會發臭和汙濁。它很快就耗盡了自己。池塘的水一直都是沒有生氣的。

這就是成道的神祕家和學者的差異。學者是一個池塘。池塘的水和瀑布的水似乎都是水，但是池塘的水是沒有生氣的、借來的、汙濁的、腐臭的。沒有任何生命的源頭使它保持新鮮、有生氣。當水是流動的，它是乾淨的；當它停止流動，它就變髒了。

師父是一個瀑布。成道者是一個神性在他裡面像瀑布般落下的人。你在師父裡面看到的是根戈德里的哥慕可，恆河的源頭。當恆河從根戈德里流下來，它來自於一個叫做哥慕可的小峽谷，哥慕可的意思是「牛的嘴巴」。師父就像那個嘴巴：他是嘴巴，但是在他裡面落下的、像瀑布般落下的，則是神性。現在不要坐下並抓著這個小溪不放。溪流裡面會有快樂，但是和溪流的源頭的無邊無際相比，這個快樂不算什麼。

所以一個要你留在他身邊的師父不是真正的師父。真正的師父會對你說：「來我這兒，然後超越我。抓著我，然後放下我。把我當成梯子，爬上去，但是不要停。」

你要用梯子做什麼？你會爬上去。但是你不會坐在梯子上想：「梯子已經讓我走了這麼遠，爬了這麼高，我怎麼能離開它？」

你搭一艘船……佛陀常常說師父就像一艘船。你坐在船上；你透過它從此岸到達彼岸。當你到達了，你不會用頭頂著你的船，帶著它離開。你不會說：「船已經讓我到了對岸，帶給我這麼多快樂，幫助我離開黑暗，來到了光明。現在我會用我的頭頂著它，我會把它變成神，我會膜拜它，永遠不會離開它。」那情況就會很複雜。

佛陀說過這個故事：

曾經有四個蠢人過了河，用頭頂著船並來到了市集。人們問他們：「你們在做什麼？我們看過人坐在船裡面，但是從沒看過船被放在人的頭上。」

但是那四個人說：「我們永遠不會離開這艘船。對我們而言，它是如此的珍貴。我們能來到此岸都是因為這艘船。在對岸是非常危險的。那兒是夜晚，非常暗，到處都是野獸，但是這艘船救了我們。我們如此感激它，我們永遠不會離開它。我們讓它是凌駕我們之上的，它是我們至高無上的光榮。它是如此的珍貴，我們會用我們的生命護衛它。」

佛陀說：「應該要有人向這些瘋子解釋，一個人搭船過了河，感謝它讓你渡過河——但是完全不需要用你的頭頂著船。這是愚蠢的。」

所以我可以理解。妮露帕瑪這樣說是對的：「因為找到你，我找到了快樂、遮蔭和庇護。現在你要我超越你。」那是痛苦的。我也可以理解那部份。它是令人傷痛的。我也可以理解那部份，因為你只知道兩種經驗——第一個經驗是你遇到師父之前的經驗，第二個經驗是遇到師父後的經驗。

但是我有三個經驗。也要記住第三個經驗，它是更重要的。當師父要你放下他，以便你可以往前走，請相信一個已經給了你這麼多快樂的人所必須說出來的話。以後你甚至會擁有更大的快樂。

神是最終的師父。因為這個原因，我們把師父稱為神，因為師父只不過是最終實相的代表以較小的外形出現。而神是浩瀚的師父以巨大的外形出現。

當我要你放下我，你不會真的離開我。當我要你放下我，你會發現我會以另一個更大的外形、更浩瀚的外形出現——它是沒有邊際的，瀑布不再是瀑布，它會是海洋。即使最小的瀑布也連接著海洋。它的水來自於海洋，它的水屬於海洋。

無論何時，有了了解；無論何時，光出現了，它們都是來自於海洋，來自於神。

所以師父是「哥慕可」，牛的嘴巴，恆河就來自於那兒。把它喝到你的心裡；深深的潛入它裡面，浸沒在它裡面。但是只要從所有的經驗學到這個——你必須前進，你必須持續往前走。你不能停在任何地方，除非你到達最終的目的地，在那之後，已經沒有任何地方要去了。那就是我們所說的神——最終的目的地，在那之後，已經沒有任何地方要去了。超越師父，因為還有一個地方要去。那就是為什麼那那克把錫克教的寺廟稱為「謁師所」。這個字是貼切的。它的意思是：「導師就是門。」你不會停留在門口，你會穿過那個門。你不會一直坐在門口。如果你一直坐在那兒，那麼你是瘋狂的。你不會坐在裡面，也不會坐在外面。你看起來會像是洗衣工的驢子，牠不屬於家，也不屬於河邊的洗衣階。你必須進入。你必須跨過門檻，你必須穿過門。

有很多形容寺廟的字——清真寺、佛教徒的塔、教堂、猶太教徒的會堂——但是沒有一個比錫克教用的字還要美：謁師所。它是非常深奧的。它的意思是，師父就是門。接受他的扶持，但是要超越他。這不表示你是忘恩負義的。一旦你超越師父，你甚至會更感激。了解這一點。如果和師父在一起可以讓你得到這麼多的快樂，如果你是如此的感激，那麼當你超越他，你會經驗到最高的感激。

這就是為什麼卡比兒說：「師父和神都站在我面前。我應該先觸碰誰的腳？」——我應該先向誰頂禮？兩個人都站在我面前。如果我先觸碰神的腳，我擔心我是在侮辱師父！如果我先觸碰師父的腳，我擔心我是在侮辱神！這實在令人進退兩難。

有一天，如果一個人面對這樣的問題，他是幸運的。一旦你開始面對這個問題，你會是多麼的幸運！那會是一個困難的時刻，但是你裡面同時也有了一個很大的祝福。「師父和神都站在我面前。我應該先觸碰誰的腳？」我應該先觸碰誰？我不想對他們有任何不敬，我只是害怕我可能會做錯。

當然卡比兒會是緊張的。一邊是拉瑪阿南達，他的師父，另一邊是羅摩。應該先觸碰誰的腳？

卡比兒的話語是令人驚歎的：

師父和神都站在我面前。
我應該先觸碰誰的腳？
我將我自己奉獻給你，我的師父，
而你為我指出了神。

師父說：「不要猶豫。不要再考慮。去觸碰神的腳，」這就是那些話語的涵義。它可以有很多種涵義，然而我認為卡比兒會先觸碰師父的腳。這個涵義似乎是更重要的。因為當他說：「我將我自己奉獻給你，我的師父，」他一定在猶豫，看到他們都站在他面前，他心想：「我應該先觸碰誰的腳？」師父一定會指著神：「觸碰祂的腳，不用擔心我。」

但是他怎麼能先觸碰神的腳？師父是如此的慈悲，他甚至幫我們免於他的束縛，一個人必須先觸碰他的腳。這就是為什麼卡比兒說：「我將我自己奉獻給你，我的師父，」——你是多麼的偉大，告訴我要做什麼，否則我一定會遇到很大的困難。你甚至給了我最後的暗示：要我離開你。

所以我相信他一定會先觸碰師父的腳，因為一個人必須為此表達感激。「師父」的意思就是一個帶著你離開世界並引領你到達神的人。

所以妮露帕瑪：到目前為止，我已經帶妳離開了世界。已經完成一半的旅程。但是妳的旅程還沒結束。而且只是完成一半的旅程就帶來如此的喜樂，如此的陶醉！在完成一半的旅程後，傳來了這麼美妙的歌，散播出這麼令人喜悅的芬芳，那想想完成全部的旅程會帶來什麼樣的狂喜。

妳還沒到達目的地，妳只是待在中途的休息站。不要產生任何依戀。不要執著，不要停留在那兒。即使妳了解這些，妳還是會想要停留，這是正常的。

因為祢的來到，房子變成美麗的。
我的夜晚會變得多麼多采多姿。

即使師父在你生命的黃昏時才來到，即使他在你生命的最後一刻才來到——「我的夜晚會變得多麼多采多姿。」——你的夜晚會變成早晨，你的老年會變成你的童年。花會綻放，蓮花將會盛開，春天會再次來到。

所以妳的煩惱是很自然的。

從遠方傳來光束的琴絃聲，

夢想的旋律淹沒在地球的歌聲中，
億萬顆如同燈火般的星辰
在東方天空的唇邊的一絲微笑中消失。
天亮了：樹笛開始搖曳著，
樹葉沙沙作響著，
每一根樹枝開始跳起舞。

你生命的能量會是喜悅的。師父的觸碰會用你從未感受過的喜樂填滿你身上的每一個毛孔。將會有一支新的舞誕生。在你最深處的存在裡，你會開始聽到從未聽過的歌聲。一支笛子開始吹奏著你從未聽過的音樂，那是你累世以來一直渴望聽到的。某個東西變得依稀可見。目的地可能還在遙遠的地方，但是你開始看到它閃爍著。你將能瞥見到它。就好像從遠方看著喜瑪拉雅山的高聳山峰：漸漸可以看到數千哩外的喜瑪拉雅山，白色覆雪的高聳山峰。它們仍然是朦朧的，被雲朵遮著。有時候你無法看見它們，然後你又會看到它們。有時候你會看到它們，有時候不會看到它們。會發生這樣的事。

但是你不應該停下來。你必須攜帶著那個瞥見，它已經成為你生命中真實的一部分。到目前為止，你得到的快樂都是來自於我。你必須抵達那個地方，在那兒，神性直接灑落到你的生命中，然後你將不再需要我作為媒介。甚至我在你和神之間的停留會造成阻礙，那個帷幕仍會在那兒。它可能是一個美麗的帷幕，它可能是一個黃金和白銀做成的帷幕，鑲嵌著珠寶和鑽石的帷幕——但是它仍然是一個帷幕。你甚至不能留下那個帷幕。你也必須拿掉師父的帷幕。

你一直牽著我的手，
這樣的幫助就夠了。

這會是一個人想要說的——因為已經發生了這麼多，以致於你好奇還會有什麼事發生。如果一滴永恆的不死之藥觸碰了你的唇，你將發現不再可能有任何勝過它的。

你一直牽著我的手，
這樣的幫助就夠了。
你愛的一瞥掠過了我，
這樣的給予就夠了。

即使美的燈火在遠方燃燒著，
至少它燃燒著。
用它指引方向，
至少在艱辛的路上，可以作為旅人的精神支柱。
用來照亮我的路，
這樣的光就夠了。

長久以來，我的寂寞渴望著一個可以親近的人。
現在，自從你出現在我的生命中，
全世界似乎都變成我的。
某種程度下，你也是我的，
這樣的恩惠就夠了。

我的唇浸沒在微笑中，
我的心之花園是芬芳的，
我的存在裡面得了相思病的鳳頭鵑囀鳴著，
記憶的雨季下著陣雨，
使我的生命維持翠綠。
這些汁液就夠了。

我的心多麼幸運——
我已經得到永恆的禮物，
我已經找到一首可以唱的悅耳小曲，
我已經找到一個可以膜拜的神。
我永遠無法還清這個債，
這樣的愛就夠了。

我可以了解。我了解妳所說的。如果我是妳，我也會說同樣的話：

你一直牽著我的手，
這樣的幫助就夠了。

但是還有更多會發生。為什麼要從遠方看著燈火？一個人必須接近它。一個人不只得接近它，他還必須浸沒在那個燈火中，和它結合。

你有注意過飛蛾如何死在燈火中的嗎？有一天，奉獻者也會以同樣的方式和神結合。只有那時，完整的奇蹟才會發生——不要在那之前停下來。在那之前，你會有很多次想要停下來：你已經到了最美的地方，還會有哪兒比這個地方更美？但是不要停。繼續走。

一個古老的蘇菲故事。有個托缽僧每天都會在森林裡靜心，另外有一個伐木工每天會來砍柴。托缽僧為這個人感到遺憾。伐木工很老了——他一定有七十歲了——但是他仍然得砍柴，並背著木材回家。他瘦得只剩下骨頭！他的身體很虛弱，他的背是彎的。

有一天，托缽僧說：「聽著，你瘋了嗎！你都已經砍了一輩子的柴，為何不進入森林裡面。」

伐木工說：「前面還會有什麼？除了森林什麼都沒有。我已經老了，我無法走那麼遠。很難走到那麼遠。進入森林裡面能得到什麼？」

托缽僧說：「聽著——再進去裡面一點。裡面有一個礦山，你在那兒工作一天所賺到的錢會勝過砍七天柴。」

於是老人走到森林裡。他發現一個銅礦。現在他把所有的銅礦拿去賣。每天賣掉那些銅所賺到的錢足夠他生活七天。他很高興。他可以有七天不用砍柴。他變成每週來砍柴。

後來托缽僧說：「聽著。不要停在那兒——再走進去一點。森林裡面還有另一個礦山。」

老人說：「我能得到什麼？」

托缽僧說：「如果你再走進去一點，你在那兒工作一天所賺到的錢可以讓你生活一個月。森林裡有一個銀礦。」

他只得聽從托缽僧。一開始他想說：「我何必在意，我何必找麻煩，我生活沒問題了。這些就夠了。我只要可以獨力生活。以前我得每天到森林裡砍柴，這樣才有買麵包的錢。現在狀況好轉了——我只要一週到一次森林，然後可以享受剩下的時間。我可以休息了，我可以過著舒適的生活。」

他對托缽僧說：「不要讓我為難。」

托缽僧說：「沒有為難你，只要再試一次。」

伐木工變得很好奇，於是他更深入到森林裡面。他在那兒發現一個銀礦。所以他只需要一個月來一次森林。

托缽僧說：「我還得告訴你一件事。再更深入到森林裡面。你會發現金礦。那麼你在那兒工作一天的錢就可以生活一整年。」

老人不想再做任何努力。他已經太老了，不想弄得如此麻煩……但是他已經開始信任托缽僧說的話。托缽僧已經證明那兩次他都是對的，這次聽他的一定沒錯。「一年只要工作一天！我已經浪費了一輩子。我早就該深入森林裡面。這個森林一直是我的；我來這兒砍柴然後回家。我待在森林外圍後就回家了。我從未想過裡面可能會有讓我更富有的東西。」

於是他更深入到森林裡，然後發現了一個金礦。現在他一年只要到森林一到兩次。托缽僧說：「你已經很老了。再往前走。你這個笨蛋！——你為什麼不繼續往前走？」

老人說：「裡面還會有什麼？沒有比黃金更值錢的東西了。」

但是當他更深入到森林中，他發現了一個鑽石礦。他在那兒工作一天就可以生活一輩子。現在他不用再來森林了。於是有一天，托缽僧去他家找他，並對他說：「你瘋了嗎？你為什麼不來森林了？」

老人說：「我為什麼還要回去？我擁有的已經足夠了，不只我自己，甚至夠我的小孩生活了。去一次就夠了。」

托缽僧說：「再往森林裡面走。」

老人回答：「還有什麼會比鑽石更值錢？」

托缽僧：「我已經超越了鑽石。來吧。」

當他到了那兒，他發現托缽僧坐在那兒，超越了鑽石，處於完全的寧靜中。他的寧靜是從未看過的。伐木工忘掉了一切。他彎下身觸碰了托缽僧的腳，他無法再站起來了。數小時過去了。他從不知道這樣的寧靜，這樣的喜樂。那是一條充滿生氣的小溪。

托缽僧大喊著：「你這個瘋子，你又停下來了嗎？再往前走。」

老人問：「但是還會有什麼？我從沒有經驗過比這個更大的喜樂。」

托缽僧說：「往前走。神在等著你。」

這就是我對妮露帕瑪說的：往前走，再往前走。待在師父的腳旁是快樂的。如果妳把它和世界相比，那就好像妳以前從未見過的東西。但是如果妳把它和神相比，它是微不足道的。在妳到達神那兒之前，妳不該停下來。

儘管我知道妳的困難，我還是要說出來。放下師父是非常困難的。首先，找到師父是困難的。只有經過很多世，妳才會遇到一個適合妳的師父。很多人在很多世中遇過很多導師，但是沒有一個是適合的。那個適合妳的導師會變成妳的師父。不適合的人對妳而言仍然只會是一個導師——即使他可能是很多人的偉大導師。

你可以到佛陀那兒。如果他適合你，他就是你的師父。如果不適合，他只會是一個導師。你來找我。如果你覺得適合，那麼我就是你的師父；否則我只會是一個導師。你會從我這兒學到一些東西，然後繼續往前走。如果我適合你，那麼你就不用再尋找了。你將會淹沒在我裡面。你不會只是從我這兒學習，你會開始和我結合。

這就是桑雅士的意思。那些適合我的人會渴望成為桑雅士。有些人會來，他們會聽我說話，他們會喜歡我說的話，並從裡面學到一些東西，然後他們就離開了。他們會小心的保存那些東西，他們會妥善的處置它們——他們偶爾會記住他們的存在——但是他們不會淹沒在我裡面。他們還沒變成飛蛾，他們還不是酣醉的。他們的智力會幫他們累積一些財富，但是他們的心不會有任何事發生，沒有汁液在那兒流動。

桑雅士的意思是你已經讓自己被淹沒。這樣的人會說：「我們已經找到這雙蓮花般的腳，我們不會放開它們。現在我們準備為這雙蓮花般的腳瘋狂。」

首先，很難找到一個師父。一旦你找到他，然後會出現更困難的事，就是當他說：「現在你也必須放下我。我唯一的用處就是牽著你的手，讓你到達神那兒。我是門——現在你已經到達了內在的聖殿。現在你必須忘掉我，把你自己浸沒在神裡面。」這是更困難的。首先，很難找到師父，然後更難的是放下他。

你囑咐我直接放下這份愛，
一個人要有什麼樣的心才能在嘆息中做到？

你只是說放下這份愛，放棄對我的依戀。「你囑咐我直接放下這份愛……」你只是說，你給了囑咐，放下這份愛。

你囑咐我直接放下這份愛，
一個人要有什麼樣的心才能在嘆息中做到？
但是心怎麼能做到？這怎麼可能？一個人怎麼能如此冷酷的放下這份愛？
我渴望祂拉起那道帷幕，
而祂等著我懇求祂。

在最後一刻，就在最後一刻，遇見神的那個片刻……「我渴望祂拉起那道帷幕……」讓神顯現祂自己。

……而祂等著我懇求祂。

神等著你表達你的渴望：你的祈禱，你的要求，你的堅持。然後帷幕將會拉起。

最好不要擁有看見神的勇氣，
但是如果你有這樣的勇氣，那最好用我的雙眼看。

不要讓你的內在出現想要看見神的瘋狂，不要讓你的內在出現想要看見神的執著……

最好不要擁有看見神的勇氣，

一個人不該如此大膽。

但如果你有這樣的勇氣，那最好用我的雙眼看。

如果你已經擁有這樣的勇氣，那麼再勇敢一點——透過我的雙眼看。當我要你放下我，請稍微注意我透過我的雙眼所看到的。我已經看到你還無法看到的。你已經聽從我說的，到了那麼遠的地方——我告訴你銅礦的存在，然後你到了那兒；我告訴你銀礦的存在，然後你到了那兒；我告訴你金礦的存在，然後你到了那兒；我告訴你鑽石礦的存在，然後你到了那兒⋯⋯你已經走了那麼遠。

當我告訴你靜心之礦的存在，你快樂的進入它。現在再往前走一點。一切都會在那兒結束。在那兒，沒有靜心者，也沒有靜心，沒有弟子也沒有師父，沒有尋找者，也沒有被尋找者。在那兒，一切變成了一。河流遇到海洋。有一個最高的喜樂。你在師父身旁所找到的只是那個最高喜樂的微小回音。

就好像一朵花的芬芳乘著風來到你的鼻孔。你還沒有看過花朵。當然，它一定在某個地方——因為花的芬芳已經飄到你這兒。師父只不過是神的芬芳。

抓住這個神的芬芳。慢慢的，當它當成一條線索，找到那朵花。抓著師父不放的人必須找到那朵花。

你已經展現了你的勇氣。需要很大的勇氣才能抓著師父——因為抓著師父的意思是放下你自己。抓著師父的意思是放下你的自我。你已經展現出放下自己並抓住師父的勇氣。現在，展現更大的勇氣，把師父也放下。然後所有的佔有都結束了。將會來到一個沒有人可以讓你抓著不放的狀態，一個沒有任何東西可以抓著不放的狀態。神會在這個狀態下降臨。

奧修，很難成為一個觀照。沒有其他到達神的方式嗎？

有這樣的方式。我們每天都在談論它。達雅的話語就是另一個方式。奉獻就是另一條路。會有兩種方式：觀照——觀照就是靜心——而奉獻，就是你的感覺。觀照的意思是警覺的看。奉獻的意思是淹沒，停止看，去做其他事。奉獻的意思是用各種可能的方式在遺忘中淹沒；淹沒在虔誠的歌唱中、跳舞中、歌曲中——就好像你喝醉了。你忘了一切，你只是忘了自己。

忘記你自己是其中一個方式，而記住你自己是另一個方式。過程是不同的，但是結果是一樣的。路是不同的，但是目的地是一樣的。記住你自己：那是觀照。但是你必須記住自己，而且不能有任何一個片刻忘記。使你自己是旁觀者，在一旁觀看著一切。「我看到的一切和我是分開的。」一直記住這點。不要產生任何認同。無論發生什麼情況，觀照必須維持是一個觀照，它不會想融入它看到的一切。融入不屬於觀照的方式。它會一直觀察著。

你知道觀照之路的跟隨者說過什麼嗎？佛教徒說：「如果在路上看到佛陀，必須拔劍把他砍成兩半。」觀照的意思是，任何你意識到的客體——你不是它。如果克理虛納站在你面前，他在你閉上眼睛坐著靜心的時候吹著笛子，那就拔出你的劍把他砍碎——「這不是『我』。我是看者。」練習「neti-neti」的人——練習不是這個、不是這個的人，透過不斷的否認：「我不是這個」，「我不是那個」然後當所有的客體都消失了，當頭腦裡面沒有任何客體，沒有任何思想，沒有任何選擇；沒有任何二分性，然後就會有一個最高的寂靜，當你如同知者(knower)一樣的單獨，沒有什麼需要知道的——那天你就到達了，你就已經到達旅途的終點。

所以一個在觀照的旅程上行進的人，不會在他面前看到任何神。一個走在這條路上的人只會有這樣的經驗：「我就是神。」奧義書說：我就是最終的神！那是觀照的道路。曼蘇爾說：「我就是真理。」那是觀照的道路。

當頭腦所有的不安都在觀照的路上溶解掉，你本身就會成為一個神的顯現。

你說：「很難成為一個觀照。」

不用擔心。還有另一條路——它剛好和觀照的方式相反。對於那些不適合觀照的人，會有另一條適合的路。只會有兩種人。就如同身體的層面分為男人和女人，意識的層面上也有男人和女人。「男人」是觀照。男性的意識是觀照之路的一部分。男性的頭腦——記住，當我說「男性的頭腦」，我不是說所有男人都是男性的：有很多男人不適用於「男性的意識」這個字。當我說「女人」，記住不是所有的女人都是女人。有很多女人是適合觀照的。所以不要將我的區別限制在身體層面上。這是內在的區別。一個男人可能會有一個女性的頭腦，一個女人可能會有一個男性的頭腦。但是兩者之間的區別是明顯的。

女性的頭腦會依賴奉獻、感覺和遺忘。差別在哪兒？在觀照之路上所看到的必須被消除、被分開來——只有看者留下來。而在奉獻之路上看到的則必須被留下來，而看者必須溶解掉。它們是不同的，完全相反的。克理虛納出現了——克理虛納的形象出現在你的感覺中，你必須讓自己溶解掉，讓克理虛納留下來。你必須將你的生命注入到他裡面。你將自己的生命注入到他裡面的方式會讓他的形象活躍起來，他的形象有了生命。你必須如此全然的將自己注入到他裡面，以致於你自己的生命能量會吹著笛子。那就是奉獻者所做的。

奉獻的道路和觀照的道路是如此的不同，甚至它們使用的語言也是不同的。奉獻者會說：「自行遺忘。忘記你自己。將自己淹沒在狂喜中，在記住神之中淹沒。像醉漢忘記自己一樣的忘掉你自己。將神的名字變成酒，然後讓自己喝醉。做出你自己的酒，然後讓自己喝醉。心醉神迷的讓自己瘋狂。」

如果觀照的道路對你很困難，別擔心——奉獻的途徑會是你的途徑。狂喜、酣醉……去走那條路。跳著舞、唱著歌，在記住神之中淹沒。這就是達雅的訊息。這就是莎訶若和蜜拉的訊息。

在孤寂森林中的一條藤蔓上，
她睡著了，充滿了奉獻的喜樂，
浸沒在愛的夢裡，
一個纖弱單純的年輕女孩——
一株茉莉花芽。
她睡著了。
她怎麼會知道她的愛人來了？
英雄吻了她的臉頰，
藤蔓如同鞦韆一樣的擺動著，
然而她仍然沒有醒來。
一個疏忽——無法表示任何歉意。

她懶散的彎彎雙眼繼續閉著⋯⋯
還是她醉了？
喝了青春之酒，誰能說什麼？
那個無情的英雄，
展現了完全的麻木不仁。
他不斷猛力的搖著她美麗柔軟的身軀，
並按著她白皙圓潤的臉頰。
少女受到了驚嚇。
錯愕的掃視她的四周，
在愛之床旁發現了她的愛人，
柔軟的嘴唇泛起了笑靨，
和祂玩起了有趣的遊戲。

奉獻就是尋找愛人。奉獻者看到的神不會是真理的形象。神就是愛人，比其他一切還要珍貴。奉獻就是尋找那個珍貴的愛人。

在愛之床旁發現了她的愛人，
柔軟的嘴唇泛起了笑靨，
和祂玩起了有趣的遊戲。

奉獻的道路是非常多采多姿的。它是春天的道路。這條路上開滿了花朵。維納琴彈奏著，姆理丹鼓捶擊著。奉獻的道路是腳鈴的道路：會有跳舞、唱歌、讚頌、愛和熱情。所有的這些愛，所有的這些奉獻都呈獻在神的腳下。水壺不斷的被愛裝滿，在神的腳旁溢了出來。一個人必須如此全然的傾倒自己，以致於什麼都沒有留下。當一切都被倒了出來，你已經到達了。

觀照的道路適合那些很難走在奉獻的道路上的人。先尋找奉獻，因為奉獻對大多數人而言是比較容易的。它也是比較多汁的。如果可以跳著舞到達某個地方，何必用走的？當你可以唱著歌到達某個地方，何必還帶著悲傷的表情去到那兒？當你可以用愉悅的方式達到神，何必還和那些苦行的聖雄、棄世者混在一起？打著你的鼓；如果你的喜悅可以和你在一起，那就將棄世和所有的一切都留給那些不適合奉獻的人。如果奉獻是適合的，如果愛是適合的，一切會開始變得有條不紊，不再需要做任何事。

但是我知道，問題是如果我提到奉獻，人們會緊張。他們來找我：「我們沒有奉獻的勇氣。我們不敢如此瘋狂。」即使要發瘋，人也要透過算計的方式發瘋——只能達到某種程度的瘋狂⋯⋯

穆拉那斯魯丁的妻子臨終前躺在床上。垂死之際，她說：「那斯魯丁，我死後你會做什麼事？」

穆拉說：「我會發瘋。」

他的妻子說：「別說謊。我了解你。只要我一死，你會立刻再娶。」

穆拉說：「我會發瘋，但不至於那麼瘋。」

即使要發瘋，人也要透過算計的方式發瘋。他們會算計最多可以瘋到什麼樣的程度！如果我提到奉獻，人們會來找我，對我說這條路是瘋狂的道路。一邊唱歌、吟誦，如同蜜拉說的，一個人會失去社會上的所有關係：「我是一個稅務員、一個工程師、一個醫生——奉獻將會造成一團混亂！」

有個醫生曾經拜訪我。我的拇指有些問題，他為我動手術。他是一個令人敬愛的人。偶然的情況下，當他來做手術後，他愛上了我。他說：「我要跟隨你，但不是現在。我會來。有一天我一定要來跟隨你，但是現在我會害怕。」

我問他：「你在怕什麼？」

他說：「我害怕如果我被這些唱歌、跳舞、慶祝所吸引——我很確定一定會，因為我一直想要那樣——我將會陷入麻煩。在我為你動手術的那一天，當晚我夢見我穿著橘色的袍子跳著舞⋯不要這樣對我。還不是現在。請給我一些時間。我有妻子和小孩要養，而且一切都很順遂。現在我需要有秩序的生活⋯有一天我一定會來，但是現在我會害怕。」

有很多這樣的人在害怕奉獻的道路。但是如果你要他們去觀照，那也無法吸引他們，因為觀照的道路是艱辛的——嚴厲的戒律之路、努力的道路。它是枯燥的。它嚴苛的條件會使人緊張。但是進入愛的溪流，一個人會開始害怕瘋狂。

奉獻的道路是瘋子的道路。在瘋狂裡面無法有任何算計。如果你想要透過算計的方式，觀照是適合你的。它是數學的，純粹的數學。它沒有任何可以瘋狂的空間。那裡面永遠不會出現瘋狂。它是一個非常科學的過程。所以無論哪個吸引你⋯遲早，你必須做出決定。

我的經驗是，如果你要人們奉獻，他們會傾向觀照，因為他們害怕奉獻。如果你提到觀照，他們就會傾向奉獻，因為觀照似乎是一條非常艱辛的道路。他們會開始害怕這樣的艱辛。「不…我們不認為我們可以在這條嚴峻的道路上行走。」

當你進入觀照，所有的喜悅會開始從你的生命中消失。如果你用觀照做實驗，你看到你的妻子，但是你不會認為她是屬於你的。「我」的想法會開始溶解，你會維持只是一個觀照。如果某個人辱罵你，你聽見他在罵你，但是你不會感覺被侮辱。觀照怎麼會受到侮辱？如果某個人把一個花環放在你的脖子上，你會看到這件事的發生，那沒問題，但是你不會因此而感到光榮。

這個情況會造成一個困難。你的整個生活方式會因此改變。到目前為止，當某個人把花環放到你的脖子上，你至少還會感到一點喜悅。事實上，你還沒有收到過花環——你還在等待！而在你等到花環前，你已經變成一個觀照——所以將會有一個困難。現在，你知道如何報復辱罵你的人——但是觀照將會摧毀這一切。觀照的意思是你生活在世界上，但是你完全不會被它觸碰到。沒有任何東西可以觸碰到觀照。你就像水裡的蓮花。但是人甚至無法鼓起那樣的勇氣。

在奉獻裡面，不會有任何事讓你擔心。但是關於奉獻，有一件事要提到：如果你用奉獻的眼神看著你的妻子，你會在她裡面看到神。如果妳用奉獻的眼神看著妳的丈夫，妳會在他裡面看到神。妳會在妳的兒子裡面看到神。一切看起來似乎是瘋狂的。你妻子裡面的神——那似乎不太對！對某些女人而言，在他們的丈夫裡面看到神似乎是正確的，因為好幾百年來，她們一直被這樣告知——但是在妻子裡面看到神？所以身為神的丈夫會感到有些困難。但是透過奉獻，有一天你會發現自己把頭放在你妻子的腳旁。

我有一個朋友，一個非常單純的人。有天晚上，我們聊到很晚，我說的話深深的打動了他。在某些提到感覺到處都是神的對話中，我告訴他神就在每個人裡面，甚至你的妻子裡面。我這樣說只是為了闡述一個看法，但是他相信那是正確的。他回家之後，彎下身觸碰了妻子的腳。她感到很驚訝。她叫醒了其他家人，擔心他出了什麼問題。而我的朋友因為觸碰了妻子的腳而感到如此喜悅，以致於他向家裡遇到的每個人頂禮。僕人、任何人…家裡的其他人以為他發瘋了，以為他完全失去理智了。

他們在半夜兩點鐘把我叫醒，並說：「你做了什麼？」

我說：「這有什麼問題嗎？妻子總是觸碰丈夫的腳，但你們卻沒想過她們瘋了。現在如果丈夫這樣做了，會造成什麼傷害嗎？」

他們說：「你在說什麼？我們一直試著叫他不要去找你。」

而他對於週遭一切所發生的事感到非常愉快，以致於他連續三個月一直狂喜的重複同樣的行為。他的家人讓他去接受不同的治療、服用不同的藥物，各種不同的護身符——甚至進行驅魔的儀式。而他會笑著對他們說：「我沒有瘋。」他的家人擔心是某個鬼魂在騷擾他，他們開始試著驅逐他體內的惡魔。最後他們不肯聽我的勸告，讓他去接受電療。事情變的越來越糟。而我的朋友處於如此不受拘束的狂喜中，以致於他開始觸碰每個經過他的人的腳。關於這件事，他並沒有任何問題，完全沒有。那只是因為他是一個非常單純天真的人。

所以人們也害怕奉獻，因為它釋放出一個不同的世界。這種情況在這兒常常發生。當我解釋觀照，人們來找我，他們說那會為他們造成各種問題，而當我解釋奉獻，人們也來找我，他們說那會為他們造成各種問題。所以作出決定後就不要再改變。還有記住，當你決定之後，不要計較那些問題。要考慮的只有一點：哪個情況使你更和諧一致？那些事是不重要的。其他的事都是其次。如果你感覺奉獻是比較吸引你的，那就鼓起勇氣跳進去。不要說在哪一天你才開始，因為那一天永遠不會來到。如果你今天不開始，你就永遠不會開始。明天永遠不會來到——誰知道，死亡甚至可能比它早到。

所以無論是哪一種觸動了你的心，觸碰了你的心弦⋯⋯當你想到蜜拉的跳舞，你的心是否出現了一段旋律，你是否想要像她一樣的跳舞？或者當你看到佛陀在寧靜的靜心中坐著，觀照的坐著，當你看到一尊佛像，你是否感覺你也想要那樣，你是否感覺你也想要那樣坐著？哪一種是你感到比較和諧一致的？

其他的事是不需要考慮的。你出生的家庭是不需要考慮的。也許你出生的家庭是走在奉獻的道路上，是屬於瓦拉巴的方法或是拉瑪努加的方法，但是如果你從佛陀和馬哈維亞中找到喜悅，他們的雕像在呼喚你，那麼不用擔心。你出生的家庭和這沒有關係。在這樣的情況下，適合你的道路是靜心。如果你出生在耆那教或佛教家庭中，或者你是一個吠陀學家，那都不會造成任何差別。深入的看著你自己的心。如果當你聽到蜜拉的某一首歌，你感覺內心有某個東西搖擺著；當你看到蜜拉手上的維納琴，某個人開始在你的夢中彈起了維納琴；如果你內心出現了一個慾望，有一天你也想要像她一樣跳著舞、全神貫注的、狂喜的、忘掉了一切⋯⋯如果你開始感覺喜悅的溪流出現了，在這樣的想像中，它在你裡面流動著，一股芬芳圍繞著你——那麼不用擔心你出生在一個耆那教家庭、佛教家庭、吠陀哲學的家庭或其他的家庭。這些都是不值得擔心的。你出生在哪種家庭是無關緊要的。

聆聽你自己的心。那是你唯一真正的家。從那兒帶著你的線索，了解到每條路都會有困難到來。你認為應該有一條沒有任何困難的路嗎？沒有這樣的路。如果你這樣想，那你將無法移動半步。每條路都會有困難到來。這些困難的意思是，你已經遵從某個生活方式到一定的程度，你已經塑造了某種架構，現在這些都必須改變。這些情況會造成困難。到目前為止，你一直向人們表現你的某一面，現在從不同的一面來表現自己會是困難的。但是這些困難會很容易解決。你所需要的只是勇氣。

那就是為什麼我說勇氣是宗教性之人的首要特質。沒有勇氣的人不可能是宗教性的。宗教是不適合懦夫的。

所以我要對你說，如果你無法觀照，不要難過，不要失望。如果對你而言已經很清楚，觀照不適合你，那麼顯然是另一條路。沒有第三條路——這兩條路中一定有一條路適合你。它必須如此。世界上只有兩種人。所以現在唱著歌，哼著歌，把你自己浸沒在神的美麗中。

富人擁有數不盡的財產，
而你跟我一樣是窮人唯一的財產。

唱！觸碰神的腳。到處都是祂的腳，四面八方都是祂的腳。無論你向哪兒頂禮，那兒就有祂的腳。

這個人戴著鑽石項鍊，

那個人戴著紅寶石項鍊，
另一個人則用鮮紅色的顏料裝飾她的腳，
用棕紅色的顏料裝飾她的手，
用珍珠鑲綴她的頭髮。
有百萬種用於身體的裝飾品，
用黃金做的，用銀做的，
用寶石組成的，用礦石組成的。
但是對我的心而言，祢是唯一的寶石。

說出來，對神說出來⋯⋯

這個人到普里或德瓦卡，
那個人則熱愛卡西，
某個人則在特維尼練習苦行，
另一個人則住在馬圖拉。
北方、南方、東方、西方，
在已知的世界、在不為人知的世界、在全世界。
對別人而言，有一百個可以朝聖的地方，
但是只有祢是我的溫達文聖地。

提出請求：「對別人而言，有一百個可以朝聖的地方，但是只有祢是我的溫達文聖地。」

這個人為自己的英俊而自傲，
那個人因為他的力量而昂首闊步，
某個人則吹噓他的知識，
另一個人則炫耀他的財富。
身體、財富、妻子和房子，
光榮、羞恥、快樂和悲傷，
身體上的痛苦、心智上的痛苦和其他的痛苦，
這個世界以一百種方式出生和死去，
但是只有祢是我的生命和死亡。

尋找。如果靜心不適合你，就透過愛尋找。如果靜心不適合你，就透過奉獻尋找。但是你必須尋找。不要藉由訴說著各種困難來安慰自己，說你因為這些困難而無法開始。如果一個人必須開始，那一個人就必須開始──然後還會有誰來在意這些困難？只有當我們沒有勇氣開始，我們才會擔心困難。你用你的困難織了一個網。

我曾聽說：

阿克巴皇帝在出遊畋獵後回到皇宮。黃昏時，他坐在一個村外，在一棵樹下鋪開了毯子，開始祈禱。當他正在祈禱時，一個女人朝著他跑了過來──一個年輕、狂喜

、無憂無慮、幾近瘋狂的女人。她踩過他的毯子，她的莎麗從他身上拂過。阿克巴受到很大的打擾。他非常生氣。但是他無法說話，因為他正祈禱到一半。

他很快結束了祈禱。並且讓人備好馬，以便去尋找那個女人。多麼的無禮！對任何一個正在祈禱的人做這樣的事是不對的，而且還是對一個皇帝！但是他不用去尋找她，因為她又回來了。皇帝攔下她說：「妳這個無禮的女人！妳完全沒想到嗎？妳不知道如果某個人在祈禱，妳不能去打擾到那個人嗎？妳看不到皇帝在祈禱嗎？」

那個女人仔細的看著他。她說：「現在既然你提到了，我確實想起來當我跑過這條路的時候，有個人正在祈禱。我記得我的莎麗觸碰到他。你是對的。但是我的愛人來了，我要趕去見他。我無法思考任何事，我沒有看見任何東西。請原諒我。」

「但是我想要問你一件事。你正要去見神，最終的愛人——然而你仍然感覺到我的莎麗觸碰到你？我正要去見一個俗世裡的愛人，我沒有注意到你。你感覺到我的莎麗觸碰到你，但是我完全沒感覺到你。這聽起來不太對，陛下——你是在做什麼樣的祈禱？」

皇帝在他的自傳中提到：「我從未忘記，她的話擊中了我的自我。確實，我的祈禱不是祈禱。一個小小的打擾，例如某個人經過，應該不會影響到真正的祈禱。如果真的有愛，就不應該會受到任何打擾！某個人的衣服觸碰到你，如果你真的全神貫注在喜樂中，就不應該會打擾到你。」

你也坐著靜心，但是小事情持續使你受到打擾。它們打擾到你是因為你的靜心還不是靜心。你一邊坐著一邊記住神，然而瑣碎的事情不斷使你受到打擾，因為你的記住還不是記住。

如果你只是在做做樣子，任何事都能使你受到打擾。成為真實的。決定哪一種才適合你的心，哪一種和你是合諧一致的。然後就走上那條路，全心全意的走著。將你自己完全的浸沒在它裡面。如果沒有完全的投入，不論是觀照者或奉獻者、靜心者或愛人，都無法到達。你必須全心的投入。如果你認為很難全心投入，那你就永遠不會有任何進展。全心投入是必須的！全心的投入在靜心或奉獻中——全心投入是無法避免的。

兩條路都有它們的困難。兩條路都有它們的美。沒有任何路是完全沒有困難的。什麼樣的路會完全沒有困難？只要你行走在路上，就會遇到困難。如果你踏上一段旅程，你必須忍受日曬和灰塵。路上會有岩石和小石子，也會有荊棘。

但是當你的生命開始記住神，當你的生命開始探尋，你會忘掉所有的困難。然後連困難也會變成墊腳石。

第三章
最後的晨星

當聖人浸沒在愛裡面，
那個狀態是無法形容的。
他們流著淚、但同時唱著歌和歡笑，
這是非常矛盾的，達雅說。

因為神的瓊漿玉液而酣醉，
他們洞悉一切的能力是深不可測的。
對聖人而言，達雅說，
三界的富有是沒有價值的。

他想將雙腳放到某個地方，但是它們卻降落在別的地方，
他的身體因為愉悅而狂喜。
他越沉浸在虔信的美，
他的愛就成長得越多，達雅說。

他歡笑、他唱歌、他流淚；他不斷的升起和落下，

他是永不休息的。
但是當他嚐到神的瓊漿玉液，達雅說，
他就能夠承受所有分離帶來的痛苦。

分離的煩惱之火在我的心裡出現，
來吧，噢，神，來吧，我的愛人，
來吧，噢，心的巫師，
來吧，噢，克理虛納，噢，純粹的一，
我渴望見到祢。

我的雙手已經厭倦去驅趕烏鴉，
我的雙眼充滿期待的看著路上。
我的心落入了愛的海洋，
那兒是沒有陸地、沒有出口的。

看啊！大家看啊！夏克說，
這不就是瘋狂嗎？
我變成屬於祂的，而祂卻不能是屬於我的？

在尋找神的過程中所行走的愛之路正是瘋子的道路。你可以屬於神，但是祂永遠不會是屬於你的——因為如果要把祂變成你的，有一件事是需要的：你必須存在。除非你存在，某個人才可能是屬於你的。但是要和神會合，必要的條件就是你不再存在。只有當你消失了，祂才會出現；只有當你不再存在，祂才會出現。

所以有一件事是確定的：你可以屬於神，但是祂永遠不會是屬於你的。當你不再存在，那誰來做出這樣的宣稱？只有當「我」存在，「我的」才會存在。當「我」不再存在，「我的」又怎麼能存在？

在尋找神的路上，愛人除了失去還是失去；任何關於獲得的談論都是無意義的。有趣的是，是因為這個失去而得到一切。除了淹沒之外，還是淹沒，沒別的了；任何關於被拯救的談論都是沒有用的。正是因為這個淹沒才有了拯救。只有在河流的中央才會找到岸邊。一個人必須有消失的勇氣，第一步就是鼓起勇氣消失，放下你的理智，放下你的謹慎、你的精明；放下所有的數學、算計和邏輯。

這就是為什麼愛的道路就是發瘋的道路、無憂無慮的道路、勇敢的道路。連一個商人也可以在知識的道路上旅行，因為在那兒，算計是清楚明瞭的。但是只有賭徒可以走在愛的路上，因為在那兒，你必須失去一切，不會獲得任何東西。在那兒不會得到任何東西，一切都會失去。如果你的心廣闊到可以把失敗當成勝利，把死亡當成生命，把你的消失當成到達——只有那時，通往愛之路的入口才會開啓。對於謹慎的人而言，愛之路是封閉的。所以我們把它稱為通往小酒館的道路、醉漢的道路。

愛是一種酒。實際的情況是你在尋找各種酒，因為你還沒學到如何傾倒愛的酒。你會去小酒館是因為你的廟宇還沒有成為你的小酒館。你喝著葡萄製的酒是因為你還無法喝靈魂的酒。你透過微小的、安逸的事物逃避現實，因為你已經忘記真正酣醉的語言。

神就是完全的酣醉。

今天的經文是非常令人驚嘆的。它們直達奉獻者的心，它們就是奉獻者的心的開花。每一句經文都是一朵蓮瓣。仔細的了解它們。

當聖人浸沒在愛裡面，
那個狀態是無法形容的。
他們流著淚、但同時唱著歌和歡笑，
這是非常矛盾的，達雅說。

這是矛盾的！一段矛盾的談話表示某件事不符合我們的邏輯，不符合我們的數學，它脫離了算術的掌控。一段矛盾的談話是反向的談話。為了達成，你必須失去，為了到達，你必須消失。唯一找到岸邊的方式就是在河流的中央讓船下沉⋯⋯如此相反的談話。

卡比兒寫過很多矛盾的詩句。矛盾的詩句所說出來的一切，在邏輯中是不可能發生的，但是在生活中則是可能發生的。卡比兒說過：「河流起火了！」現在，河流是不會起火的。如果河流會起火，那就沒有辦法撲滅它了。河流不會起火——它沒有辦法起火。這和所有的邏輯、數學和科學是互相衝突的。但是卡比兒說它會發生在生活中。無法發生的卻發生了。人是神，而他的行為卻像乞丐——「河流起火了！」人是永恆的，而他面對死亡的時候卻在發抖——「河流起火了！」人是無法摧毀的、永恆的；他過去一直存在，未來也會一直存在。神就在他裡面，而他卻在乞求那些不值兩分錢的東西，他一邊拿著他的行乞缽，一邊嚎啕大哭。就像一個皇帝拿著一個行乞缽在行乞。「河流起火了！」不該發生的卻發生了。在那兒，一切都變得顛倒混亂，你無法透過數學達到神。你必須找到別的方式——一個矛盾的方式，如同你的生命一樣。這條路將會引領你脫離你的困惑。

了解這點。矛盾的言論表示⋯當你看到太陽在早晨升起，你從沒有懷疑過太陽。你是否遇過任何人對你說他們相信太陽是存在的？不。你從未遇過相信太陽是存在的人，你也從未遇過任何不相信太陽存在的人。太陽是存在的：這是我們所有人的經驗。所以關於這一點，不會有相信的人和不相信的人。太陽是存在的。我們都同意世界是存在的，因為那是我們的經驗。它就在我們的眼前。我們的手可以碰到它，我們的耳朵可以聽見它，我們的舌頭可以嚐到它。它可以被我們的感官掌握。

神無法在這樣的方式下被我們的感官掌握；它是眼睛看不見的，我們無法用手碰到它，或是用耳朵聽見它。所以相信神的人似乎是非常不合邏輯的。相信世界不會是不合理的——那是數學的、邏輯的——但是相信神是完全荒謬的。相信一個你從未見過、摸過或經驗過的存在！賭徒就有這樣的信任。信任那個未知的⋯那需要很大的勇氣。

你不需要任何勇氣去相信太陽的存在，但是你需要非常大的勇氣去相信神的存在——一個會捲走所有邏輯之網的勇氣。

在生命中，這樣的門只有一個：它就在你的心裡，它是愛之門。只有在愛裡面才能使你暫時把邏輯之網放到一邊。當你愛上某個人，你會放棄所有的算計。然後你會說：「我戀愛了。這是和帳簿無關的。」你會願意用一切作為賭注。瑪努就賭上了一切，不是嗎？成為一個瑪努。然後你會停止思考，你會說那是一個屬於心的事件，你會說思考在那兒是不允許的。

一個年輕人去見他愛人的父親，並說：「先生，我想要娶你的女兒。」他的父親是一個算計的人——如同一般的父親，。他仔細的看著年輕人說：「你為什麼想要娶我的女兒？」

年輕人說：「原諒我，我無法告訴你原因。我愛她。那是沒有原因的。」愛不是原因。愛是當它顯現時會摧毀一切原因的東西。愛不是一個原因。愛是來自於未知的。你無法控制它，你是無助的。所以愛人是不受控制的，他是無助的。某件事發生了，超過了他的限制，脫離了他的控制。

即使平常生活中的愛也是超出你的控制的：當你愛上一個女人或男人，即使那樣也會超出你的控制，超過你的限制。它是比你更巨大的，它會把你吞沒。你無法覆蓋它：你的拳頭太小了，你的拳頭無法掌握它。它會抓住你的拳頭。那麼要怎麼談論對於神的愛？它是愛上那個巨大的、那個永恆的。一旦對於神的愛之光芒來到你的生命中，它會是一個矛盾的狀態——一件不常發生的事。

蜜拉跳著舞，從這個村莊到那個村莊。她忘掉事情的正常次序。她是一個皇室家族的淑女，但是她開始像發了瘋的女人的在街上、在擠滿人的市場、在寺廟跳著舞。

她家族裡的人一定有受到打擾。當他們給了她一杯毒酒，那是審慎考慮過的行為，沒有任何敵意的行為——記住這點。他們沒有理由變成她的敵人。他們給她毒酒是因為對他們而言，蜜拉現在已經變成家族的羞恥、侮辱。她最好還是死掉。

神在她裡面顯現，而她的家族卻受到打擾！把這個當成一個象徵。當神的光芒進入你的心，你的理智會受到打擾。你的理智就像她的家族。理智會算計，理智的意思是邏輯。當愛的光芒進入你的心，和它待在一起，幫助它，因為理智是非常強大的。它會殺死那個光。它會把門完全地關上。

這種情況常常發生。你一定有經驗過很多次。有時候當這種情況發生，當某件事開始掌控了你，你會開始緊張。你會立刻抓著你的理智。你會問自己：「這是什麼？這是怎麼發生的？」

人們常常來找我：「靜心的時候，會有一個片刻來到，我們感覺好像被一支舞佔據了，但是內心裡會有某個東西掌控了我們。就好像我們的雙腳突然被上了枷鎖。當我們正要開始的時候，就停止了。某處出現了一個感覺，好像在說：你在做什麼？這是瘋狂的。」

理智和心是對立的。對理智而言，愛是瘋狂的。所以那些只聽從理智的人會活在沒有愛的生命中：矛盾永遠不會進入他們的生命。然而一旦沒有矛盾，他們的生命中也不會有綻放的蓮花。

蓮花是一種很大的矛盾。它在汙泥中開花。還有什麼比這個還要矛盾的？在骯髒的東西中！這樣一朵美麗的花，但卻在醜陋的污泥中開花。那就是為什麼它被稱為pankaj。Pank的意思是泥巴。蓮花被稱為「pankaj」——從泥巴中誕生的。如果蓮花從黃金中開花，那仍然是一個奇蹟，但是當它從泥巴中誕生——要如何談論這樣的奇蹟？如果蓮花從鑽石和珠寶中開花，那仍然是一個奇蹟，因為它們是死的，而蓮花是有生命的。但是它從泥巴中誕生，那兒除了惡臭和污物以外什麼都沒有。當你走過淤泥，你會用手帕摀住鼻子。而且蓮花擁有前所未有的美和芬芳。它真的是一個矛盾的現象。

有一天，神的蓮花會從你身體的淤泥中開花。那是一個矛盾。當我剛開始對人們說是因為透過性而使一個人上升到超意識⋯⋯人們對我感到憤怒，他們說這樣說是不對的。我所說的就是蓮花會從淤泥中開花，沒別的了。我用蓮花和淤泥的象徵來形容人的層面。如果蓮花不會從淤泥中開花，那麼你是沒有希望的。你的蓮花永遠不會開花——因為你只不過是淤泥。每個人都不過是淤泥。但是蓮花會從這樣的淤泥中開花。

當佛陀成道，實際上發生的是什麼？蓮花從淤泥中開花了。現在你是淤泥，而佛陀已經變成了一朵蓮花。迄今，那個差別仍是明顯的，但是當你的蓮花在明天開花，你也會變得和佛陀一樣。而佛陀也曾經是淤泥，就和你一樣。

當我說性變成了超意識、淤泥變成了蓮花、熱情變成了神，我只是在說矛盾發生了。它不是邏輯的。如果邏輯學家曾經被詢問過蓮花是否會從淤泥中開花，他們會說那是不可能的。那怎麼可能？蓮花和淤泥沒有任何相同的地方。如果你不知道蓮花是從淤泥中誕生的，如果你在一個沒有蓮花的國家出生，有一天，一堆淤泥被放在你的右邊，一束蓮花被放在你的左邊，你能夠想像這些淤泥會變成蓮花嗎？不可能！那是完全不合邏輯的、矛盾的。

當聖人浸沒在愛裡面，
那個狀態是無法形容的。
他們流著淚、但同時唱著歌和歡笑，
這是非常矛盾的，達雅說。

當聖人(sadhus)浸沒在愛裡面⋯聖人已經開始浸沒在愛裡面⋯sadh這個字是非常迷人的。但是它已經被污染了，如果你查字典，你會發現它的意思是和尚，一個苦行者。但是正確的意思是：單純的、天真的。它的意思是當一個人是如此的單純、天真，以致於他的生命不會受到理智之網的束縛，不受到邏輯之網的束縛。理智是非常奸詐的、非常狡猾的。它是虛假的。它做的是某件事，但是表面上顯示出來的是另一件事。在內在中發生的事和它在外在上所做的事是不同的。理智是一個偽君子。

不被理智的虛偽所束縛的人就是一個sadhu，一個sadhjan。他是內外一致的。他是一個內在和外在沒有任何不同的人。他所是的，就是他所說的；他所說的，就是他所是的。你可以從各方面去感受他，他給你的感受都會是相同的。

佛陀說聖人就像一個海洋；無論你在哪兒喝它的水，無論你在何時喝它的水，它都會是鹹的。無論你在白天或夜晚喝它、在早晨或傍晚喝它、在黑暗中或光明中喝它、在此岸或彼岸喝它，都不會造成任何差別。聖人就像海洋；他帶給人的感受一直都是一樣的。

狡猾的人帶給人的感受是不同的。狡猾的人戴著很多面具以便藏住他的臉。他會依照不同情況換上適合的面具。

聖人是顯現他的臉的人。他看起來就是他所是的。

但是你使用聖人這個字，你知道的意義是剛好相反的。你認為聖人是一個已經做了偉大靈修的人，一個在心靈方面付出很大努力的人。但是如果他有付出任何努力，他就不再是單純的。只有一個不單純的人才需要靈修。你認為一個單純的人是否做過靈修？小孩某種程度上也是聖人。他們做了什麼？他們就只是自然的。

一個自然的人就是一個聖人。做過靈修的人則會變成某個不一樣的人。訓練、付出努力，表示你裡面有某個東西，而你在用別的東西覆蓋住它。憤怒在你裡面，而你表面上表現出慈悲。性慾在你裡面，而你表面上顯示出禁慾。還有貪婪，很大的貪婪在你裡面，而你表面上放棄了一切。內心裡，某些慾望在你裡面燃燒著，但是表面上，你設法讓自己和內在是完全不同的。這就是你所謂的聖人！

達雅不會把這樣的人稱為聖人。達雅對聖人的定義是：⋯聖人⋯浸沒在愛裡面⋯那些浸沒在愛裡面的人、單純去愛的人、全心投入到愛裡面的人、願意進入愛的瘋狂的人——他們的狀態⋯是無法形容的。很難描述他們的狀態：他們的腳步如同醉漢一樣的搖搖晃晃。他們身上的每個毛孔都是狂喜的。在他們站著時、坐著時，會有一首歌縈繞著他們。他們的每一個呼吸都會傳出美妙的音樂。

你會發現他們的生活方式不會是前後一致的⋯但是你一定會聽到那個音樂。只有那些規範自己行為的人，他們的生活方式才會是前後一致的。你不會發現聖人前後一致的生活方式，但是你會聽到音樂——你會在每個片刻中聽到新穎的音樂縈繞著。昨天他做過的事，你不會在今天又看到。昨天是昨天，而今天是今天。今天，他會做神要他做的事。和昨天沒有關係。因此你無法預測一個聖人會做什麼；你無法預測明天他會做什麼或說什麼。當明天來到，你就會知道。聖人自己不會知道明天會發生什麼事，明天他會做神要他做的事，他會看到神給他看到的，當神要他跳舞，他就會跳舞。

聖人，一個成道的神祕家，是一個將自己交給神的人，一個停止控制他的生活的人，一個只是變成一個工具的人，一個會說：「做你想做的。如果你觸碰葉子，它會搖動；如果你沒有觸碰它，它就不會搖動。」

聖人是一個不再依據自己的意志過生活的人，他會開始依照神的意志過生活。那就是為什麼他的狀態是「無法形容的。」聖人的狀態變成和神的狀態一樣的矛盾。一個真正的聖人會變成一個縮小版的神——每天都會有不同的花朵綻放，每天都會有不同的歌曲響起。如果你想要尋求表面上的一致，你不會找到。但是你會在你所謂的聖人身上看到這樣的一致。他們的生命有一個確定的架構，他們的架構是固定的。

我聽過一個艾內斯的故事。在某個村裡有一個無神論者，全村的人都對他感到厭煩。他們試著用各種方式使他了解神的存在，但是他無法接受。他不只是不接受，他甚至會試著使他們認為神不存在。村民因為他而感到非常不適，於是他們對他說：「一個最偉大的聖人已經出現了。他的名字是艾內斯。去找他。如果有任何人能使你了解神的存在，那個人會是艾內斯。」

無神論者去找了艾內斯。當他到了那兒，他看到艾內斯待在一個村莊的廟裡，一個供奉濕婆神的廟。當他到了那兒，他感到困惑，非常困擾。他是一個無神論者，但是他也沒做過艾內斯正在做的事。艾內斯躺著，正在休息，把腳放在濕婆神的雕像上。那個人是一個無神論者，不相信濕婆神，但是他的心顫抖著，他心想：「這個人似乎非常奇怪。把腳放在濕婆神雕像上！多麼偉大的無神論者！雖然我說神不存在，但是如果某個人要我踢濕婆神的雕像，我的心會顫抖，我終究會擔心神是否真的存在。祂可能是存在的！我不要因為我的任何行為造成任何麻煩。然而在這兒的這個人，毫不擔心的躺在這兒，把腳放在濕婆神雕像上⋯⋯」

無神論者問：「先生，你在做什麼？我是一個無神論者。我為了尋找神而來見你。愚蠢的村民讓我來找你。但是你在做什麼？」

艾內斯回答：「無論你在任何時候、任何地方放下你的腳，祂就在那兒。無論你把你的腳放在哪兒，它們就是在祂上面休息。是祂在支撐著我們，不然還會是誰在支撐我們？所以這沒有問題。」

艾內斯說的話是矛盾的。但卻是非常有意義的。這個人好像真的了解什麼：如果神存在，那你還能把腳放在哪兒？無論你放在哪兒，那兒都會是祂的存在。無論任何情況，你的腳都會放在祂上面休息。所以有什麼差別？你也可以把它們放在濕婆神的雕像上。

「好吧，」這個人心想：「這個聖人確實懂些東西。讓我待在他身邊觀察他。我想知道他都在做什麼。」

艾內斯仍然躺著；已經過了早上，太陽升得越來越高。那個人說：「先生，我聽說聖人都在凌晨起床，brahmanuhurt，但是你還在休息！」

艾內斯說：「brahmanuhurt的意思就是一個聖人起床的時間，無論什麼時候——

不然還會是什麼時候？不是聖人在brahmanuhurt的時候起床，而是聖人起床的時候就是brahmanuhurt。我為什麼要在某個時間起床？無論神想要何時起床就在何時起床，無論神想要在何時睡覺就在何時睡覺。」

要了解這點——當神想起床，祂才起床。神就在你裡面。如果祂還不想起床，你憑什麼要祂起床？這個只是一個工具的感受，這種完全的臣服……但是這種人的行為不會是前後一致的。

艾內斯起床了。然後，他乞討了一些東西回來，並開始做麵包。當麵包烘焙好，他輕拍了它們，以便打掉灰塵。有一隻狗突然出現，並啣走了一塊麵包。那個人坐在那兒，看著一切。艾內斯跑去追那隻狗。那個人心想：「這太過分了。一分鐘前，這個人說神是無處不在的，現在他卻在追一隻狗！」於是他跟在艾內斯後面，去看看接下來會發生什麼事。

兩分鐘後，艾內斯抓著那隻狗回來。同時帶了一壺奶油。艾內斯抓著那隻狗的嘴巴，並說：「你這個笨蛋！我已經對你說過一千次，在我塗抹好奶油之前，不要把麵包啣走。不要再這樣做了！你是神，我不想要看到你在吃沒有塗抹過奶油的麵包。」

他從那隻狗的嘴巴拿出了麵包，把它浸在奶油裡面，然後還給那隻狗：「現在，羅摩，請享用。」

聖人的行為是單純的，像小孩一樣的。聖人不會有任何靈修的行為，他的行為會是出於單純的。不是訓練過的、受過教育的——而是自然的，而且每個片刻中都會有一個新的喜悅。你無法預測聖人的行為。如果你可以預測某個人的行為，那他會像一部機器。昨天做過一樣的事，前天做過一樣的事，今天也會做一樣的事，明天也會做一樣的事……這樣的人是沒有生氣的。聖人是充滿生氣的。因此聖人的生活會是非常矛盾的。

當聖人浸沒在愛裡面，
那個狀態是無法形容的。

他們的行為是無法談論的，因為他們是無法預測的。沒有人會知道他們會做什麼。他們自己也不知道：會做什麼，就會做什麼。如果你知道你明天要做什麼，你的明天已經死了，在它誕生前就死了。當某個人辱罵你，如果你已經知道你會做什麼，你就是沒有給神一個機會，你已經決定一切。不，讓辱罵出現。之後，對神說這個人已經辱罵了你，並說：「現在做任何祢想要做的。」你會發現每次都會出現一個新的回應。然後，你的生命將不再會是反應，而會是一種敏感性。你的行為將不會是機械性的。

現在，某個人按了一個鈕，你就生氣了，然後他按另外一個鈕，你就變快樂了。就像是在啓閉開關。你打開一個開關，燈就亮了。你按了另一個開關，電扇就轉動了。現在，你是一部機器，一個奴隸。任何對你的生活有點了解的人就會變成你的師父。對每一個了解你的按鈕並開始按壓它們的人而言，你會是一個奴隸。

你是否注意到這就是人們一般會做的事？妻子知道要按壓丈夫的哪些按鈕。丈夫知道要按壓妻子的哪些按鈕。連小孩也知道他們得按壓父親的哪些按鈕，還有何時按壓。乞丐也知道。如果你是單獨一人，他不會向你要錢。他知道在某些時候按壓你的按鈕是沒有用的，所以當你在市場和某些人說話，他會纏著你。他會把它變成一個面子上的問題。現在如果你不給他一些硬幣，其他人會怎麼想？你不想給，你不想給他任何東西——你想要劈開他的頭！你不會因為絲毫慈悲心而給他任何東西，你給他東西只是為了擺脱那個狀況。你有自己的面子要顧：這些人會怎麼想？所以你會笑著給他幾枚硬幣。乞丐也知道你並不是把這些硬幣給他，你只是把它們存到你的面子戶頭。他按到你的某個按鈕。

如果你檢視自己，你會發現你一直在按壓別人的按鈕。你也會發現別人一直在按壓你的按鈕。人就像機器。

聖人的回應是無法預測的，因為他沒有按鈕。無論你是否試著按他的按鈕都不會造成任何差別。聖人是一個覺醒的人。他已經不再依據任何行為模式生活；他過著單純的生活，過著自然的生活。

他們流著淚、但同時唱著歌和歡笑⋯

聖人的心態是很難理解的。有時候他流淚，有時候他歡笑，有時候他同時流淚和歡笑。只有瘋子可以同時流淚和歡笑——因為那是完全不合邏輯的。當一個人在流淚，你知道他是悲傷的。當一個人在笑，你知道他是快樂的。但是如果一個人同時流淚和歡笑，這是困難的。這是很難理解的，這是一個謎。如果他是不快樂的，他應該在流淚；如果他是快樂的，他應該在笑。他為什麼同時流淚和歡笑？

這就是聖人的狀態。一方面他因為世界而流淚，另一方面他因為神而歡笑。他站在中間，站在門口。他在門的一邊看到無法理解的痛苦和傷痛，人們像毛毛蟲一樣的蠕動著，他因此流淚。他在門的另一邊看到神至高無上的禮物，喜樂灑落著，所以他在歡笑。他同時歡笑和流淚。

他們流著淚、但同時唱著歌和歡笑，這是非常矛盾的，達雅說。

所以當你遇到一個聖人，記住幾件事。聖人是酣醉的，他是狂喜的。他沒有喝酒，但卻是酣醉的。

沒有喝任何酒，但是人們說我是一個醉漢，

噢，狂喜啊！你使我無端惹上一個惡名。

聖人沒有喝任何酒的坐在那兒。但是對你而言，他看起來像是喝醉的。

這就是我現在的狀況⋯向祢的美敬酒！

我再也無法區分什麼是覺知，什麼是酣醉。

對他而言，意識和無意識已經不再有任何分別。兩者已經混在一起了。對立者已經融化在對方裡面，對立者已經淹沒在對方裡面。同樣的，歡笑和淚水也同時出現。

他可以同時哭泣和唱歌。

我們生活的方式就是分別。我們在生活中對一切做出分別。我們把生命放在這兒，死亡放在那兒，快樂放在這兒，悲傷放在那兒，天堂放在這兒，地獄放在那兒，愛放在這兒，恨放在那兒。親近我們的人放在這兒，陌生人放在那兒。我們的朋友放在這兒，敵人放在那兒。我們分別一切——但是生命本身是不可分的。聖人不會分別；他過著不分別的生活。生命是不二分的；聖人全然的活著。

生命和死亡是不可分的——你只是以為它們是可以分別的。當你被生下來，你就開始死去。你的第一個呼吸也是你最後一個呼吸的開始。你不會在七十年後的某一天突然死亡。有任何事是突然發生的嗎？會需要七十年才會死亡——慢慢的死亡、慢慢的死亡。七十年後你終於死了。

所以生命和死亡不是分開的兩件事。生命和死亡就像你交互行走的右腳和左腳。它們會交互移動。就像呼吸一進一出……如果生命是呼吸的吸氣，那死亡就是呼吸的呼氣……如果生命是吸入的氣息，死亡就是呼出的氣息。兩者會交互進行。你的雙腳會交互行走；這對翅膀會相互揮動。

有時候你的行為會使你困惑。如果你在流淚，但卻突然想笑，你會控制自己。否則你會怕人們說你瘋了。

我以前的一個老師去世了。他是一個非常令人敬愛的人，非常肥胖和強壯。我們的塔魯無法和他相比！他也非常的天真。只要看到他的臉就會讓你想笑——裡面有種天真。人們常常稱他為Bholenath，「呆子們的王」，他會因此被激怒。如果你在教室的黑板上寫下「呆子」這個字，就足以使他煩惱一個小時。在那一小時中，他會一直很苦惱。他會跳上跳下，跳來跳去，他會生氣，他會用棍子敲著桌子，全身流汗…

當他去世時，他所有的學生都過來祭奠。我站的地方離他的遺體非常近。看著他的臉，我感覺想笑。我的淚水也流了下來。我努力的使自己不笑出來，因為那是不恰當的。某個人死了，而另一個人在笑…我感到難過，我也在流淚。我是最喜歡作弄他的人，也是那兒最難過的人。我失去的比任何人還要多。我再也不會經驗到那種快樂了。因為這個原因，我和他有一個深切的感情。

就在那時，他的妻子走了過來，悲痛莫名的，撲在他身上說：「啊，我的呆子…」然後我再也忍不住了。他一輩子都被我們嘲笑，被稱為呆子，而今天他的妻子也這樣叫他。如果他的靈魂在附近的某個地方，它一定會開始跳上跳下。我繼續哭著，但是我也不禁笑了出來。

在回家的路上，人們嚴厲的指責我。他們說：「不要再去祭奠別人了！」

我問他們：「但是有什麼問題嗎？這兩個情況不能同時發生嗎？」

他們回答：「停止胡說八道！」他們異口同聲的說：「無論這兩個情況是否可以同時發生，那不是重點。當某個人死了，哭泣是恰當的，笑是不恰當的。同時笑和哭則是十足的瘋子。」

但是你看過小孩哭嗎？如果小孩笑得太過頭，他的笑會慢慢變成淚水。這就是為什麼村裡的母親會說：「不要笑得太過頭了，我的孩子，否則你會開始哭泣。」——因為小孩還不是很清楚那個區別。他仍然活在非二分性中。當他笑，他的笑容會慢慢變成淚水。當他哭，那會慢慢變成笑容。對他而言，這兩者還不是對立的。在某種程度下，一切對他而言仍是一體的。聖人會再次變成一，他會再次變得像個小孩。

耶穌說過：「只有那些像小孩的人才能進入神的王國。」像小孩的人：不要認為「聖人」的意思是尋找者，一個嚴守戒律的人。聖人的意思是：一個人再次變成小孩，再次變成天真的。

我不知道我的狀態，
我只聽到別人說
我處於深深的痛苦中。

聖人不會知道他自己的狀態；他消失了。就如同神是一個消失的存在，沒有任何地址，聖人也是一個消失的存在。如果你和一個沒有家的存在合而為一，你也不會有家。如果你和一個不可知的存在合而為一，你也會變成不可知的。

我不知道我的狀態，
我只聽到別人說
我處於深深的痛苦中。

一個聖人，一個成道的神祕家，是透過別人知道自己的行為：他是在哭還是在笑，他是發瘋了還是在街上跳舞。當別人談論，他才會知道，因為當他在做某件事，他是全然的投入，他不會退後一步並觀察。這就是靜心之路和奉獻之路的差別。在靜心的道路上，你會保持一段距離，你站在後面觀察；你會一直是觀察者。無論發生什麼事，你會保持是分開的；你會站在一段距離外，不受觸碰的。你不在那個行為中。

奉獻的意思是你沒有站在一段距離外，你不是觀察者；你是做者。奉獻就是完全的成為做者。無論發生什麼事都完全的浸沒在裡面，如此完全的浸沒在裡面，以致於你沒有任何部分或任何地方是未觸碰到的——你身體的每個毛孔都淹沒在裡面。

只有當你的意識完全的浸沒在裡面，那個行為才是全然的。當你不是觀察者而是做者，當你是一個如此全然的做者，以致於你不再是分開的，只有行為留下來，然後這個完全的行為就被稱為奉獻。當你完全的消失在行為中……當唱歌時只有唱留下來，而唱者已經不存在，只有舞留下來，而舞者已經不存在，只有奉獻的吟唱留下來，而吟唱者已經不存在……當奉獻者向神頂禮，只有頂禮留下來，他沒有任何一部份站在後面觀看：「我在頂禮。」如果你看到自己在頂禮，你就不是在頂禮；你的自我還留在那兒。是身體在頂禮，不是你。

我聽過有一個托缽僧去找拜齊德。他依據習俗向他頂禮。然後他起來後問了拜齊德一個問題。

拜齊德說：「先頂禮！」

托缽僧說：「我已經頂禮了，而你卻要我先頂禮——你沒看到我頂禮嗎？」

拜齊德說：「你的身體已經頂禮了，但是你沒有。頂禮！」

佛陀的生平中也發生過一件類似的事。有個皇帝來找他，一隻手拿著鑽石珠寶，一隻手拿著蓮花，而且那時候不是蓮花生長的季節。他心想：「如果我用鑽石和珠寶供養，佛陀可能不會拿。他要用鑽石和珠寶做什麼？如果是這樣的話，我會用花供養他。他一定會拿花！」他正要獻上滿手的鑽石和珠寶給佛陀時，佛陀說：「不要用那樣的方式供養，而是扔掉它！」

皇帝猶豫了——因為供養有它的喜悅：自我主義的喜悅，獻上珍貴珠寶的喜悅。而佛陀只是說：「扔掉它！」但是當佛陀說扔掉它們…皇帝猶豫了一下，然後扔掉它們，害怕在眾人面前丟臉。那兒有很多人，而佛陀要他把它們扔到地上。如果他沒有這樣做…於是他把它們扔到地上。

當皇帝正準備要獻花時，佛陀又說：「扔掉它。」於是他也把花扔掉。然後當他正要空著雙手向佛陀頂禮時，佛陀又說：「扔掉它！」

他站了起來。他說：「你瘋了嗎？我手上已經沒有東西可以扔了。」

佛陀回答：「我們不是在談論扔掉你手上的東西，我們是在談論一個站著並雙手捧著東西的人。有什麼必要扔掉花朵、鑽石和珠寶？是「你」必須扔掉！你帶著這些花朵、鑽石和珠寶來到，顯示出你是一個偉大的皇帝——你獻上了如此珍貴的東西。表面上，你似乎用它們供養我，但是內心裡，你正傲慢的站著那兒。」

當一個奉獻者頂禮，只有頂禮留下來。頂禮的人不存在。當奉獻者跳舞，只有跳舞留下來，跳舞的人不存在。只有行為留下來，而不是做這個行為的人。做者完全的淹沒在這個行為裡。只有經驗留下來，經驗者則完全的和那個經驗融合在一起。這個融合就稱為單純。這個融合就是臣服。

他們流著淚、但同時唱著歌和歡笑，
這是非常矛盾的，達雅說。

當神要他笑，他就笑。當神要他哭，他就哭。他不會自己決定哭或笑。無論神要他去哪兒，他就去哪兒。無論神要他做什麼，他就做什麼。他不決定做任何事，他不做任何事。他已經放棄他的意志，他已經扔掉他的計畫。現在他只是一個神手上的工具。所以那看起來是非常矛盾的。

因為神的瓊漿玉液而酣醉，
他們洞悉一切的能力是深不可測的。
對聖人而言，達雅說，
三界的富有是沒有價值的。

因為神的瓊漿玉液而酣醉…那是一個動人的表達…**因為神的瓊漿玉液而酣醉**…那些因為神的瓊漿玉液而酣醉的人是陶醉的、狂喜的。**因為神的瓊漿玉液而酣醉**…那些已經嚐過神的瓊漿玉液的人不再有任何自己的感受、覺知或意識。

隨時記住，只要你還可以意識到自己，你就無法覺知到神。這兩把劍不適用同樣的劍鞘，只要「我」還在那兒，神就不會在那兒。只有當「我」消失了，神才會出現。**因為神的瓊漿玉液而酣醉**…那些…

因為神的瓊漿玉液而酣醉，
他們洞悉一切的能力是深不可測的。

他們的意識是深不可測的、無邊無際的——因為一旦你臣服，你所有的界線都會消失。因為「你」在那兒，所以你是有限制的。神是沒有限制的。

要了解這點。恆河流入海洋——它是一條大河，但是它仍然是有河岸的。當它進入海洋，河岸就消失了。人就像小瀑布；當它們進入海洋，它們所有的界線都消失了。當露珠進入海洋，露珠就不再是露珠——它變成了海洋。它不再是露珠，它變成了海洋。

因為神的瓊漿玉液而酣醉，
他們洞悉一切的能力是深不可測的。

他們的意識、他們的洞察力、他們成道的狀態變成深不可測的。他們因為經驗到神而陶醉。

奧瑪凱岩在他的魯拜集中談到神的長生不老藥。費茲傑羅，將奧瑪凱岩的書翻譯成英文的人，並不了解奧瑪凱岩。他以為奧瑪凱岩是在談論酒。這對於蘇菲派和奧瑪凱岩是非常不公平的。人們以為奧瑪凱岩在談論酒、酒吧、酒吧的女侍——那類相關的——所以你會發現有些小酒館叫做「奧瑪凱岩」或「魯拜」。但是奧瑪凱岩是在談論神的酒。他是一個蘇菲派的托缽僧。他從未喝過酒，他從未去過小酒館。所有奧瑪凱岩的圖片都是他坐著那兒，旁邊有一個酒壺。這個酒壺是一個象徵。他是在談論另一個地方。這個酒壺不是屬於這個世界的，不是用俗世的泥土製成的，被倒到裡面的酒是神的酒。

成道者常常在這個世界承受這類的不公平，但是沒有一個比得上奧瑪凱岩所承受的不公——因為每次他的書被翻譯成別種語言，就會發生同樣的錯誤。費茲傑羅是一個偉大且重要的詩人。他在奧瑪凱岩的帽子上別了一根羽毛，但是他完全弄錯了。神的酒和愛的酒是無法相比的。整本詩集都被毀了。它變成一本談論小酒館的詩集。

但是酒的象徵是非常重要的。它之所以重要是因為透過酒所發生的一切是非常渺小的，但透過神所發生的一切則是非常龐大的、巨大的。

因為神的瓊漿玉液而酣醉，
他們洞悉一切的能力是深不可測的。
對聖人而言，達雅說，
三界的富有是沒有價值的。

對聖人而言，對一個已經變得單純的人而言，世界上所有的富有似乎都是毫無價值的。為什麼？不要誤解。人們在過去一直對你做出錯誤的解釋。他們一直要你把世界上的富有視為毫無價值的。達雅的經文不是這個意思。達雅的經文說一個聖人「知道」三個世界的富有都是沒有價值的。那不是一個要如此思考的狀況，不是說你累積黃金並把它當成泥土。你如何能這樣想？你可能會告訴自己一百萬次：它是泥土，但是你仍然知道它是黃金。你不會把泥土放在你面前，然後不斷的對自己說它是泥土。但是你把黃金放在那兒，對自己說它是泥土。你很清楚那個不同。你只是試著扭曲那個不同；你只是試著說服自己：它是泥土，它是完全毫無價值的。

你在試著說服誰？內心裡，你的內在知道它是黃金，它是非常昂貴的⋯⋯你只是試著藉由說它是泥土、說它什麼都不是、說今天它在這兒，明天它就消失了、說當你離開世界，所有的浮華和炫燿都會被留下來，藉此壓抑你的頭腦。但實際的情況是，你會認為它是貴重的。你會把它留在這兒——但是如果你可以掌控，你就不會把它留在這兒，你會帶著它。當你離開時，你會想念它。

你只是在試著安慰自己。請注意一件事：聖人不是一個認為黃金不過是泥土的人，聖人是一個「知道」黃金就是泥土的人。知道和認為的差別在哪兒？認為是借來的。你把別人的知道當成你的知道，但那是了無新意的，不值一分錢。透過這個方式，你創造了一個虛假存在的方式；你會變成一個偽君子——不是聖人，不是成道者。

聖人怎麼知道富有是毫無價值的？他的知道是完全不一樣的。除非你知道神的富有，否則世界的富有不會是毫無價值的。它們怎麼會是毫無價值的？只有當你知道更巨大的，那麼比較小的才會被當成渺小的。

你可能聽過阿克巴的故事。有一天他到了皇宮並劃了一條線。他向他的大臣挑戰：把線變細，但不能觸碰到它。大臣們費盡心思，但是沒有人知道如何不碰到線而做到。

比爾巴站了起來，在阿克巴的線旁邊劃了一條更粗的線。他沒有觸碰第一條線，但是它馬上就變小了。

你被教導過，把世界上的富有當成泥土。我不會這樣說，達雅也不會這樣說。那些知道的人從沒有這樣說過，以後也不會這樣說。他們怎麼會說出這麼愚蠢的話？但是你們的聖雄，一百個人裡面有九十九個就跟你們一樣愚蠢——有時候更愚蠢。

先劃出更粗的線；那就不需要碰到比較細的線。去經驗神的富有，然後全世界的富有都會變得毫無價值。就像是一個人一邊拿著石頭一邊走路——一個在陽光下閃爍的彩色石頭。他認為這顆石頭是珍貴的。如果他發現了一顆鑽石，例如科依諾鑽石，他就不會再認為他閃爍的石頭是非常珍貴的。他不用扔掉那顆石頭，他不需要放棄它——他就只是忘了它。即使它從他的手上滑落，他也不會注意到，他甚至不會轉頭查看。他會保留哪個——鑽石還是石頭？他將會清空他的手來拿著鑽石。他會需要放鑽石的空間。

我要你尋找神，但不要避開世界。當神的光芒降臨到你身上，世界會開始被放到一旁。那就是為什麼我不會給出任何要我的桑雅士避開世界的方法。桑雅士的意思不是拋棄任何東西。桑雅士不是棄世，不是逃避現實。桑雅士是一個對神的邀請，桑雅士是一個對神的呼喚：「噢，鍾愛的客人，來吧！坐下來，我會等著。我會膜拜、祈禱、呼喚和靜心。來吧！」當神來到時，就是劃下更粗的線——那是一條沒有邊際的線，它沒有開始也沒有結束。一個人甚至不會發現這條細小的世界之線逐漸消失了。

一旦這個情況發生，你就不用再宣稱棄世——你要怎麼宣稱？如果你從未放棄過任何東西，你要如何宣稱你是棄世者？如果某個人宣稱他棄世了，那就知道他錯過重點了。如果某個人對你說他放棄了數百萬盧比，你可以確定他仍然擁有它們，他仍然在內心裡計算著。如果某個人吹噓著自己放棄了很多東西，你可以了解到更粗的線還沒有進入他的生命中，他仍然和第一條線對抗著。他仍然試著做一切努力去使第一條線變細。而那條線不會這麼容易變細。即使你試著擦掉它，你也無法做到——因為更巨大的並不存在，所以比較渺小的就不會消失。

如果不把光帶進來，你可以把黑暗趕出房間嗎？你要怎麼做？你可以和黑暗對抗，你可以閉上雙眼，假裝黑暗消失了，但是當你張開眼睛，你會發現它還在那兒。一旦光來到，黑暗就無法存在。世界就是黑暗，神就是光。去尋找光，而不是和黑暗對抗。

因為神的瓊漿玉液而酣醉，
他們洞悉一切的能力是深不可測的。

將自己淹沒在神的瓊漿玉液裡，把它喝到你的心，讓你身體的每個毛孔因為它而狂喜的酣醉。

對聖人而言，達雅說，
三界的富有是沒有價值的。

她知道一定是這樣，而不是相信一定是這樣。相信不會有任何幫助。相信是非常虛弱的、無力的。一個人必須經驗到世界是微不足道的。一旦你經驗過，所有的執著都會拋棄。你不用拋棄它，它會自行掉落。世界會消失——就像樹上的枯葉靜靜的落下。然後你就不用一邊流浪一邊對人們說：「我棄世了。」別人可能會說：「看他放棄了多少東西！」但是你會感到驚訝：「放棄了什麼？用什麼方式放棄？」

有一天，某個人去找拉瑪克理虛納，對他說：「你是一個偉大的棄世者。」

」

拉瑪克理虛納笑了：「多麼大的笑話！」他說。「我以為你才是偉大的棄世者。

然後那個人回答：「你確實在開玩笑。但是你從不開玩笑。你是什麼意思？我，一個棄世者？我是一個世俗的人，完全沉浸在這個世界——一天二十四小時。每天我都會積累這些毫無價值的東西——而你卻說我是一個棄世者？」

拉瑪克理虛納回答：「是的，我確實在開玩笑。我把你稱為棄世者。永遠不要把我稱為棄世者，即使是弄錯，因為我很享受神。所以我怎麼會是一個棄世者？你收集這些世俗上毫無價值的東西，你已經拋棄了神。你的棄世才是偉大的！你是一個真正的無私之人。我們這些尋找愉悅的人只不過是在享受神。我們放棄了什麼？我們放棄了一分錢，但卻找到一顆鑽石。這算棄世嗎？你放棄了一顆鑽石，只留下一分錢：你的棄世比我還偉大，遠遠的比我還要偉大。」

世俗的人是一個偉大的棄世者。他在垃圾裡面挑揀東西，他會尋找和保留廢棄物。如果一顆鑽石或珠寶突然出現，他會將它挪到一邊。如果有時候，靜心找到方式而進入他的生命，他會將它放到一邊，心想：「我現在怎麼能做那件事？現在我正忙著賺錢。靜心？——還不是時候！如果成為桑雅士的想法突然出現，他會忽略它，並說：還不是時候，我還有很多時間。我有這麼多事要完成。我必須證明自己。」如果他偶爾想到神，如果神的波浪在他裡面攪動著，他會搖搖頭，將它趕走。「這是一件危險的事，」他說。「不要陷入到這些事裡面。」

真正的棄世者甚至不會覺知到他的棄世。

我現在神智不清，
但是也許祢知道⋯⋯
人們說祢毀了我。

有一天，奉獻者會對神說：「人們只是無法相信：他們說我已經被毀了、他們說我已經放棄了世界、他們說我已經放棄了一切、他們說我是一個笨蛋、他們說我瘋了。」

我現在神智不清，
但是也許祢知道⋯⋯

奉獻者會對神說：「也許祢知道——我不知道發生了什麼事、我不知道那是何時發生的、我不知道那在哪兒發生的、我不知道那是如何發生的！我完全的醉了。」

人們說祢毀了我。

他想將雙腳放到某個地方，但是它們卻降落在別的地方，
他的身體因為愉悅而狂喜。
他越沉浸在虔信的美，
他的愛就成長得越多，達雅說。

他想將雙腳放到某個地方，但是它們卻降落在別的地方……那就是奉獻者的狀態。他將他的雙腳放到某個地方，但是它們卻降落在別的地方。他想要放的是某個地方，但結果卻放在另一個地方。他沒有在控制自己，是神在控制他。他無法控制自己。記住，只要你還可以控制，自我就在那兒。自我就是你的控制的另一個名字。當你將控制權放到神的腳下，當你交出它時：「現在祢來看顧我，現在達成的是祢的意志。」──然後你的腳會放在任何它們想要放的地方，任何它們希望放的地方。你不會控制你的腳。

他想將雙腳放到某個地方，但是它們卻降落在別的地方……

然後會是一個無法形容的狂喜酣醉！如果如此浩瀚的無邊無際進入你的小庭院，你不會變成酣醉的嗎？如果如此喜樂的春天開始流入你痛苦的生命中，你不會開始跳舞嗎？如果神的瓊漿玉液流過你絕望、悲傷和煩惱的沙漠，不會出現一個綠洲嗎？現在你的腳會知道它們被放在哪兒嗎？你的腳還能選擇去哪兒嗎？

他想將雙腳放到某個地方，但是它們卻降落在別的地方，
他的身體因為愉悅而狂喜。

他身體的每個毛孔都充滿了愉悅，充滿了慶祝。那個浩瀚已經來到了，愛人已經來了。光已經進入了黑暗，生命開始在曾經只有死亡的地方跳舞。**他的身體因為愉悅而狂喜⋯⋯**每個毛孔都在顫抖、跳舞。每個毛孔都填滿了美妙的旋律。心的維納琴正彈奏著。到處都是快樂、愉悅、真正的慶祝。

奉獻者的生命就是慶祝的生命。

悲傷的感受已經欺壓宗教之名太久了。寺廟、清真寺和教堂都變得非常陰鬱。舞、慶祝和狂喜已經消失了。所謂的聖人像塊大石頭，坐在你的胸膛上。真正的宗教是非常喜悅的、非常狂喜的。真正的宗教不是堅硬的；它就像花朵。它不是悲傷的；它是狂喜和慶祝。

幾天前，一個傳統的老桑雅士來找我。他說：「這一切算什麼？這算什麼ashram？人們在跳舞，喜悅的，快樂的⋯⋯人們是狂喜的——他們好像喝醉了一樣。他們應該是嚴肅的。一個尋找真理的人應該一直是嚴肅的。找尋真理是一件非常嚴肅的事。

我對他說：「在這裡，我們不是在尋找真理；我們是在尋找神。」真理這個字已經變得太嚴肅了。它變成乏味的、沒有汁液的。沙漠已經進入它了。

你了解那個不同嗎？「尋找真理」——聽起來你好像必須撇下邏輯的網，你必須使用你的智力，必須折磨自己。「尋找神、尋找愛人、尋找你最親愛的朋友，」是完全不同的事。哲學家尋找真理，宗教性的人尋找神。哲學家把神稱為真理，因為這種方式，他們甚至讓神是悲傷的。宗教性的人把真理稱為「主」、愛人。他們創造出一個愛情關係。這個關係不是以邏輯為基礎；它是一個愛情的關係、情感的關係、愛慕的關係。

他的身體因為愉悅而狂喜。

當你的身體和心開始跳舞，當你的身體和心在同一個慶祝中結合⋯記住達雅說的：**他的身體因為愉悅而狂喜⋯**不只是你的靈魂在跳舞，因為只有靈魂會感到狂喜的想法是一個不完整的觀點──那是一個對身體的批判。當你的靈魂在跳舞，你的頭腦也在跳舞，當你的頭腦在跳舞，你的身體也在跳舞。你的全然性將會跳著舞，你的每個部分都將會跳著舞。當神來到，不只是靈魂接收到祂的財富，你的頭腦、你的意識狀態也會無限的擴張。

他們洞悉一切的能力是深不可測的。

當神來到，你的身體也會變成神聖的；它會變成神，你會變成「一個神的身體。」當神來到，一切都會變成黃金；當祂來到，一切都會變成瓊漿玉液。花朵一定會綻放──甚至荊棘也會開花。

他想將雙腳放到某個地方，但是它們卻降落在別的地方，
他的身體因為愉悅而狂喜。
他越沉浸在虔信的美，
他的愛就成長得越多，達雅說。

你越是浸沒在虔信的美⋯**他的愛就成長得越多**⋯你的愛會以同樣的比例成長。

宗教性之人的特質就是從他裡面流出的愛之流。那是唯一能用來測試一個人是否有宗教性的試金石。你的愛越多、你的情感越是增長，你就越能沒有條件的愛——愛那些需要它的人和不需要它的人，愛那些要求它的人和沒有要求它的人——你越能走向人們並用你的愛填滿他們的容器，你就越能把你的愛散播到你走過的地方，你就越能沒有理由、沒有算計的給予朋友和陌生人⋯就好像「用雙手舀水」，就像試著舀乾流入船裡面的水。

卡比兒說過：「當水開始流進船裡面，你必須用雙手把水舀乾。」同樣的，當愛開始流入你的心，「用雙手舀出它。」這就是聖人的工作。

當你開始舀出愛，把它散播出去，當愛開始在你裡面流動，你變成一間寺廟，沒有盡頭的愛之流在那裡面流動，然後你會知道神已經在你裡面達成了。對此做出宣稱是沒有意義的。如果你說你找到神了，那是沒有任何意義的。重要的是：你分享了多少愛，你的生命已經沿著愛的道路走了多少？

在印度，情況剛好相反。數千年來，學者和教士一直以宗教之名在做的，就是我們把一個已經完全乾涸、像根木頭、像根乾枯的原木的人稱為聖人。即使你用火燒他也不會出現任何煙，因為他裡面沒有任何汁液。但是我們把這樣的人稱為聖人，我們說他已經達成了。他並沒有到了神那兒——他似乎到了別的地方！他一定是在某個地方——因為神是非常多汁的。你們的聖人是完全沒有汁液的，而神是非常多汁的。

只要想想：如果讓這些聖人管理這個世界，那時會是什麼樣的狀態？花會綻放嗎？不。樹會變綠嗎？不。男人會愛女人嗎？不。母親會愛她的孩子嗎？不。朋友會為彼此活下去嗎？不。朋友會為彼此而死嗎？不。如果世界被交到這些聖人的手上，你整個生命會像是機器。它在那兒，但是少了某個東西——愛。將不會有愛。

所以葛吉夫常常說所謂的聖人似乎是反對存在的，因為存在充滿著如此豐富的汁液。存在帶著無窮的汁液流動著——在月亮裡面流動著、在星星裡面流動著、在岩石裡面流動著、在山裡面流動著、在每個方向中流動著、以無數種方式流動著。存在是一個舞者、一個歌手、一個愛人！當宗教在你的生命中成長，同樣的情況也會發生在你身上。

他越沉浸在虔信的美，
他的愛就成長得越多，達雅說。

就是這個跡象。把這當成一顆試金石——如果你的愛隨著每天成長、隨著每一步成長，那表示你已經接近神了、你正在向前走、你正走在正確的路上。如果你的愛開始減少，那表示你錯過某個東西，你在某個地方走錯路了。

當你走近一個花園，你開始感覺到一陣涼風，空氣中飄來短暫的花香。即使你還沒看見花園，你仍然知道空氣是芳香的、涼爽的。你知道你走的方向是對的，你正朝著花園走。同樣的，當你的愛開始成長——**他的身體因為愉悅而狂喜**——你的情感在每個片刻中成長，你開始沒有條件的分享它；不是一種交易，而是一個禮物，那表示你越來越接近神了，廟宇就在不遠的地方，它是非常接近的。也許你已經站上它的臺階。

他歡笑、他唱歌、他流淚；他不斷的升起和落下，
他是永不休息的。
但是當他嚐到神的瓊漿玉液，達雅說，
他就能夠承受所有分離帶來的痛苦。

讓這些話語深深的沉入到你裡面：

他歡笑、他唱歌、他流淚；他不斷的升起和落下，
他是永不休息的。

他是渴望神的、歡笑的、唱著歌的、哭泣的、升起的、落下的。他是喜悅的，因為光已經開始灑落。他也是無法休息的，因為他渴望更多。他是滿足的，因為神已經稍微顯現了自己，但是他急切希望神完全的來到。他是滿意的，因為一道光芒已經進入，但是他也是不滿意的，因為他以前無法跟現在一樣，那時他還不知道任何光。既然他已經感受到一道光芒，現在他想要整個太陽。他等著和最終的太陽結合。

他歡笑、他唱歌、他流淚；他不斷的升起和落下，
他是永不休息的。
但是當他嚐到神的瓊漿玉液，達雅說，

他就能夠承受所有分離帶來的痛苦。

然而一旦一個人對神的酒上癮，一旦他喝過它，一旦他啜飲了一小口⋯⋯

但是當他嚐到神的瓊漿玉液，達雅說，
他就能夠承受所有分離帶來的痛苦。

無論他的生命中有多少痛苦，無論他和愛人的分離如何燃燒著他、如何燒灼著他——即使他身體的每個毛孔都在思念和流淚——如果他嚐過它，即使只有一次，他也不會再回頭了。現在，已經沒有辦法回頭了。

奉獻者會有很多次想要回頭。你可能不會了解。有很多次，奉獻者想著要回頭，因為在喜樂的伴隨下，他也經驗到極大的痛楚。

用這個方式來了解。你有聽過一個關於九十九的故事，不是嗎？發生在這個世界的事，也會發生在心靈的世界。

某個皇帝有一個每天會為他按摩的理髮師，理髮師每次會拿一盧比作為報酬。那是很久以前發生的事，那時候一盧比可以買到很多東西。足夠生活一個月。所以要如何形容理髮師的喜悅？他是非常享受生命的，常常請朋友來吃飯。全村的人都說他是一個大方的人。一盧比在那時候真的價值不斐。而他是快樂的——他會在早上為皇帝按摩，然後享受整天剩下的時間。他會舉辦打牌的聚會，他的朋友會在那兒玩骰子、下棋和唱歌，然後在晚上跳舞。他是一個非常快樂的人。

皇帝開始感到嫉妒。他嫉妒理髮師的喜悅。皇帝擁有一切，但是他無法像理髮師一樣的無憂無慮。理髮師擁有的只有喜悅，無法用文字形容的喜悅。他在早上工作一小時，然後會享受整天剩下的時間。

皇帝問大臣：「理髮師快樂的秘訣是什麼？」大臣回答：「那不算是秘訣，我們會治好他。」

隔天理髮師出現了，似乎被治好了。「治好」的意思是他開始感到痛苦。還不到一周，他已經變得不成人形。

皇帝問他：「怎麼回事？你為什麼瘦成這樣？你不再舉行賭博和下棋的聚會。我再也沒有在晚上聽到你房子傳出來的音樂。發生什麼事了？」

理髮師說：「既然你問了我，陛下，我只得告訴你。我的生命出現了一個關於九十九的難題。」

「那是什麼？你是什麼意思？」皇帝問。

理髮師回答：「某個人把一個裝著九十九盧比的袋子丟進我的房子。」

皇帝問他：「那為什麼會讓你煩惱？享用它們！」

理髮師做出解釋：「那已經毀了我的樂趣。隔天，當我從你這兒拿到一盧比，我想到如果我把它存起來，我就有一百盧比了。我只不過一天不享樂。只會有一天沒有布丁、牛奶和遊戲。我禁食了。然後事情開始變得非常糟。我存了一盧比。隔天我突然想到，如果我繼續存錢，幾天後我就會變得很富有。我已經有一百盧比了，所以我改變主意，再存一盧比。然後這個情況一直繼續下去，已經毀了我的生活。」

發生在這個世界的事，也會發生在你心靈中的生命。當神的第一道光芒進入你的生命，你首次突然了解到你錯過了什麼，你到目前為止一直欠缺的。你所謂的生命並不是真正的生命；這是你首次經驗到生命。現在你裡面出現一個很大的渴望，渴望擁有全部。你已經經驗過了，你上癮了。達雅用了正確的字：

但是當他嚐到神的瓊漿玉液，達雅說，他就能夠承受所有分離帶來的痛苦。

一方面，你開始非常享受，但是另一方面，你感到痛苦，因為你想要更多——你想要全部！當一個小小的光芒使你酣醉，只是啜飲一小口就讓你感到如此的喜樂，你會想要完全的淹沒在它裡面。

在這時候，一個人會遇到很多困難。有很多次，奉獻者會開始心想：「主啊，我想要回頭。這個痛苦是如此的強烈以致於我再也無法忍受了。我再也無法多待一個片刻了。」

放棄愛的力量從未出現，
放棄愛的念頭卻不斷來到。

這個念頭不斷出現：「我已經受夠這個麻煩，我想要擺脫這個愛的酣醉。」「放棄愛的力量從未出現」——一個人無法鼓起勇氣離開。「放棄愛的念頭卻不斷來到」——但是這個念頭會出現很多次：「我已經受夠這個麻煩，我想要回到過去的日子。在某些情況下，它們是比較舒服的；我會在黑暗中迷失自己，但是至少我不會在意任何事。」你沒有經驗過，所以某種程度而言，你是安逸的，你是快樂的，你是平靜的。你不會有這種問題，這樣的焦躁。你不會日復一日的流著淚。你不會每一個片刻都眼巴巴的盯著路上。現在似乎睡覺也不對，不睡覺也不對——將只會有不停的焦躁。

「放棄愛的力量從未出現」你無法鼓起勇氣拋棄愛、放棄愛。「放棄愛的念頭卻不斷來到」很多次，你想要放棄愛，你想要回頭。

在愛的道路上，
懷著沉重的心情走出那一步，
你來到是否要放下愛的那一刻。

有很多次，一個人會困惑：在這個愛的旅程中，是否在某些情況下，一個人必須放下愛？有很多次，一個人會想要放棄並且逃走。有很多次，一個人會想要回頭。如果只不過一點點愛就帶來這麼大的痛苦…當然，快樂已經開始進入一個人的生命中，但也因此使你開始感受到一個巨大的痛苦。一個人開始看到一點點光，但也因此可以看見黑暗。

用這樣的方式來理解。一個盲人活在黑暗中，他會漸漸的在黑暗中感到自在。但是當他的視力漸漸恢復，他可以看到一些模糊的東西。因為他隱約可以看到那些東西，所以他也可以看到黑暗。在那之前，他是無法看到黑暗的。

記住這點：一個盲人也無法看到黑暗，因為要看到黑暗，視覺是需要的。沒有視覺，你就無法看到光或黑暗。如果你以為盲人只能看到黑暗，那你就錯了。那是你的經驗。當你閉上眼睛，你可以看到黑暗，但那是因為你是有視覺的。盲人連黑暗都看不見。但是如果他恢復了一點視力，他會感到很大的痛苦；他可以隱約看到東西，在那個朦朧中，他也可以看到黑暗。然後他的內心會出現一個強烈的、想要完全看見的慾望、想要徹底看見的慾望。

但是你雖然有無數次想要回頭的念頭，你做不到。奉獻者會中斷很多次；坐了下來，關上了門。但是他會一再的打開它們。

有很多次是虔誠的，但是沒有一次是美麗的。

來吧，讓我們再談談那個不虔誠的。

有很多次，奉獻者會想：「夠了，忘掉它！」這個旅程太艱辛了。我已經為自己帶來這麼多麻煩——甚至連開始這段旅程也是錯誤的。俗世之人還比較好——至少他們過著自在的生活。他們去店裡、回家、處理工作、到法院、處理訴訟案件…他們持續的對任何事不以為意。但是我可以覺知到我所覺知到的，這是多麼的不幸啊！我為什麼如此沉溺在這裡面？

Satsang，一個和師父的心對心的交流，是一種癮。你會有很多次想逃走。你會有很多次想放棄。你會中斷很多次。但是你不會真的放棄。

「有很多次是虔誠的，但是沒有一次是美麗的…」一旦你看見神的美，你就無法在世界上找到一樣美的事物。會有無數次，你試著使自己忙著處理別的事情，但是你不會在那些事裡面找到一樣美的事物。

來吧，讓我們再談談那個不虔誠的。

你會一再的返回到你的奉獻之歌、膜拜和記住神，「那個不虔誠的。」

我的生命中曾經有過兩段艱辛的時光：
一個是在祢來到前的時光，
另一個是祢離開後的時光。

但是只有當神的第一道光芒來到你身上，當你聽到祂的腳步聲，你才能理解這點。然後你會知道，你的生命在這之前，也是一段受苦的時光。裡面沒有任何意義，它是毫無價值的。而現在跟你在一起的，甚至是一段更痛苦的時光。

我的生命中曾經有過兩段艱辛的時光：
一個是在祢來到前的時光，
另一個是祢離開後的時光。

但是慢慢的、慢慢的，門會打開，慢慢的、慢慢的，光會開始照耀。

和祢分離後的悲傷，
使我脫離了其他苦痛。
沒有任何痛苦敢接近我。

最後，只會有一個記憶留下來——對於神的記憶。只有和神分離後的痛苦會繼續燃燒著。你所知道的數千種痛苦已經消失了，只留下一種。所有的痛苦——屬於財富的、屬於地位的、屬於名聲的、屬於這個和那個的——它們都會離開你，然後只有一個問題留下來。而且你沒有辦法逃避這個問題。

但是當他嚐到神的瓊漿玉液，達雅說，
他就能夠承受所有分離帶來的痛苦。

分離的煩惱之火在我的心裡出現，
來吧，噢，神，來吧，我的愛人，

現在某個東西像一把火，在你的心中燃燒著。

分離的煩惱之火在我的心裡出現，
來吧，噢，神，來吧，我的愛人，

現在你等待神的來到，等待愛人的來到。火勢如此強烈以致於你想要祂下雨，你想要祂的雨雲來到並使你感到涼爽。

分離的煩惱之火在我的心裡出現，
來吧，噢，神，來吧，我的愛人，
來吧，噢，心的巫師，
來吧，噢，克理虛納，噢，純粹的一，
我渴望見到祢。

現在只有一個慾望，只剩下一個慾望——**我渴望見到祢**，我盼望見到祢。一切的尋找都來到他的雙眼；他裡面的一切都變成了一個等待。奉獻的所有能量變成了祈禱和等待。

我不記得世界的殘酷，
也不記得我自己的虔信。
除了愛以外，我現在什麼都不記得了。

……只是瘋狂，一個極度的瘋狂，一個你無法向任何人解釋的酣醉。是的，當兩個瘋子相遇，他們會了解。那就是為什麼達雅說：**不要對那些沒興趣記住神的人說話，**

對那些愛上神的人敞開你的心。只有他們能了解你的痛苦。

分離的煩惱之火在我的心裡出現，
來吧，噢，神，來吧，我的愛人，
來吧，噢，心的巫師，
來吧，噢，克理虛納，噢，純粹的一，
我渴望見到祢。

奉獻者的雙眼是完全集中注意力的。他所有的能量都慢慢的移到他的雙眼。當你的能量變成你的眼睛，那個最終的，發生了…就在那個當下。

我們的關係是屬於雙眼的，
現在這個關係已經到了心。
直到昨天為止，我的心一直在隱藏的，
現在已經如同一首來到我唇邊的旋律。
我只見過祢一次，然後就再也沒見過祢了，
但是仍然沒有任何眼睛能容納祢的美。
我想要歌頌祢豐富的、優雅的美，
但是沒有任何旋律的表達會是公正的。
綁上神聖的蝴蝶結，

我的心像是繞著婚禮中的篝火，
愛的新娘已經上了轎子，
而夢想是它的轎夫。
黃金的轎子朝著愛人的家前進。
紅色裝飾的雙腳和棕紅色裝飾的雙手，
愛敲著心的門。
我們的關係是屬於雙眼的，
現在這個關係已經到了心。

慢慢的、慢慢的，你的能量只會開始在一個地方悸動著：你想要找到愛人，你想要見到祂，你想要遇見祂。當你的內心不再有其他的旋律，你和祂的結合不再有任何阻礙。但是除非那個結合發生，否則你的渴望仍是未滿足的，你的期望仍是未實現的，你的內心仍然在欲求其他東西。只要你生命中的待辦事項上還有別的事要處理，只要神仍是很多待辦事項中的其中一件，你就永遠不會見到神。當你所有的能量結晶成一個慾望，那個慾望就被稱為渴望。

現在我們有很多慾望：成為富有的、有地位的、有名聲的、有人愛的、這個和那個、一個大房子⋯你有很多慾望；你被分割成這麼多慾望。你的慾望之馬在不同的方向上奔馳著。當這些馬被同時駕馭並在一個方向上奔馳著，朝著神的方向奔馳著⋯

耶穌說過：「你先尋找神，其他的會自行來到。」如果你追逐其他的一切，你不但無法得到它們，你也無法達成神。追逐很多東西的人，同時也錯過了一樣東西。

羅辛說：「藉由得到一，其他的一切也得到了。」得到這個的人也得到了一切。找到神之後，還能有任何聲望比這更高的嗎？達成神之後，還能有任何地位比這更高的嗎？找到神之後，還有任何財富是需要追求的嗎？透過找到神，所有其他的成就都發生了。

我的雙手已經厭倦去驅趕烏鴉，
我的雙眼充滿期待的看著路上。
我的心落入了愛的海洋，
那兒是沒有陸地的、沒有出口的。

沒有回頭的路了。河流已經進入海洋，現在它要怎麼回頭？

我的雙手已經厭倦去驅趕烏鴉……

烏鴉是一個譬喻。烏鴉是在你頭腦的天空中所移動的無意義思想。你從未邀請過它們，但是它們還是來到了，就像烏鴉一樣，而且它們一直呱呱叫著……

印度所有的烏鴉都住在克理虛納穆提在孟買講道的地方。牠們喜歡那個地方。你幾乎聽不見克理虛納穆提的聲音，因為那些烏鴉非常嘈雜。但是克理虛納穆提堅持。他說：「讓烏鴉叫，你們只要聽……」

這就是頭腦的狀態——一直呱呱叫著。你呼喚神，然後烏鴉就會叫。每個思想都是一隻烏鴉。把牠們稱為烏鴉是有意義的，首先牠們不請自來，其次，牠們的叫聲是非常刺耳的。裡面沒有任何旋律。牠們總是成群結隊的、嘈雜的、完全混亂的，但是甚至連一點像音樂的叫聲都沒有。

我的雙手已經厭倦去驅趕烏鴉……

達雅說：「為了祢，我一直看著路。我怕有些烏鴉出現，干擾到我，使我錯過祢；有些思想的烏鴉可能會介入我們之間，祢可能到了而我卻沒看到祢……所以我的手已經厭倦去驅趕烏鴉。」

我的雙手已經厭倦去驅趕烏鴉，
我的雙眼充滿期待的看著路上。

「我的雙眼一直盯著門，盯著路上。它們是睜開的、觀察中的、在深深的歡迎中等待著。我的雙眼越來越疲倦、我的雙手越來越疲倦。」

我的心落入了愛的海洋，

她的心就像一條已經進入海洋的河流。

那兒是沒有陸地的、沒有出口的。

「祢多麼巧妙的讓我陷入，」達雅抱怨著。「祢已經到處將網撒了開來，祢沒有留下任何可以讓我逃走的路。」：**那兒是沒有陸地的、沒有出口的**。現在已經沒有出口可以離開了。當河流進入海洋，它會完全進入，無法回頭：「沒有辦法回頭了，而祢花了這麼久才來到。卻沒有任何關於祢來到的消息。我的雙手感到疲倦，我的雙眼是浮腫的。祢把我留下來，沒有給我任何回頭的機會。這是多麼巧妙的陷阱，這是多麼難以想像的陰謀啊！」

這是愛人的抱怨。有很多次，奉獻者抱怨著──只有奉獻者會這麼說。別人不敢這樣做。奉獻者甚至會和神對抗；他會生氣。有很多次，他會清楚的說：「我拒絕膜拜，我現在要停止所有的供獻。凡事是有一個限度的。」

只有一個愛人敢這樣說──因為愛是勇氣。愛人知道即便這樣的魯莽也會被原諒。一個學者不敢這樣做，教士也不敢。

拉瑪克理虛納有時候會在廟裡膜拜，有時候則不會。而且他的膜拜也是非常奇怪的。有時候會持續數小時，有時候則是幾分鐘就結束了。有時候一整天會在膜拜中度過。還有一些其他有趣的事。他會自己先嚐過食物，然後他才會拿來獻神。

但是人們會抱怨。於是寺廟的管理人把他叫來，問他是在做哪一種膜拜，對他說他的膜拜應該要有某些規範。

拉瑪克理虛納說：「誰聽過愛是有規範的？如果規範存在，愛要怎麼存在？如果愛存在，規範要怎麼存在？這兩者是合不來的。如果你想要某個人遵守規範，那就該讓他去找教士。我是一個愛人。我會膜拜，但是它是無法被規範侷限的。如果我不想要膜拜，我不會假裝。我該站在這兒，進行虛假的膜拜嗎？當我是憤怒的，我要怎麼膜拜？我不會這樣做——將不會有任何膜拜。」

「讓神等著！如果祂要折磨我，我也會折磨祂。門會一直關上——讓祂受苦，讓祂如同我記住祂一樣的記住我。至於品嚐食物，我母親在給我食物之前，通常會先嚐過，所以我在奉獻給祂之前，不能沒有先嚐過，不能不先確保那是適合祂的。我必須先嚐過。如果你想要規範，去找一個教士！」

拉瑪克理虛納是一個真正的教士。現在這是完全不同的，這是一種感覺。奉獻者會抱怨很多次，甚至會生氣。畢竟，凡事是有限度的……

我擔心這個痛苦是無法痊癒的。

即使是為了祢。

有很多次，奉獻者會了解到他的痛苦是失去控制的，他的痛苦是不斷增加的。

我擔心這個痛苦是無法痊癒的。

他在擔心甚至他的愛人也可能沒有解藥，但卻會使他越來越深陷其中——只會在最後才說祂沒有解藥。而且現在已經越來越難回頭了。

我擔心這個痛苦是無法痊癒的。

即使是為了祢。

「我受的苦是如此的強烈以致於我擔心到最後，祢可能無法治好它。然後我會深陷其中。回頭是不可能的……因為我已經嚐到了愛：

但是當他嚐到神的瓊漿玉液，達雅說，……那兒是沒有陸地的、沒有出口的。

祢已經如此巧妙的騙了我！」

有很多次，奉獻者會對抗、會爭吵。那個爭吵是充滿愛的、也是一種祈禱。如果你沒有勇氣和神爭吵，你就還不知道關於奉獻的任何事。如果你不敢和你的愛人對抗，你的愛仍是無力的。真愛可以在無數次的抗爭下繼續存在。沒有任何抗爭會傷害它。實際的情況是它會變得更深厚，更精煉，在每次爭吵過後閃耀著。奉獻者會對神生氣，但是祂會再次說服他。如果奉獻者真的生氣，那麼神也會努力去說服他！

所以當你們的爭吵是非常真誠的，當你的祈禱是非常真實的，那些片刻會來到；當你的不耐煩是真實的，當你的心是一道燃燒的火燄。然後它會發生，雨會來到。

宇宙並不是對你漠不關心的。存在並不是不關心你的。存在是關注你的，就如同你也是關注存在的。在你的心中收著這把鑰匙。如果你感覺存在是不關心你的，對你是漠不關心的，對你沒有興趣，那麼這只代表了一件事：你還不是關注存在的。你漠不關心的遠離存在，為了報答你，存在也同樣遠離你。

當你接近存在，它也會接近你。當你哼著歌時，它也哼著歌。當你擁抱它時，它也在擁抱你。當你勇敢的朝著存在前進，它也會以同樣的程度回應你。

存在不是沒有回應的。這就是奉獻的整個科學。回應是存在的本質。如果你呼喚，回應會來到。如果你沒有收到回應，那表示你的呼喚缺少了某個東西。

噢，你們這些嘴唇乾裂的愛人，
讓你們的渴醒來，
那朵遠方的黑雲沒下雨是不會離開的。

濃厚的雲層在這個地球上，
打了一百次的雷，下了一百次的雨，
季風喜悅的負擔響起了美妙的音樂，
在大街小巷裡迴繞著，
但是每當我邂逅了祢的到來和離去，
我看到祢的手上只有一個空水壺。
每個人都是充滿的，而祢卻是口渴的，
當世界是興高采烈的，而祢卻是悲傷的。

愛人的歌在隼鳥的喉中優美的跳著舞，

低矮的黑雲在它的笛子上啪噠啪噠的演奏著，
是相遇的時刻了，地球正處於一個清新的擁抱中。
為什麼祢陽台的燈火似乎快要熄滅了？

當甜蜜的花園哼著歌，祢是沮喪的。
當黃金如雨般落下，祢是貧窮的。
噢，祢使月亮相形見絀，
點亮這樣的燈火，
落下的淚水如同星辰般的微笑著。

噢，你們這些嘴唇乾裂的愛人，
讓你們的渴醒來，
那朵遠方的黑雲沒下雨是不會離開的。

它確實下雨了，它已經下雨了。它已經灑落在達雅身上，它已經灑落在莎訶若身上，它已經灑落在蜜拉身上。它怎麼不會灑落在你身上？它已經下雨了，它也將會下雨——一再地。

渴是需要的，一個深深的渴是需要的。當你的渴是全然的，雨將會來自於那個全然的渴。你全然的渴變成了雨雲。不會有別的雲了。當你的呼喚是全然的，當你的呼喚來自於你全然的存在，當你在你的呼喚中賭上一切，完全沒有保留，神就會出現。

第四章
一道純淨的愛火

奧修，奉獻的意思是什麼？

奉獻的意思是你開始在物質中經驗到神，你開始在顯現的事物中察覺到未顯現的事物，無形的已經開始成為有形的。

奉獻的意思是任何你可以看見的。連無形的也開始有了影子。如果你停留在可以看見的，你的內在永遠不會誕生任何奉獻。你必須聽到那個無形的正在接近的聲音；那個無法聽見的，你必須能聽見它的腳步聲。你的感官必須變成狂喜的，它們必須因為那些超越你所有感官的喜悅而顫抖著。你透過那些對你而言仍然很陌生的媒介開始察覺到——這個媒介的名字就是奉獻。那個無法直接看見的，無法透過眼睛察覺的——那也將能看到，看不見的將能變成看得見的，使看不見的變成看得見的，這個奇蹟就是奉獻。奉獻是一種煉金術，一種科學。

也許你從未想過，當你陷入愛裡面，發生了什麼事。當你戀愛了，你會只是看到愛人的骨頭、肉和骨髓嗎？如果你看到的只有這樣，那你有一天可能會愛上屍體。不，你也瞥見到某些東西。你的雙眼開始深入看著那個人的內在，那個人內在的形象會開始浮現。每當你戀愛了，這就是它的意義——無論你是否了解。神已經從某個窗口開始呼喚你。

所以對於神的第一個瞥見總會是來自你的愛人。而一個從未愛過的人永遠無法知道奉獻，因為奉獻是洪水般的愛。愛就像短暫的陣雨，而奉獻是氾濫的洪水——但是愛和奉獻的本質是相同的。愛是有極限的，奉獻是沒有極限的。愛會結束：今天它還在這兒，明天可能就不在了；它持續了一個片刻然後就消失了。它是短暫的。**這個世界就像最後的晨星**。一旦奉獻來到，它就會停留下來。然後就沒有辦法脫離它了。一旦你進入它，你就永遠的進入它了。不可能再回頭了。在愛裡面，還有可能回頭。因為愛總是有點矇矓，有點膚淺。而奉獻則會非常的深入。

所以你一定要透過愛了解奉獻。愛是奉獻的第一堂課。你是一個丈夫：你愛你的妻子。你是一個父親：你愛你的小孩。妳是一個妻子：妳愛妳的丈夫。妳愛妳的朋友……只要愛存在，就用它去深入尋找。

愛就像礦山裡面的鑽石；它還沒有被清理過，它仍然覆蓋著灰塵。好幾世紀以來，它一直和石頭、小卵石待在一起——它的光澤已經消失了。愛就像剛從礦山裡採出來的鑽石——它還沒有被清理過，它還沒有來到珠寶商的手上，它還沒有被加工過。現在，只有一個可以看得很深入的人才能了解它是一顆鑽石。你還無法看出它是什麼。這就是為什麼在愛裡面看不到奉獻——因為愛就像一顆沒有切磨過的鑽石。然而同樣的鑽石在蜜拉裡面、在莎訶若裡面、在達雅裡面，已經被切磨過，它已經散發出光澤，它已經被珠寶商的雙手處理過，閃閃生輝的。切磨是需要的。

科依諾是世界上最大的鑽石。它被發現時的重量是加工後的三倍。在切磨、修整和拋光後，只有三分之一留了下來。隨著每一處的修整，它的價值也變得越來越高。隨著每一個琢面的出現，它也變得越來越美。現在它加工後的重量只有發現時的三分之一，它現在的價值應該比發現時的價值還低才對——如果你從重量來看的話。但是在你發現時，它是毫無價值的。它的價值是在琢磨後、拋光後才出現。

有一個著名的西方雕刻家，米開朗基羅。有一天當他走在路上，他在一間大理石店舖的路旁發現一大塊大理石。他已經看過它很多次了，它只是被丟在路邊。他走進店舖詢問這塊石頭的價格。店主人說：「它不用錢。它是毫無價值的。沒有雕刻家想要買它。如果你要就拿走吧，我們很高興能擺脫它。你可以免費擁有它，你只要支付它的運送費用。」

米開朗基羅把石頭取走了。當他要取走它時，店主人問他：「你要用這塊毫無價值的石頭做什麼？它沒有任何用處。」

米開朗基羅說：「幾個月後你就會知道。」過了一段時間，他邀請那個店主人來他的家裡。在那兒有一個嬰兒時的耶穌躺在聖母膝上的雕像。店主人看得入迷。他說：「我看過很多雕像，但是你是從哪兒找到這塊稀有的大理石？」

米開朗基羅回答：「這就是你打算扔掉而免費給我的那塊大理石。」

店主人不相信他：「那塊粗糙的石頭和這個雕像沒有任何一樣的地方。它們完全沒有相同的地方。你怎麼知道那塊毫無價值的石頭可以變成這個雕像？」

米開朗基羅回答：「每當我經過你的店舖，這個雕像就常常從這塊石頭裡面呼喚著我。它要求我讓它自由，從它的監獄中將它釋放，使它免於那個束縛。」

我要告訴你們，奉獻就被囚禁在愛的監獄裡面。而愛一直呼喚著讓它自由。當奉獻從愛裡面釋放，當它被修整和純化後而顯現，你就會找到神。愛就像充滿雜質的天然金塊；奉獻則是經過冶煉、修整和純化的黃金。所有的垃圾都被燒毀了，只留下純淨的黃金。奉獻是最純淨的愛，而愛是不純淨的奉獻。

所以愛裡面有兩部份。奉獻是愛的一部分，世界則是另一部分。愛裡面的雜質就是世界，而藏在愛裡面的純淨奉獻就是神。所以一個有洞察力的人會在愛裡面找到神，而蠢人則會墮落到世界裡。愛是一支梯子：世界是下方的梯子，神是上方的梯子。如果你不斷的純化愛，你將會進入神；如果你繼續弄髒它，你會墜落到世界裡。當愛變得太髒，它變成一個夢，當愛的純淨閃閃發光著，它變成了真理。

神性就藏在愛裡面——釋放它。在愛裡面，你會瞥見到神性很多次，但是你不知道如何解放它。讓你的愛更像是祈禱，而不像肉體上的情慾。不要在愛裡面要求，而是給予。不要在愛裡面當一個乞丐，而是成為一個皇帝。在愛裡面分享，不要囤積。漸漸的，你會發現到愛裡面的雜質開始熔掉。當這些雜質熔掉了，一道純淨的愛火開始顯現。這個火焰就叫奉獻。

我無法忘記祢，
就好像有個人會永遠擰著我的心。

每段愛情都是擰人的，因為它就是記住神。一個模糊的記住——非常模糊，被掩蓋在好幾層下——但它仍然是記住神。那就是為什麼當你戀愛，你會變成瘋狂的——只有一點瘋狂，但仍然是瘋狂。

沒有任何人的臉跟祢一樣，

我攜帶著祢的照片，不斷的在這個世界徘徊。

那就是為什麼每段愛情都承諾會帶給你滿足，但是它從未實現。當你愛上某個人，在一開始，愛的美是無法超越的。但是很快就有塵埃落下。愛很快就生鏽了，很快就有了爭吵、衝突和混亂。在那段愛情曾經到達的高度下，沒人知道發生了什麼事。每段愛情很快就變成了衝突。但是在那些剛開始的片刻裡，當你的雙眼是清新的，一切都是嶄新的，你有過一個瞥見——否則你怎麼會陷入愛裡面？某個人在呼喚你，某個東西向你的存在提出一個挑戰。那是誰的挑戰？那是誰的瞥見？你感覺好像找到那個最終的。你感覺好像找到那個你一直在尋找的；那個你一直在尋找的愛人！

但是一切很快又失去了。肉慾的煙、自我尋求、所有生活的瑣碎事務、憤怒、閒話……這些很快就接管了你。你很快又再次淹沒在它們裡面。有一瞬間，你從水中升起，看到了天空——但是非常短暫。那只是新婚夜。你又再次被淹沒。每當你在愛裡面嚐到這樣的甘露，那是因為……

沒有任何人的臉跟祢一樣，

我攜帶著祢的照片，不斷的在這個世界徘徊。

要了解這點。神的照片就藏在每個人的心裡。我們一邊在內心裡攜帶著這張照片一邊徘徊，希望有某個長得一樣的人。希望某個人的外表跟祂一樣，希望找到照片中的人。除非我們遇到我們的靈魂伴侶，否則我們會一直悲傷、痛苦；尋找某個東西。

有時候，有那麼一瞬間，你會發現某個人長得很像你在尋找的人，然後你把它稱為愛。但是當你更近看，一切又再次崩塌。不，這個相似只是一個幻覺。在模糊的光照下，在黑暗中，你感覺到某種相似，但是它永遠不會是真的相似。你又再次錯過。

所以當你看到愛人，愛的容器，在一定的距離下，一切似乎都很好。但是當你更接近，每件事開始出錯——因為沒有任何人會長得跟神一樣，雖然神就藏所有的臉裡。沒有任何人的臉會完全和神的臉一樣：也許會有百分之一是一樣的，但是百分之九十九是不一樣的。就是這百分之一使你陷入愛裡，但是漸漸的，剩下的百分之九十九會出現。

只有在每段愛情中一再的失去，一個人才會在某一天進入奉獻。愛的失敗證明了：「我在外在中找尋祢，但是沒有找到。現在我要向內尋找。我在身體中、物質中、形體中、美之中找尋祢，但是祢不在那裡。現在我要在美之外尋找祢、在無形中尋找祢。我曾經在短暫的事物中尋找……」

只要想一下：月亮高掛在天空，現在是夜晚，閃耀的滿月下，你坐在湖邊。湖水是靜止的。你感覺月亮在湖裡。如果你沒有向上看，你會以為月亮在湖裡面。

我曾聽說：

那是回教的齋戒月。穆拉那斯魯丁坐在一口井旁。他感到口渴。所以他看著井裡面，想知道井水有多深。那是一個滿月的夜晚，他看到月亮在井裡面。「可憐的傢伙，」他說：「你怎麼會在井裡面？得有人把你弄出來！」

那裡沒有其他人。那是一個非常偏僻的地方。他忘記他的口渴，把繩子丟到井裡，想要接住月亮，用某些方式把它拉起來——否則世界會變成怎樣？但是繩子卡在井裡的某個地方，然而穆拉以為進行得很順利，他以為繩子已經和月亮連接在一起，於是他用盡全力的拉。

繩子斷了，他向後摔倒到地上。當他摔倒後，他看到天空的月亮：「沒關係，」他說：「我受了一點傷，但是你已經被解救了，噢，月亮。那對我而言就夠了。」

我們在世界上看到的只是井裡的映月。我們在世界上看到的只是神的倒影。我們還沒有提起雙眼看著神。我們甚至不知道如何提起雙眼。在世界上所有的宗教中，人祈禱時會提起雙眼看著天空。這是一個象徵。神不在天空，但是我們必須向上升起，我們必須往上看。神就在遠離我們的某個地方，就在我們之上，但是我們不知道如何往上看，如何超越自己。我們非常習慣往下看。那是比較容易的。

每當你帶著肉慾看著某人，你就是往下看。當你帶著充滿祈禱的雙眼看著某人，你就是往上看。這個往上看就是奉獻，那個往下看就是愛。兩者是相關的。兩者是相連的，那是同樣的能量：當它往下流就變成了愛，當它往上升就變成了奉獻。

而心在奉獻中燃燒的方式就跟它在愛裡面燃燒的方式一樣。差別是——它們的燃燒是不同的。愛裡面的燃燒是狂熱的，奉獻裡面的燃燒是涼爽的——一個涼爽的火。在愛裡面的燃燒只有燃燒：彷彿某個人把酸性液體灑到傷口上。在奉獻的燃燒中，是的，會有燃燒——痛苦、分離的煩惱——但它是非常涼爽的、非常令人鎮定的。

我的心燃燒著，希達，
也許這就是他們所謂的愛。

愛燃燒著，奉獻也燃燒著。但是它們之間有一個很大的不同。愛之火會燙傷你，奉獻之火不只燙傷你，它也會喚醒你。愛之火會讓你睡著，奉獻之火會把你從睡眠中拉出來，它會喚醒你。在愛之火裡，只有你的身體留了下來，在奉獻之火裡，你的身體會消失，只有甦醒的意識留了下來。奉獻的意思是：

我尋找那個創造我的；
我要和那個一會合。
我尋找我的源頭，
因為藏在那兒的，
是我最終的命運。
我尋找那個最終的，
一旦找到了，
就不再有任何要尋找的。

博學的人和奉獻者一樣也會找尋，但是博學的人只依靠自己找尋。奉獻者則會說：「我怎麼可能靠自己找到？祢必須幫助我。」他對神說：「我沒有祢的地址，但是祢一定有我的地址。我不知道祢，但是祢一定知道我。我可能沒看過祢，但是祢一定看過我。所以當我尋找祢，我的尋找會是單方面的，因為我會像個盲人在黑暗中摸索著。請牽著我的手，請用祢的手牽著我的手。」

博學的人依靠自己。博學的人的方式是依靠決心和意志。奉獻者的方式是臣服。

奉獻者會說：「我會尋找，我會用一生去尋找；但是有一件事可以確定——我們的會合只有當祢允許後才會發生。所以請處理這部份，不要把它留在我單獨的找尋中。」

噢，我的心，我感情脆弱的心，
我在呼喚祂……
讓某件事發生在祂身上，
使祂不是幫助我，而是直接來到。

我邀請祂，但是那有什麼用？
讓某件事發生在祂身上，
使祂不是幫助我，而是直接來到。

……讓祂必須來到！只有當火在兩邊都燃燒著，某件事才會發生，而它也確實在兩邊燃燒著。神想要找到你的渴望和你想要找到祂的渴望是相同的——也許祂的渴望更多。

用這個方式來了解：一個小孩在一個市場、一個集市或人群中走失了。他到處亂跑，找尋他的母親。你以為母親沒有在看顧小孩嗎？可能是因為小孩被很多事物分心——他可能看到某些玩具，他可能聽到某個鼓聲，他可能站在那兒看魔術師表演，完全忘掉母親了。但是沒有任何鼓聲、魔術師、遊戲或場景可以阻止母親。她會像瘋女人一樣的不斷尋找。小孩在這個世界會完全忘掉她。**這個世界就像最後的晨星**。但是對他而言，他看到的一切似乎是真實的東西。他會停留在玩具店前面，或者某個人可能會給他一些零食，他會認為一切都不會有問題。小孩能懂多少？就算他尋找，那會是什麼樣的尋找？如果他沒有找到母親，幾天後他會開始忘掉她。一、兩個月後，他甚至不會記得她。一、兩年後，他會忘掉她的長相。但是母親會在極大的痛苦中一直尋找。

記住第二點：「神也在尋找你。」

當你只靠自己的力量尋找，你的方式就是知識的方式。當你說：「我會尋找，我會投入全部的能量，但是如果祢沒有在尋找我，有一件事可以確定，我們的會合永遠不會發生……」

噢，我的心，我感情脆弱的心，
我在呼喚祂……
讓某件事發生在祂身上，
使祂不是幫助我，而是直接來到。

我會不斷的呼喚祢。但是也讓某件事發生在祢身上，讓祢不是透過幫忙，而是必須來到我這兒。

奉獻就是臣服。
奉獻就是完全放下自己。

走在知識之路的人放棄了世界；而奉獻者則是放棄了自己。走在知識之路的人放下了其他的一切，而奉獻者則放下了自我。

有時候在愛的片刻中，你可能會感覺你的自我消失了。有時候，如果你真的愛過，你一定會在一些短暫的片刻中經驗到自我消失了。在某些片刻中，它確實消失了。你還在，但是沒有「我」的感覺。當「我」消失了，廟宇就更接近了。當「我」消失了，簾幕移開了，門打開了。是「我」的鎖把門鎖住了。

奧修，你的教導絕對是一種正確的教育。但是我懷疑政客和官僚是否會把它當成正確的教育。

那不是懷疑，而是可以肯定他們不會把它當成正確的教育！可以肯定我的教導對他們而言似乎會像是錯誤的教育。他們會認為那應該被阻止。因為政客需要沒有智慧的人才能活下去。

如果人變得越來越有智慧，政客將無法存在。政客的所有權力有賴於你們的無知。你越無知，政客就越有權力。當這個地球再多一點智慧，人們再多一點警覺，第一個會消失的將是政治。

政治的意義就是你不是有智慧的，別人對你說：「你不是有智慧的，但我們是有智慧的。我們會給你一些法律規定，幫助你規範你的生活。你的智慧還不足以規範你自己的生活；給我們權力，我們會給你一個制度。你不能成為你自己的師父，讓我們成為你的師父，我們會為你安排。你無法知道什麼才是你有興趣的，我們會為你安排。」

這就是政治的整個涵義。只有當你無法靠自己決定要做什麼，你才會需要一個領導者。所以政治永遠不會想要人是有覺知的——他們應該繼續睡覺。政治永遠不會想要人是靜心的——因為一旦人們是靜心的，他們會開始離開政治圈。政治圈需要憤怒、敵意、嫉妒、羨慕、怨恨、衝突。只有當這些火燄在你裡面燃燒，你才能繼續停留在政治裡。

暴力、支配他人的衝動、壓迫別人的欲望、競爭、對抗…這些都是政治需要的。政治是一種抗爭。

所以當你的靜心狀態在成長，你的敏銳、你的愛和你的寧靜也會成長，然後你會開始拋棄政治。你不想要這個世界有任何戰爭。

政客靠戰爭生存。如果戰爭消失了，政客也會失去權力。一旦有了戰爭，政客就變成偉大的領導者。你注意過嗎？任何世界上偉大的政客，他們的偉大取決於戰爭。如果沒有戰爭，政客一輩子都不可能變成一個偉大的政客。所以每個政客都希望在他的一生中發生戰爭，這樣他才能勝利，可以證明他是正確的人選。

政治是自我的擴張。靜心是自我的溶解。政治是騙子、偽君子。

我曾聽說：

一個茂密的森林中發生了一個奇蹟：獅子突然變得很親切、很謙虛，牠開始到處雙爪合十的對動物打招呼。森林中的動物都對此感到非常吃驚！牠不再吼叫和呼嘯；牠對所有路上遇到的動物談論手足之情。

有一天牠很飢餓，暫時忘了牠的謙虛…在政治裡，大家都戴著表面上的面具。牠看到樹下站著一隻驢子。自然的，驢子會跑掉，但是因為獅子在過去的十五到二十天之間都沒有任何暴力的行為——試著改善每個人的甘地主義者——所以驢子並不害怕，仍然待在那兒。就在一剎那之間，獅子內在的真實顯現了出來，撲向了驢子。但是當牠撲了出去，牠意識到自己在做什麼。牠立刻跪在驢子的腳下說：「原諒我，父親，我犯了錯！」

驢子無法相信牠聽見的——一隻獅子把驢子稱為「父親」？

有隻貓頭鷹坐在樹上看著。驢子走掉了，貓頭鷹問：「怎麼回事？這太過份了！我聽到謠言說你變成單純的、有美德的，但是這太過份了——跪在驢子的腳下，並叫牠：父親。」

獅子回答：「你是隻貓頭鷹。你不過是個笨蛋。選舉快到了。你認為我會讓驢子不高興而失去選票嗎？」

政客的野心只有一個：儘可能擁有控制多數人的權力。政治需要自我才能生存；因此政治不會支持正確的教育。政治是虛偽；沒有比它更大的謊言了。政治是一個以謊言為基礎的生意。政治的意思是顯示出你說謊的技巧有多厲害。

我昨天才看到：

有個政客在演講，要人們稍微再耐心點，因為社會主義將要來到了。有個人站起來大喊：社會主義永遠不會來到，這句話他已經聽了三十年了。

政客回答：「相信我，現在它不會很遙遠了，它幾乎就快要來到了。現在用不了多久的時間了——只要再多點耐心。只要再一次選舉，然後社會主義就會和我們在一起了。」

觀眾裡面的某些人站起來說：「社會主義永遠不會來到！昨晚在俱樂部，你的秘書說社會主義永遠不會出現。」

站起來的人很多，而且吵鬧了起來。政客感到困窘：「我的秘書怎麼會這麼說？我的演講稿是他寫的！我要再說一次，社會主義就要和我們在一起了。」

但是越來越多人站起來說：「社會主義永遠不會來到。停止胡說八道，我們已經聽你扯的夠久了。」

政客了解到一切已經失去控制，於是他卑微的站起來說：「我認為社會主義要來臨了。但是如果你們這麼說，也許它最終不會來到。我會試著了解實際的狀況⋯⋯也許演講稿有改過。」

政治就是剝削、空洞的文字和狡猾的措辭。而且如果一個人了解到自己就是完整的，那麼他將不再擁有任何政治立場，他也能夠看出政治的真相。

當這個世界再多一點智慧，政治將無法生存——而且也不應該讓它生存。政治是不需要的。政治倚賴無知。政治帶給你們的就是目前的狀況——一個你的生命不會有任何革命的情況。政客要你們是跛腳的，並且倚賴他們，這樣你就無法獨立。政客不想要世界上越來越多人跟佛陀、馬哈維亞、克理虛納、卡比兒和耶穌一樣。他們永遠不想要這樣，因為這些人是危險的。政治無法忍受耶穌，所以他被處以十字架刑。政治無法忍受蘇格拉底，所以讓他喝了毒酒。他們是危險的人！

這些人帶來什麼危險？他們的危險就是他們是正直和真誠的人。他們談論真理，他們沒有任何隱藏的演講稿，他們不會說謊，他們不是投機主義者。他們只會談論那些對全人類最有幫助的，即使每個人都反對他們，他們仍會談論那些幫助。這就是成道者的特質。

有個朋友問了另一個問題：

成道者是什麼？他的特質是什麼？

成道者就是一個直言不諱的人，一個教人們如何活在那個所是的人，一個甚至不會對它做出任何微小更動的人。而那個所是的，它是如此的革命性，以致於如果你和它建立起一個關係，你的一生將會徹底的轉變。

政客一直對成道者感到憤怒。他們喜歡各種教士和學者，但是他們不喜歡成道者。教士和學者總是和政客一直共謀著。他們同時加入宗教和政治，他們把宗教拿來服務政治。

成道者虔信的過生活，不接受任何條件。成道者沒有特定的底限，也不接受任何底限。成道者的狀態就是叛逆，就像燒紅的煤炭：他會燃燒著你，把你變成灰燼。然後神會從你的灰燼中出現。神進入到越多人的內在，就會有越多人脫離政治的羅網。如果大部分的人都沉浸在靜心和奉獻裡，那全世界將會有一個巨大的改變。這些人將不會接受你們所謂的領導者——也不會成為跟隨者。那是盲人在引領盲人。

所以你說的是正確的。政客不準備把我說的一切當成教育。他們盡最大努力去阻止我的訊息傳達到人們那兒。他們不斷的阻止你們接近我，也阻止我接近你們。政客最大的關切就是使我說的話被傳達給最少的人。

可笑的是並不是只有一種政客在反對我，而是各種政客都在反對我。這是相當有趣的。一般而言，如果某個人發表反對執政黨的言論，那在野黨將會支持他。如果某個人發表反對在野黨的言論，那執政黨將會支持他。但是你會發現每當成道者出現在某個地方，所有的政客都會反對他。關於這部分，他們都同意——因為成道者將會推倒政治的基石。

這個世界只能有兩種生活的方式：一個是政治性的方式，另一個是宗教性的方式。到目前為止，世界還沒有過著宗教性的生活，它一直過著政治性的生活。難怪它從未活過！它根本沒活著：它一直是垂死的，它一直在腐爛。到目前為止，沒有任何社會有勇氣過著宗教性的生活。而政客將不會讓這個情況發生。他們為什麼要失去他們的權力、力量、尊敬、榮耀和地位？

如果成道的、覺醒的人們一直增加，如果這個國家的靜心能量稍微上升一點，很多事會立刻改變。其中一件最大的改變就是這個巨大的競爭性浪潮——這麼多的軍事力量、這樣的侵略性和私人間的敵對、這麼多玩笑、對地位如此的關注——這些都會消失。一個已經成為自己內在的王的人不會需要其他的地位。他們已經找到了王位——沒有比這更偉大的王位了。當某個人生命中的神性溪流開始流動，所有自我的旅程將會立刻終止。而政治、財富、地位和威望都是屬於自我的旅程。

正確教育的基本原則會是屬於融化自我的。錯誤教育的基本原則會是培育自我。你們的學校、學院和大學教了你們一切，除了如何拋棄自我。相反的，他們教你如何強化自我。先成功的人會被頒發金牌，先到達名單頂端的人會被讚美。先得到第一名的人會很快得到工作。這都是在教你們競爭。

當你讓三十個小孩在一個班級裡念書。你已經做的第一件事就是一個政治性的行為。現在你讓他們互相競爭。每一個人都要和另外二十九個人競爭。每個人都認為他必須先達成目標，他必須打敗其他人。他們都變成了他的敵人：政治已經進入了他們的生活。他們將會學到政治的技巧，成為狡猾的、不誠實的。

然後，你將會說出令人驚歎的話！每當某個受過教育的人被發現是不誠實的，你會說：「他到底接受了什麼樣的教育啊？」在二十到二十五年的時間裡，你教每個人成為不誠實的，然後，當他終於畢業後，開始偷竊、行騙、詐欺，你會說：「這是怎麼回事？他最好還是沒受過教育會比較好——至少沒有受過教育的人不會欺騙。」一個沒受過教育的人無法欺騙。你會需要某些技巧，即便是為了偷竊——否則你會在一些小事上被抓到。即使要欺騙，你也需要一些技巧，你甚至需要一個大學學歷。

你所謂的教育只是對自我的讚美。我所說的教育則是自我的完全溶解。直到不再教導野心，直到人們畢業後變得很謙虛，那樣的大學才會是有意義的——過著好像他並不存在的生活，樂意過著成為普通人的生活。

奧修，我在世界裡面找不到喜悅，我的生命不是喜悅的，但是我卻怕死，這是什麼樣的諷刺啊？

如果你怕死，原因只會有一個，只有一個原因。就是你從未活過，你害怕在你真正的活過之前就死了。你認為那是諷刺的、無法理解的、矛盾的情況——你沒有享受生活，你的生活是不快樂的，那你為什麼還會怕死？你的頭腦告訴你，邏輯上，你應該是不怕死的，因為你在世界上過得不快樂，因為你的生命完全沒有任何喜悅。

不。它不是這樣運作的。你還沒更深入了解生命的基本原則。除非你了解到「**這個世界就像最後的晨星**」，否則你永遠無法擺脫對於死亡的恐懼。

生命中沒有任何喜悅，但是內心裡你認為它一定存在於某個地方，它沒有出現在你的生活中是因為這時候，在它來到的路上有一些阻礙。你還沒清楚的了解到，這樣的生命本來就是沒有喜悅的。你還沒有這麼深的覺知。你的生命不是喜悅的，那是對的，但是這個圍繞在你周圍的巨大生命也是缺乏喜悅的。你還沒有這樣的了解和經驗，所以你害怕死亡可能會在你真正的活過並找到那個喜悅之前就來到。你在嚐到那個喜悅之前還不想死——否則你會覺得你從未活過，你會覺得你在真正的活過之前就死了，你會覺得你在中途就死了。

你的怕死只是顯示出一件事——你仍然是關注生命的。我同意你說的：你的生命可能沒有喜悅，但是你仍然抱有希望，你還沒有放棄希望，希望的線還在那兒。那是一條脆弱的線，但是它還好好的。你仍然在想：「一定有某些方法，一定有某些路會指向某處。如果我走的路不對，一定有另一條路是正確的。」你對世界的關注還在那兒。

你仍然在奔跑著。你還沒到達任何地方，但是那不表示沒有地方可去。當你感覺到生命中沒有要達成的，感覺到生命是沒有喜悅的，感覺到如同佛陀所說的：「生命是痛苦的⋯」

佛陀說有四種崇高的真理。第一個崇高的真理是，生命是痛苦的。他稱之為第一個崇高的真理，第一個偉大的真理。知道生命就是痛苦的人是崇高的，是真正的人。第二個崇高的真理是，有一個方法可以讓人免於生命的束縛，不再承受生命的痛苦。第三個崇高的真理是，有一種解脫的頭腦狀態，有一種意識的狀態可以不用再承受生命的痛苦。第四個崇高的真理是，這個狀態不只是想像，它已經發生在某些人身上，它也可以發生你身上。

佛陀宣說了這四個崇高的真理，第一個就是生命是痛苦的：整個生命就是痛苦，從開始到結束，生命就是痛苦。

你還沒有了解這四個真理——為什麼？原因只會是：你仍然陷在經典裡面，你仍然陷在你出生前就存在的聖人和他們的教導中。你太早聽到這些話語。你還沒有從自己的經驗中了解到生命是沒有意義的，你只是聽到某個人說過。你的心繼續告訴你生命是喜悅的。但是你從某處聽到，從某個聖人或別的聖人那兒聽到生命是毫無意義的。現在你進退兩難，一道門在叫你退回來，另一道門則叫你往前走。你很為難。

我要告訴你：忘掉你的聖人和德高望重的人，進入生命。再徘徊久一點，再多犯點錯，再多撞幾次頭。生命就像一面牆；它是無法打開的，它沒有門。但是除非你把自己弄得渾身是血，否則你不會相信。佛陀一定有說過生命是痛苦的，但是你怎麼能接受？你怎麼能接受生命是痛苦的。如果某個人這樣對佛陀說，他也不會接受。除非他自己知道，他才會接受。當你自己知道，你也會接受。

我要告訴你，當你還是不成熟的，不要因為那些聖雄說的話而避開生命。如果你這樣做，宗教就永遠不可能成為你生命的真理——因為你會先錯過第一個真理。沒有任何地基，你要怎麼興建廟宇？不要走到一半時，然後因為聽到那些聖雄說的話而回頭。

不要回頭，除非你擁有自己的經驗，除非你的心在每個可能的地方都碎成無數片並痛苦的哭泣著，否則你會變成一個偽君子。你會走到一半就回頭，然後開始假裝成為不是來自於你的內在實相的某個人。你可能會像聖人一樣的坐著，但是你的頭腦仍然留在世界——在店鋪裡，在市場上。你可能會閉上眼睛，試著記住神，但是神永遠不會來。某些東西會在那兒——世界的誘惑。

我們對自己生氣，
我們是故障的、損壞的人，
如此的虛假以致於真理必須扔掉它的雙眼。
拿到這個，收集那個，
我們是如此的堅持不懈。
那些劍，
對於身為劍柄的我們，
能有什麼用？
在每個醉漢的聚會中，
我們無意義的啜飲著。
把我們放在博物館，
我們是非常獨特的人
永遠無法成為簽名的人，
只能成為指紋。

不要因為聽了別人說的話而成為虛假的。不要聽從別人說的話而成為指紋。過你的生活！這是你的生活，它已經被給了你。它被給了你，這樣你就能旅行到最後、你就能尋找它，直到它最終的深度。如果你找到喜悅，你是幸運的。如果你沒有找到，你仍然是被祝福的——因為如果你沒有找到喜悅，你將會向內走，沒有任何懷疑、毫不在意的向內走。不會有任何懷疑圍繞著你，不會有人或任何東西在外面呼喚你：「超越生命……」他們可能犯了錯。不要因為他們說的話而回頭。除非是你自己的經驗才回頭。

我要對你說，如果你全然的投入，進入到生命的底部，你會發現那兒沒有任何東西。一方面，你會從那兒空手而回，另一方面，你的雙手是滿載而歸的。你空手而回是因為你了解到生命中什麼都沒有。你的雙手滿載而歸是因為現在，你可以尋找神——無憂無慮的、毫無懷疑的。現在你尋找神的路上不會有任何阻礙。現在，你的面前將會出現新的選擇。你思想和慾望的烏鴉將不再對你呱呱叫。現在你可以前進了。現在你的生命之流可以合而為一，進入神的海洋。

奧修，幾天前，你敲著阿旭塔瓦卡的觀照之鼓。現在你則演奏著達雅的奉獻之歌。在這兩者之間，列子先生從未說過話或聽到任何東西——他只是坐在白雲上。坐在道的白雲上，一個人是否可能今天在奉獻的道路上旅行，明天則在觀照的道路上旅行……無論風帶著他到哪兒？

克理虛納穆罕默德問了這個問題。每天都會遇到這個情況；這就是這兒一直在發生的。有時候我是列子，有時候是阿旭塔瓦卡，有時候是卡比兒，有時候是蜜拉，有時候是穆罕默德。這不會對我造成任何困難。我完全不會擔心昨天我在談論觀照，現在卻要談論奉獻。我可以看到有很多條路，但是目的地只有一個，而且是相同的。

就像登山一樣。你可以從不同的方向出發、從很多分歧的路出發，但是在山頂上，你可以看到每個人都朝著同一個地點前進。如果你無法看到這點，那你就還沒有真的到達山頂。如果在山頂上，耆那教徒仍是耆那教徒，印度教徒仍是印度教徒，回教徒仍是回教徒，那表示你還沒有真的抵達山頂。印度教、回教、耆那教：那都是不同的道路。不會有問題：一個人總得走上某條路，所以你必須選擇這條路或那條路。即使有五十條到達山頂的路，你也可以只走其中一條。你無法同時走五十條路。如果你這樣做，你會發瘋。如果你這樣做，你永遠不會到達。你連走路都不行，你會遇到很大的困難。

我聽說有一個胖女人去看電影。她拿了兩張票給接待員。接待員說：「另一個人呢？」

那個女人說：「我感到抱歉，我有點胖，所以我得為自己買兩張票。」

接待員說：「那就依您的意思，女士，但是妳會遇到困難。」

女人說：「什麼困難？」

接待員回答：「第一張票的位子是五十一號，第二張票的位子是六十一號。如果妳願意，妳可以坐這兩個位子，但是會很困難。」

你不能同時坐兩張椅子。

有個政客去找穆拉那斯魯丁。穆拉只是繼續坐著，他甚至沒有招呼政客坐下。在選舉期間，沒有人會邀請政客來家裡坐。穆拉看著他的表情就像看著乞丐，彷彿在說：「走開！去別的地方，不要浪費我的時間！」

政客很生氣。他說：「你不知道我是國會議員嗎？」

穆拉回答：「好，請坐。」那個政治人物繼續說：「我不只是個國會議員，選後我可能會進入內閣。我將會成為內閣的一員。」

穆拉說：「既然如此，那請坐兩張椅子！有什麼我能幫你的嗎？」

就算你是首相，也不可能同時坐在兩張椅子上。也不可能同時走在兩條路上，或者同時騎兩匹馬，或者同時坐在兩艘船上。你會遇到困難。

所以只要你繼續你的旅程，你就必須選擇兩條路的其中一條。只要你還沒到達，就選擇其中一個。如果你對觀照有興趣，就去走觀照的道路，如果你對奉獻有興趣，就去走奉獻的道路。如果是穆罕默德喚醒了你的心，就跟隨他；如果是馬哈維亞喚醒了你的心，就跟隨他。

我已經為你打開所有的門。不要試著同時走過所有的門。只要選一道門。但是所有的門都打開了，所以你不會遇到任何問題。無論是哪個吸引你，你和誰在一起會是喜悅的——就去走那條路，不用懷疑。然而一旦你進入廟裡面的聖殿，你會發現所有的門都能讓你進到廟裡的同一個地方。當你到達了山頂，你會發現那些從西邊登山的人和從東邊登山的人都會到達這兒。那些從南邊登山的人也抵達了，還有那些坐著轎子來到的、那些步行來到的、那些騎馬來到的，他們都在這兒。那些唱著歌的人也到了這兒，那些在沉默中行走的人也在這兒。所有人都到了。

從我所在的地方來看，列子、達雅、莎訶若和阿旭塔瓦卡之間並沒有任何分別，列子融化在阿旭塔瓦卡裡面，阿旭塔瓦卡融化在達雅裡面，達雅浸沒在卡比兒裡面。每個人都變成了一。河流是分開的，但是當它們進入海洋，它們都變成了一。每條河的味道是不一樣的，它們的外表和方式是不同的，但是一旦河流進入了海洋，它們的味道都是一樣的。

奧修，人們一邊喝著酒，一邊蹣跚的行進，然而我口渴的來到，也口渴的離去。

如你所願；那是每個人的選擇！如果你已經決定什麼都不喝，如果你已經決定要避開，那麼我就無法幫助你。

有句諺語說：「你可以帶著馬到水源那兒，但是你無法強迫牠喝水。」我帶著你到了河流那兒，但是剩下的要由你決定。如果你喜歡這樣的來到和離開，那麼請繼續。歡迎你。但是你能持續這樣多久？不斷的來到和離開的意義是什麼？去經驗某些東西！不要再找藉口。人是非常狡猾的，他總會把責任丟給某個人。

你的問題似乎顯示出你認為自己是完全正確的。

在愛的市集裡，
命運佔有一席之地。
當心的交易正要進行時，
它搞砸了一切。

有時候你會歸咎於運氣或是當時的情況，有時候你會找到別的理由。它們都只是藉口和推託。如果你不想喝，那就不要喝，但是不要尋找藉口。一個人要喝下它是需要勇氣的。

你說：「人們一邊喝著酒，一邊蹣跚的行進……」

你可能在害怕蹣跚的行進。你似乎想要喝它，否則你為什麼要問這個問題，你為什麼還要來這兒？你一定是在害怕蹣跚的行進。你想要喝，但是你不想要蹣跚的行進。這是不可能的。如果你喝了，你就會蹣跚的行進。你一定是在你的頭腦中試著找到可以喝它然後又不用蹣跚行進的方式。

人們常來找我……就在幾天前，一個紳士到了這兒，要我讓他成為桑雅士——但是他要的是「內在的桑雅士。」我問他：「那是什麼？什麼是內在的桑雅士？」

他說：「不該有人知道。桑雅士應該是某個你和我之間的關係。」

現在他找到一個狡猾的方式：「不該有人知道！我不要任何人知道！我的妻子和小孩——當我回家後，不會有人發現。」

我告訴他：「如果這樣，你就不需要桑雅士。和我在一起，如果你想要喝它，你就會蹣跚的行進。每個人都會知道。你會成為全世界的笑柄。」

他說：「那好吧，我會戴上念珠和項鍊。我可以把它們收在衣服裡面嗎？還是我必須露在外面？」

人已經失去了勇氣，已經變得非常軟弱。那些拿掉衣服並跟隨馬哈維亞的人一定是非常勇敢的人。他們不會說：「師父，我們是否只要維持內在的赤裸就夠了？」那其實就足夠了——因為在衣服底下，每個人都是赤裸的。那會有什麼困難？他們一定是非常勇敢的人。他們一定非常的有膽識。他們常常蹣跚的行進。

在經典中有一個故事，一個年輕人聽了馬哈維亞的講道後回到家。他進了浴室，他的妻子和他一起洗澡。她為他的身體抹上薑黃膏、油和香料。她仔細的抹勻它們，再把它們洗掉。然後他們開始說話。

他的妻子說：「你已經聽了馬哈維亞的講道。我的弟弟也去聽了他的講道。他在考慮是否要接受點化和棄世。」

年輕人說：「他在考慮？那表示他不想做。有什麼要考慮的？如果某個東西吸引他，那就會吸引他去做。有什麼要考慮的？考慮的意思是什麼？它的意思是：我可能明天就會做。或者我可能後天就會做。」

妻子感到難過，覺得她的弟弟受到侮辱。她說：「不，他一定在一年內就會接受點化和棄世。」

她的丈夫說：「他可能在一年結束前就死了。而且妳怎麼知道他不會改變心意？他沒有那樣做的勇氣。他是一個剎帝利，戰士的種姓，但是他的行為卻是如此？一年內？現在不要再說了，我們有一年的時間，隨時可以再來談論。」

妻子感到更難過。她說：「那你就去接受他的點化！你以為你可以成為那樣的桑雅士嗎？」

丈夫站了起來，開始走出浴室。妻子問他：「你要去哪兒？」

他說：「我們已經做出了結論。」

她說：「至少穿上衣服。」

他說：「我為什麼要穿？馬哈維亞會要我再脫掉它們。」

他的妻子開始哭喊；所有的家人都趕來了。他站在大門旁邊。他的父母試著勸他：「你瘋了嗎？這只是一段談話……」

他說：「那不是一段談話。結論已經有了。現在我了解到當我在說某個人——批評說沒有什麼要考慮的——那事實上也是我的狀況。這個結論就是我的目標。」過去的人們是如此的勇敢。但是漸漸的，人變得越來越軟弱——如此的軟弱以致於連赭色的衣服都不敢穿，不敢把他們的念珠露在外面，害怕某個人可能會說：「你是怎麼回事？」——害怕某個人會以為他瘋了。

你已經到了這兒，所以你一定是有興趣的，你一定漸漸著迷了。你可能沒喝過它，但是酒的芬芳已經在這兒的空氣中飄揚著。那一定有觸碰到你的鼻孔。那些在這兒喝了它的人變成狂喜的，並在他們的週遭創造出一種氛圍。那個氛圍一定也觸碰到你了。你一定有想要喝——否則你為什麼來到這兒？但是你害怕蹣跚的行進。鼓起蹣跚行進的勇氣。如果只是喝了它卻沒有蹣跚行進，這還有什麼樂趣？如果這樣，有沒有喝都不會有差別。

桑雅士的意思是，你過去的生活將會被毀滅，一個新的生活方式將會生根。桑雅士是一個革命。你的生命將會從原來老舊的地方被連根拔除，所以必須找到一個新的土壤。

在這段時間會有一段艱辛的日子。這個過渡期會是艱辛的。人們會嘲笑，他們會挖苦你。人們一直在這樣做，他們這樣做並沒有錯。當他們在挖苦和嘲笑，不要以為他們是在嘲笑你。他們只是在保護自己——他們也在害怕。當你穿上赭色的長袍，開始狂喜的跳著舞，嘲笑你的人在害怕。他了解到如果他不反對你，這個同樣的拉力也會接管他。他透過反對你來保護自己。他說你是錯的；他大喊說你是錯的，說你發瘋了。事實上，他是在說他害怕這個瘋狂也會佔據了他。

當你反對某個人，仔細的看著自己。你一定也被吸引，想要朝著同樣的方向走，那就是你為什麼要反對他——否則你不會在乎。那些反對你的人也會跟著你的腳步，但你會是蹣跚行進的。

心是不容易被奪走的，噢，這個暴君！
也不太容易約束它。
但是讓它安定下來是可能的，
它會漸漸靜下來。

會需要一點時間。即使是蹣跚的行進也有一定的規律，即使是狂喜也有某種法則，一個黃金的法則。方法是存在的——即使在這樣的瘋狂中。剛開始，一切似乎只是瘋狂，但是漸漸的，每件事都會安定下來。然後你首次了解到在這之前只有瘋狂。但是現在，你首次變得有意識的。世界會把你稱為瘋子，但是你會知道，在這之前你才是發瘋的，現在你才是沒有發瘋的。這是首次，一道光進入了你的生命，去除了你所有的瘋狂。

試著鼓起勇氣——桑雅士的意思是勇氣。而且這兒是一個小酒館。這次，回去蹣跚的行進。如果你是勇敢的，我會隨時準備祝福你。

誰知道我們擁有什麼樣的恐懼和憂慮？
無助的做著我們不想做的事，

只是假裝活著，
在生命的每一步中漸漸的死去。

你為什麼如此緊張？你能失去什麼？你會失去什麼？那個恐懼是什麼？你在保護什麼？你什麼都沒有，但是你卻繼續做著你不想做的事。你是如此害怕以致於不敢去做你想要做的事。了解這點。不要找藉口。如果你能稍微有點勇氣，將能開始進入那個未知的旅程。

我一再的提到勇氣，因為神仍然是未知的。它是一種未知的酒，沒有任何和它一樣的酒。而且你從未喝過它。那是一條未知的道路，你從未走過它。神不是高速公路；祂是一條通往森林的路。在那兒，你會發現你是單獨的。群眾會被留在大路上。政治人物、群眾、一旁煽動的人、各種行進的隊伍和花車——都會被留在高速公路上。

桑雅士的旅程是關於成為單獨的。靜心是一個使你成為單獨一人的過程。讓自己浸沒在奉獻中的意思是你開始忘掉世界，你所有的意識都集中在那顆遙遠的星星。有一天，你裡面只會剩下那顆星星，其他的一切會漸漸的消失。那就是為什麼一個人會害怕——進入到那樣的單獨，進入到那樣的孤寂，超越了所有關係⋯

因此，對一個宗教性的人而言，勇氣是必要的條件。一個暴力的人可以變成宗教性的，一個憤怒的人可以變成宗教性的，一個充滿性慾的人可以變成宗教性的，但是群眾是永遠不可能變成宗教性的。想一想，觀照這個事實。

你所有的宗教經典都要你放棄暴力、憤怒、情慾。我要你放棄懦弱。因為如果你不放棄懦弱，你就無法放棄暴力。因為如果你不放棄懦弱，你就無法放棄憤怒。因為如果你不放棄懦弱，你就無法放棄感情關係。把這當成第一步，放棄懦弱。然後你會變得強壯，你將可以放棄一切。

昨天是完全不認識的陌生人，
今天卻變成了我的生命支柱。

勇敢點！當你是勇敢的，你會突然發現有某隻強而有力的手在牽著你的手。

昨天是完全不認識的陌生人，
今天卻變成了我的生命支柱。

你會是無助的，然後你發現神會變成你的幫手。

昨天是完全不認識的陌生人，
今天卻變成了我的生命支柱。
記憶的黃金枷鎖，
鎖住了寂寞的心，
疲倦的眼皮失去了夢想的銀色地位，
身體的每個毛孔被某種甜蜜未知的顫抖守護著。
我無法看見的一，

已經變成我呼吸的源頭。

我們從未看過的一，我們從未聽過的⋯

我無法看見的一，
已經變成我呼吸的源頭。

這會瀰漫在你的每個呼吸裡。

保證的話語就像，
承諾的樹幹上唱著歌的鳥兒。
在我的渴望的蓮園裡，
耐心的芬芳在每個步伐中徘徊。
這些愛的初次表達已經在深情溫柔的天真庭院中成長。
我並不知道，某個人的名字，
已經成了我歌聲的接受者。

那個你從沒聽過的名字，那個一直沒有名字的⋯

我並不知道，某個人的名字，

已經成了我歌聲的接受者。
在我的靈魂之鏡中，
我捕捉到光之喜悅的外形，
但是很難侷限那個無法侷限的，
所以我失敗了。
赤裸的、失敗的隊伍，
舉高他們的手並凝視著天空。
噢，我未知的生命，
某個人的照片，
已經變成我自己的素描。

勇敢點，大膽點，接受進入那個未知的挑戰，接受進入那個不熟悉的挑戰，你不會是單獨的。神會和你在一起。但是在祂能真的和你在一起之前，你必須鼓起勇氣成為單獨的。神會和那些單獨的人在一起。

奧修，如果沒有達成神會有什麼損失？

完全沒有損失，因為只有在你達成神之後，才會覺知到那個損失。只有當你失去某個你曾經擁有的東西，你才會知道你的損失。

佛洛依德說過人有兩種基本的慾望：性慾和死亡的慾望。這是一個很稀有的洞見。一個是性慾，持續的使人們繼續他們的生活。另一個是，佛洛依德說在某處，更深入的地方，則會希望死亡來臨，因為生命是完全沒有意義的——如果不是今天就是明天——然後一切都會很好。

你有觀察過嗎？你的生命除了等待死亡之外還有別的東西嗎？這棵乾枯的、凋謝的樹是否倒下，會造成什麼不同嗎？

從另一方面來看。我要問：如果這就是生命，失去它是否對你會造成什麼不同？每天起床、上班、回家、睡覺、再次吵鬧、再次爭鬥……如果這就是生命，失去它是否對你會造成什麼不同？世界上最偉大的思想家也提出同樣的問題。

有一個偉大的西方思想家，沙特。他問：「如果對生命而言，這就是一切，那麼自殺會造成什麼傷害？」這不是一個愚蠢的建議。自殺是有史以來最偉大的問題，因為如果這就是你所謂的生命，那麼如果某個人想要自殺，你有什麼好驚訝的？你明天也會做一樣的事，不是嗎？——早上起床，喝茶，和妻子吵架，看報紙，去上班。就像一張壞掉的留聲機唱片。唱針卡住了，它一再的重複播放同樣的音樂——同樣的溝槽、同樣的溝槽、同樣的溝槽！你的生命也是如此——一張壞掉的留聲機唱片。

你問：「如果沒有達成神會有什麼損失？」那麼到目前為止，你的生命中擁有什麼？

達成神的整個目的就是為你的生命帶來意義。沒有別的目的。達成神的目的就是讓一股芬芳可以進入你的生命，那是一種香味、一首美妙的音樂。慶祝和歡欣鼓舞將會來到，你的生命不再是停滯的、借來的；它會變成新鮮的——像早晨一樣新鮮，像早晨的露珠一樣新鮮——純潔的。達成神的整個目的就是讓你的生命可以擁有月亮和星辰的光輝。它應該要有，因為人擁有整個存在中最獨一無二的東西：意識。你已經被給予如此珍貴的寶藏，但是在你所有的追逐中，你得到了什麼？你的薪水可能增加了一點，你的帳户可能累積了更多錢，你可能買了一部大車來替代原本的小車，買了一個更大的房子來替代原本的小房子……

但是被給了這樣至高的意識後，你實際上用它做了什麼？透過這個至高的意識，你實際上獲得了什麼？整個宇宙的喜樂是可以被容納在它裡面的。

找到神的意義只有一個：你的門可以對喜樂敞開，整個生命的歡樂可以穿透你，你可以一邊上升一邊跳舞。否則就會像：

今天，櫻花開了，
但是我的愛人不在皇宮裡，
我的朋友讓我穿上春天的衣著，
在我的頭髮上抹上硃砂。
和月亮一起歡笑、一起聊天，
它們突然中斷了。
手牽著手，抓著，擁抱，然後放開來。
就像瑪胡卡迷尼樹開了花的芬芳，
無法收納在金黃色的絲巾裡。

今天，櫻花開了，

但是我的愛人不在皇宮裡，
花開了，但是愛人不在家，那對愛人是沒有意義的⋯

今天，櫻花開了，
但是我的愛人不在皇宮裡，
微風吹過，
使我的身體感到涼爽。
我的雙眼是乾燥的、沒有生氣的，
春天綻放的花很快就凋謝了，
在清醒中度過夜晚。
今天，櫻花開了，
但是我的愛人不在皇宮裡。

她的愛人不在那兒，月亮高掛在天空，櫻花盛開。一陣涼爽的微風吹過，到處充滿了那股芬芳，月光灑落在每個地方，但是這一切有什麼意義？——她的愛人並不在皇宮裡。心的情況就像如此。除非神，愛人，為你的心中心增添了光輝，否則你的一生會是乾枯的、空虛的、沒有生氣的、死氣沉沉的。

尋找神的意思是讓愛人坐上王座，你心裡的神，或者無論你想要給祂什麼名字。現在你的心之王座是空的。皇宮在那兒，但是看不到皇帝。

即使在死亡中，我也得到了生命的禮物，
但是無法在祢的門口聽到我的懇求，
宇宙變了，
生命變了，王國變了，
大地和天空變了，
春天和雨變了，
我不知道祢給我戴上什麼手鐲，
使得我的手腕仍然無法自由。

有時候我在海邊呼喚祢的名字，
有時候我在灰暗的沙漠中呼喚祢。
就像一個我在人群和市集中尋找祢的遊戲，
像被殮布蓋住了，我在火葬場呼喚祢。
跟著蹤跡的同時，旅人消失了，
氣息的腳步越來越疲倦，旅程結束了。
但是我的靈魂和身體知道，
它們從未脫離過這個苦惱的監獄。
我不知道祢會從哪個窗户瞥見到我。
記住，我在每個廟門口頂禮。

誰知道祢何時才會敲我的門？
因為這個焦慮，我這輩子從未睡著過。
我的雙眼總是張開的、半開的。
逐漸的衰弱，
我的身體日漸消瘦，我的水壺空了。
但是，噢，我的月亮，如果祢不在這個世界上，
我生命的夜晚將沒有任何月光。

如果沒有神，人會是一個黑暗的夜晚：沒有月光，月亮不會出現。沒有神，人會只是一粒種子，封閉的，沒有生氣的。這粒種子只能在神的存在下發芽，然後開花結果的生命之旅才會開始。沒有神，廟宇會在那兒，但是裡面沒有神。你是空虛的，尚未達成的。愛人就不會在皇宮裡面——你知道的。

不要問如果沒有達成神，你會有什麼損失。應該先問你現在有什麼。如果你沒有達成神，那麼你達成了什麼？這樣問會更有意義、更相關：如果你沒有達成神，那這一生你會達成什麼？問這個問題。那你就是從正確的地方開始找尋。

「神」的唯一意義就是你生命的真理已經顯現了，你肩負的使命已經揭露了，你內在的蓮花開花了。當這朵蓮花開花，那就是最終的慶祝。神的唯一意義就是你內在的最終慶祝已經實現了。那就是為什麼我們會描繪出坐在蓮花上的佛陀，坐在蓮花上的毗濕奴，那就是為什麼靜心者把人的能量的最終源頭稱為sahasrar——千瓣蓮花。當你的意識完全的開花，就像一朵綻放千片花瓣的蓮花。只有到了那時，你才會了解

到你錯過了什麼。只有到了那一天，你才會了解到你所謂的生命根本不是生命。

奧羅賓多說只有當一個人成道，他才能了解到他所謂的生命比死亡還糟糕；他所謂的光只是巨大的黑暗，他一直喝下的——以為那是永恆的甘露——其實是毒藥。

有一個西藏的故事。一個佛教和尚迷路了。夜幕低垂，幾顆星星在天空閃爍著，所以還有一點光線。他感到口渴，因為他整天都沒有喝水。他到處尋找，但是他看不到任何燈光。他感到口渴、飢餓……筋疲力盡的，他跪在地上，想起了佛陀。他靜心著：「噢，主啊，現在請幫助我，否則我會死掉。我現在很需要水，我的喉嚨完全乾了。」

當他跪在地上時，他看到面前有一個裝滿水的金缽。他拿了起來，把水喝光。然後放下缽，睡著了，非常感謝能得到佛陀的恩典。

當他隔天早上醒來，他感到震驚。並沒有任何缽，在他面前的是一個人的頭蓋骨。而且那不是一個普通的頭蓋骨；那個人一定是剛死沒多久，他一定殺了某些野獸，因為那個頭蓋骨上還有血跡和一小塊肉。那塊肉已經腐爛了，上面有一些蛆。然後那個頭蓋骨裡面有一些水。他昨晚喝的是那些水。

因為他又渴又累，而且夜晚是如此黑暗，那個頭蓋骨看起來就像一個金缽。但是到了白天，金缽並不存在，只有頭蓋骨；一個腐爛的、被腐蝕的頭蓋骨。感到失望和恐懼，和尚嘔吐了。他整晚都睡的很舒服，沒有嘔吐或什麼的，但是他現在嘔吐了。這個故事說，就在他嘔吐的時候，他成道了，他進入了自我達成的狀態。他了解了一切，他了解了全宇宙的秘密。

你也是無意識的。你當成是金缽的東西就跟頭蓋骨一樣髒。你這時候所知道的愛仍然是充滿污泥的某種東西。你所認知的生命根本不是生命。當你的雙眼張開——神的意思只不過是張開你的雙眼——當你的雙眼張開，你會感到震驚，一直以來，你所過的生活比死亡還糟糕。

但是這要晚點才會發生。現在呢？你現在怎麼能了解這個道理？所以這時候把一切拋到腦後。現在，想想你的生命實際上是什麼。如果你發覺到你的生命裡什麼東西都沒有，那麼尋找會是必需的。使用你現在擁有的時間。

我只對你這樣說：尋找的人一定會找到，尋找的人一定會達成。門會為那些敲它的人而開。尋找者永遠不會空手而回：勇敢的去尋找。現在你的生命裡什麼都沒有，所以不要問一些亂七八糟的問題，像是「如果沒有達成神會有什麼損失，」只是為了安慰自己說達成祂是沒有意義的，這樣你就能繼續做那些到目前為止你一直在做的事。

人們來找我：「從靜心中能得到什麼？」我問他們：「到目前為止，你一直是一個憤怒的人，但你是否問過：從憤怒中能得到什麼？」你從未那樣問過。但是你卻問我：「靜心有什麼好處？」到目前為止，你是暴力的、嫉妒的、羨慕的——你是否有問過你能從那些裡面得到什麼？

他們回答：「不，我們沒有這樣問過。」所以我要他們在當下問他們自己：「在這一生中，到目前為止，我的憤怒是否有帶來任何好處？」他們回答沒有任何好處。於是我問他們是否在未來還要繼續憤怒。他們開始緊張，因為它沒有帶來任何好處，所以呢…？

如果你只是活在想要獲得什麼的想法中，那就放棄憤怒、性慾和嫉妒——你並沒有從它們裡面得到任何好處。如果你放棄憤怒、貪婪、嫉妒、性慾和依戀，你會立刻了解到靜心的好處。

只有當你進入靜心，你才會發現靜心的好處。你怎麼可能事先就知道？那會是卡比兒說的：Gunge keri sarkara！——蠢人的甜食！即使是那些嚐過它的人也無法解釋。他們能對你說的就是你也該去嚐嚐。

這就是我要對你說的。只有在我們尋找神之後，我們才知道這個世界所給予的幫助只有一個——就是神。其他的一切都是沒有意義的。但是只有當你經驗過祂以後，這個了解才會來到。現在，你應該做的就是不斷的問：「現在我的生命中擁有什麼？」檢視你生命中的一切。把一切攤開來，看看裡面有什麼。你會發現那兒什麼都沒有，那兒只有一個死氣沉沉的寧靜，一個十足單調的寧靜！是因為這個空虛使你變成充滿野心的，所以你想要用財富和地位來填補它——用任何東西填滿它。你是空虛的，你想要用任何找得到的東西來填滿自己。

這個內在的空虛啃噬著你。你試著儘可能的填滿它，但是你將做不到——因為你無法把外在的財富、身分地位帶到內在裡。無論你的房子有多大，無論你的店鋪有多大，你都無法將它帶到你的內在裡。唯一能進入你內在的就是神，因為祂一直在那兒。一旦你開始看到祂，你會開始感到一股向內走的拉力。

讓內在是充滿的，這就是達成神。一旦你的內在完全的充滿，全然的充滿，然後就會有滿足、滿意、飽滿、真理、意識和喜樂。

第五章 超越時間

沒有任何人可以一直留在這個世界，
噢，達雅公主，
在這個世界上生活不過是在旅館過一晚。
就像一滴露珠，在一個片刻中就消失了。
噢，達雅，
在妳的心裡隨時攜帶著神。

妳的父親和母親已經離開了，
現在妳也準備出發了。
可能是今天，也可能是明天，
保持機敏的，噢，達雅。

時間有一個很大的肚子，
它是永遠無法吃飽的。
國王、王子和皇帝，

它把他們都吞了。

當風吹過天空的雲，
用無數種方式改變它們，
人的生命被掌握在死亡的手中，
他不會有任何安寧。

馬克思說過一句非常著名的話：宗教是人民的鴉片。馬克思對宗教一無所知，因為除了宗教之外，其他的一切都是令人陶醉的鴉片。追逐財富、追逐更高的地位——這些都是毒品。宗教是唯一能喚醒他們的方式。

我們活在夢中，因此我們對真理一無所知。除非我們知道真理，否則快樂是不可能的；當我們開始知道真理，快樂的芬芳將會飄揚。如果我們活在夢中，我們只會創造出痛苦——因為快樂無法從某個不存在的東西中誕生。這些不存在的夢將會一再帶給我們痛苦的時光。你可以試著透過百萬種不同的方式得到快樂，但是那永遠不會發生。那個不存在的，並不存在。只有那個存在的，是存在的。

「宗教」的意思是尋找那個存在的。「非宗教」的意思是欲求那個不存在的。人一直在要求很多不存在的東西，它們也無法存在。即使你透過某些方式安排你的夢想，你的內心仍然是空虛的，因為有誰能被夢想的食物滿足？你怎麼能用夢想來解你的渴？你可以用夢想欺騙自己，你可以陷在它們裡面，你可以在夢想中過著你的生活，它們會使你保持忙碌——但是你永遠不會達成任何事，你永遠無法抵達岸邊。

夢想是沒有岸邊的。真理有一個岸邊。困難的是當一個人追逐著夢想時，他會離真理越來越遠。夢想和真理是對立的。所以當你在夢想中到處追逐，你會日復一日的失去真理。這些夢想是永遠無法實現的，而你仍舊失去那個可以實現的。由於你的要求，你無法成為你可以成為的。

你只能成為那個你一直是的。種子會成為一朵花。但只有花是種子與生俱來的才有可能。現在它是隱藏的，有一天，它將會顯現。

神的意思是那個已經隱藏在人裡面的。那個隱藏在裡面的有時候會顯現——透過奉獻者顯現，透過成道的神祕家顯現。每個人都是一粒神的種子，但是我們的能量流往一千零一種不同的方向；因此種子沒有得到任何能量和養分。

你有注意到嗎？你去市場的熱忱並沒有和去廟宇的熱忱相同。你算錢時的虔誠和你數念珠時的虔誠並不相同。你渴望神的熱情和渴望更高地位的熱情永遠不會一樣。即使站在神的門口前，你仍然在要求俗世裡的東西——你的愚蠢是沒有底限的。你去那兒——即使到了神的門口前——你只是要求俗世裡的東西。事實上，只有在你需要世俗裡的某個東西時，你才會去那兒——財富、名聲、威望、更高的地位。即使在神那兒，你仍然在要求那些你一直以來所要求的東西，那些你從未擁有的東西。你甚至在夢中尋求神的幫助。只有當你完全清楚的了解到任何你要求的東西都是沒有意義的，那時你的雙眼才會看向神——那些東西只不過是垃圾——就算你得到了，你也不會有任何收穫。首先，你不會得到它，但是就算你得到了，你仍然是一無所獲的。即使你是全世界的皇帝，整個星球都是你的，你實際上獲得了什麼？你的內在仍然會和現在一樣——悲痛、擔心、焦慮、受苦和煩惱。也許你會擁有更多的問題——因為你肩負著全世界的麻煩。你的麻煩不會只有這些。

宗教不是一種毒品、一種鴉片。除了宗教之外，其他的一切都是會上癮的鴉片。宗教、宗教性，是唯一可以讓一個人脫離這一切的方法。宗教性是唯一可以解毒的方法。

所以要注意的第一件事是：無論如何，一個人不需要去要求真理。任何你可以要求的，都是夢想。需要去要求的東西是不真實的。真理就只是存在。對真理而言，你只要張開雙眼就夠了；你不用要求它。

畢卡索，一個偉大的西方藝術家，常常提到一件事。人們認為他是一個自私驕傲的人。我不這麼認為。他說話的方式可能有點傲慢，但是他說的那些話是非常符合真理的。那些是完全無法理解的、非常矛盾的話語。有時候藝術家、雕刻家、音樂家和詩人說出來的話會非常接近宗教矛盾的本質，非常接近——因為有時候詩人、雕刻家和音樂家會瞥見到真理。當他們和理智的連結斷掉了，他們深入到心裡，然後某些門、某些窗户會打開。

成道的神祕家所獲得的是無限的，而詩人有時候會得到其中的一些碎片。神祕家所達成的是永恆的，而詩人則是短暫的瞥見到，一個波浪。

畢卡索常說：「我不尋找，我發現」——我不去尋找，我是發現它！

人們認為這是非常自我主義的話語：「我不尋找，我發現。」但是這是一句迷人的話語，它是非常有意義的。你不需要尋找真理——你必須發現它。

老子有一句著名的話：當你開始尋找，你就失去它了⋯因為尋找的意思是你在尋找某些你沒有的東西。那個已經存在的，從四面八方圍繞著你。在裡面，也在外面——到處都是，它也在尋找者裡面。那個你想要尋找的就在你裡面，它正透過你的雙眼看。你不只會在外面看到它，你身體的每個毛孔也都充滿著它，你的每個呼吸都充滿著它。為什麼要尋找你已經有的東西？你只需要發現它。

我也同樣對你說：你只需要認出神；你不需要尋找它。當你開始尋找的那一瞬間，你就錯過它了。尋找只會表示你在尋找印度教的神、回教的神或基督教的神。尋找的意思是你在尋找某個人類構想出來的神。如果你想要找到神，放下你所有關於祂的想法。放下它們——甚至包括尋找。坐下來，保持空無的。沒有尋找，神就會顯現在意識中，因為在擺脫尋找的意識中是不會有任何波浪的。當慾望不存在，又怎麼會有任何波浪的存在？一旦沒有任何要完成的事，沒有要去的地方，又怎麼會有緊張和焦慮不安？在最終的寧靜狀態中，神性從四面八方圍繞著你。它一直是圍繞著你的，但是你只能在這個寧靜的狀態下覺知到它。

但是別說尋找神了，我們現在還在要求微不足道的東西。如果你在祈禱中要求過任何東西，你就是犯了罪。如果要祈禱得到某個東西，那不如不要祈禱，因為那只是表示你還不知道任何關於神的事，你只是想用祂來滿足你那些不重要的慾望。某個人必須贏了訴訟，某個人的生意不好，某個人的商店倒閉了，某個人找不到妻子…永遠不要因為這些事而去神那兒祈求。

我昨天看到一首充滿諷刺的短詩：

一個走嬉皮路線的奉獻者，
正虔敬的向神祈禱，
倔強的只用一隻腳站著，
直到神被他取悅了。
必須為了這樣的奉獻而向他的感激表達敬意，
神不得不出現。
「噢，奉獻者，」神說，
「我很高興能和你在一起，
我站在這兒，在你面前。」

「在這個片刻中醒來吧，
無論你的慾望是什麼，
用一個願望提出吧。」
奉獻者回答：「噢，我的主，
我不敢欺騙您，
以我的喇叭褲和長髮發誓。」
「我是一個新郎，
所以請為我找一個新娘吧。」

但是每當你要求某個東西，無論你要求了什麼，都是荒謬的、可笑的。從神那兒要求某個東西只是顯示出你的愚蠢。無論你要求什麼都是沒有差別的。

味味克阿南達和拉瑪克理虛納曾經住在一起。當味味克阿南達的父親去世後，家裡的狀況變得很差。他們欠了很多債，沒有辦法還清那些債務。家裡沒有足夠的麵粉製作麵包。當拉瑪克理虛納看到味味克阿南達承受著難過、哀傷和飢餓，他說：「你這個笨蛋，不需要難過。你為什麼不去向女神祈求？去廟裡祈求任何你想要的東西。你會得到任何你想要的東西。」

味味克阿南達到了廟裡，因為拉瑪克理虛納叫他去，但是他仍然非常猶豫。他不能說不，因為拉瑪克理虛納要他去，他就得去。

過了大約一個小時，他回來了，狂喜的。拉瑪克理虛納問他：「你有祈求任何你想要的東西嗎？」

味味克阿南達回答：「我應該祈求什麼？」

拉瑪克理虛納說：「你這個笨蛋，我要你去廟裡是因為你很難過。你應該祈求任何你想要的東西。」

味味克阿南達說：「噢，我忘了！」

「再回去，」拉瑪克理虛納說。

味味克阿南達回答：「我會再次忘記的。」

拉瑪克理虛納說：「你的記憶力沒有那麼差。你為什麼會忘記？」

味味克阿南達說：「我確信我會再次忘記的。每當我到了那兒。雙眼就開始流下淚水。每當我一進去，我的靜心就開始了。我開始搖擺著。在那樣的狂喜中，我不餓，我不貧窮，我不可憐，我不會因為貧窮而困擾。我是一個皇帝。神性開始灑落在我身上，要求任何東西似乎是很可悲的，更別說要錢了！當神性開始向我灑落，我怎麼能祈求金錢？我做不到。」

但是拉瑪克理虛納不理會他，所以味味克阿南達又回去廟裡了。但是他再次空手而回，而且非常狂喜。拉瑪克理虛納叫他去了三次，然後他回來了三次。他無法祈求金錢。他祈禱，然後被淹沒了，他被狂喜征服了，但是他沒有祈求。然後拉瑪克理虛納擁抱了他：「如果你今天有祈求，你和我將不再有任何緣分。考驗結束了——你被測試了，你被證明是真誠的、真實的。祈求會破壞你的祈禱。」

但是你一直在祈求。你的祈禱從不會沒有祈求。當你沒有任何東西要祈求，你就不會祈禱，因為你認為：「有什麼需要？一切都很順利。」這就是為什麼當你是快樂的，你不會記得神，你只有悲傷的時候才會記得神。我要告訴你，你只有在快樂中仍記著祂時，才算是真的記得神。當你悲傷時，你所記得的不是真正的神，因為當你悲傷時，你開始要求你的痛苦能被帶走。當你快樂時，沒有什麼要祈求的，反而有些東西可以給予。

讓自己投入到祈禱中，不要祈求任何東西。給予，不要求。在祈禱的最終片刻裡，奉獻者在神的腳下放下了自己；他放棄了自己，他奉獻了自己。

只要你一開始尋找，你就失去了。一切都在這兒隨手可得，但是要取得它，一個人的頭腦不能是一個乞丐的頭腦。

你的祈禱和膜拜，你的崇敬和敬愛——它們都會變成沒有意義的，因為乞丐般的頭腦會一直跟著你。在祈禱的時候祈求表示你用毒藥灌溉種子。你把一切弄得亂七八糟：你想要做某件事，但是發生的卻是另一件事。最好不要要求任何東西——至少種子是安全的。不要膜拜——至少種子不會被下毒。保留你的祈禱，直到你的祈禱帶著感激和感謝；當你了解到神的慈悲是無窮的：「祢已經給了我這麼多。我沒有提出任何要求，祢就給了我這麼多。祢的給予沒有任何原因。我是不配的，但是祢仍然給了我一切。即使我是不值得的，祢仍然灑落在這個不配的人身上。祢給了我生命，祢給了我愛，祢給了我體驗喜樂的能力，祢給了我看到美的敏感度。祢給了我這一切！」當你去祈禱，去感謝這一切。

當你的祈禱變成感激，你會發現神已經開始進入到你的祈禱中。只要你的祈禱仍然在要求某些東西，你就仍然處於世界。無論你是待在寺廟、清真寺或謁師所——那沒有差別——你仍然站在市場上。

而這個市場不是某個在你外面的東西。不要以為它是外在的：那會造成一個很大的誤解。這個市場就在你裡面，這團推來擠去的思想就在你裡面，這個幻想的嘉年華會就在你裡面。這個騎著夢想之馬並同時朝著很多方向前進的你，就在你裡面。外在的市場只是內在市場的影子。真正的市場就在你裡面。

所以有時候你對外在的市場感到厭倦，你開始奔向叢林，或者你成為一個桑雅士。你又錯過了…你又錯過了。外在的市場只是內在市場的投射。真正的市場在裡面。拋棄這個內在的市場！然後你會發現即使外在的市場也是一個廟。即使坐在你的商店裡，你也如同待在寺廟中。

馬克思一定會說宗教是人民的鴉片，因為所有他看到的人都是虛假的宗教人士。那不是他的錯，因為在一千個人裡面，有九百九十九個人的宗教性是虛假的，就像乞丐一樣——他們向乞丐一樣的匍匐著。他們甚至沒有想過要感謝神；他們總是充滿抱怨、越來越多抱怨。而馬克思一定是看到這些人去寺廟，然後回家後希望他們很快就會得到某個東西。這個得到某個東西的希望就是鴉片——失去東西時服用的鴉片，他的生意失敗了——他會喝醉，也許喝酒。至少有一晚，因為他喝醉了，所以他不會操心。他明天早上才會擔心。現在一切都很好，剩下的事可以明天再擔心。一切都會延後。痛苦在那兒：但是它被延後到明天。鴉片或酒精提供一個讓你忘記問題、忽略問題的藉口。

蠢人會放縱在粗糙的陶醉裡。所謂的智者則會進入更精微的陶醉。一旦有了強烈的痛苦——你會去廟宇向神祈禱。當你回來後，你會充滿希望，現在一切都會很好，因為你已經告訴神了——彷彿神並不知道，需要你來告訴祂，彷彿除非你告訴祂，否則祂不會知道，彷彿有些聖人坐在那兒聽你講話！你只是在對牆壁講話。

所以在某種程度下，馬克思是正確的。有九百九十九個人會把宗教當成一種麻醉藥。但是那九百九十九個人對宗教一無所知。那就是為什麼我說馬克思的觀念是錯誤的，現在仍然是錯誤的。只有千分之一的人知道宗教性——佛陀、蜜拉、達雅、莎訶若、克理虛納、基督。只有這千分之一的人會知道。只有這樣的人需要被了解——對他而言，什麼才是宗教。他的宗教性是一種感激。

如果你把事情混在一起，一半對的和一半錯的事情，那會造成很大的麻煩。你的祈禱將會被埋在下面，你的祈求將會坐在它們上面。實際的情況是你已經祈求了這麼多次，以致於祈禱已經變成了祈求；祈禱已經和祈求變成同義的。你祈求了這麼多次以致於祈禱這個字的意義已經被扭曲了。

你需要正確的重新安排你的生命。把事情放在它們所歸屬的地方。不要扭曲它們——那會造成很大的麻煩。我讀過一首諷刺的歌：

在我們城市的邊界上，
在河岸邊，
一個迦梨時代的苦行者，
點燃了苦行之火。
他做了幸運符——
一個現代的命運創造者。
幾天前，一個男孩來找他，
一邊哭泣，一邊說著：

「我已經神智不清了，
三年過去了，
我仍然無法取得大學學歷，
請給我一個幸運符，
讓我今年能夠畢業。」
托缽僧回答：
「喝牛奶可以讓你的頭腦變好，
過著更順遂的生活。」
男孩回答：
「牛奶！啊，牛奶很容易解決，
因為我們有一隻牛，
但是過去三年來，
牠無法擠出任何奶。」
托缽僧回答：
「我親愛的朋友！
把這兩個幸運符拿走，
一個掛在你的脖子上，
另一個掛在牛的脖子上。」
男孩離開了。
但是因為這兩個幸運符的外形相同，

裝著它們的盒子被弄混了。
牛掛上了男孩的盒子，
男孩掛上了牛的盒子。
這個過錯毀了男孩，
牛取得了大學學歷。
但是男孩則在同一天哭泣著，
在莫拉達巴德，甜點師傅的店裡，
他提著裝滿牛奶的桶子。

把事情放在正確的地方，否則發生在幸運符上的過錯也會為你帶來很大的問題和麻煩。你的店鋪沒有收到任何邀請就進入了你的廟宇，祈求已經變成你靜心的一部份。你的祈禱已經被污染了，被弄髒了。純化你的祈禱。不用擔心神，先純化你的祈禱。甚至不要問神是否存在。只要純化你的祈禱。

當你的祈禱是純潔的，你將會看得見。你將會知道神是存在的——不只是知道神的存在；你還會知道只有神是存在的，除了神以外，沒別的了。祂的訊息將會從每個方向來到你這兒。你會在生命中找到神，你甚至會在死亡中發現祂的存在。祂會出現在你的快樂中、痛苦中、失敗中、勝利中；它會出現在花朵裡、荊棘裡。當你開始看到圍繞著你的神性，你第一次有了真的生命。你就在那時誕生了。

不要把肉體上的出生當成你真正的出生。從母親的子宮出生只是滿足了基本的條件。你真正的出生還沒發生。當你真正的出生…在印度，我們把這樣的人稱為dwija

，第二次出生。他是真正的婆羅門；他再次出生了，這是他的第二次出生，他已經給了自己一個新生命，一個新的意義，一個新的表達。他的生命塗上了祈禱的色彩，他已經記住神——沒有任何原因，只是因為喜樂。只是因為全然的喜悅。他不會呼喚神並說：「我需要完成一些事情，請出現。」他的呼喚是因為呼喚神就是心的喜悅。他在呼喚中找到了喜樂。他祈禱，而祈禱為他帶來極大的喜悅。當祈禱自行發生，那就是真正的祈禱。如果報償稍後才來到，那它就是虛假的祈禱。

今天要談論的經文是甜美的。每一句都值得了解。

沒有任何人可以一直留在這個世界，
噢，達雅公主，
在這個世界上生活不過是在旅館過一晚。

世界是一個夢。**在這個世界上生活不過是在旅館過一晚**。就像是在旅館過夜，然後隔天早上再啓程。不要認為旅館是你的家。不要讓自己留在郵局裡面。不要產生感情關係，不要被你的感情關係束縛。當你早上要離開旅館時，你不應該流淚、嚎啕大哭、依依不捨的向後看。旅館不是你的家。你仍然必須找到你的家。一個人怎麼能認為旅館是他一直在尋找的家？他對事情的理解並不是它們實際上所是的。他以為石頭是一顆鑽石。他已經停止尋找黃金：他把黃銅當成黃金。他已經停止尋找真理：他把夢當成真理，因而不再尋找真理。

世界上數十億人的生命裡，沒有任何對真理的渴望。原因是什麼？怎麼會這樣？

這件不太可能發生的事是如何發生的？這麼多人——對真理沒有任何渴望！他們的生活怎麼會對真理沒有任何渴望？怎麼會對真理一無所知？完全不提起雙眼看著神？試著了解為什麼會過著這種生活。他們之所以會過著這樣的生活是因為他們把不真實當成真實，所以現在已經沒有尋找真理的必要了。當你把垃圾當成鑽石和珠寶，你小心的把這些垃圾鎖在保險箱裡，你何必要再尋找鑽石礦？何必要做那些事？何必擔心？

所以為了要喚醒這個渴望，必須要知道：

沒有任何人可以一直留在這個世界，
噢，達雅公主，
在這個世界上生活不過是在旅館過一晚。

記住一件事，每天把它當成試金石來使用：這是持續不變的嗎？它會持續不變嗎？在珠寶店裡，有一種石頭被用來測試黃金——試金石。每當有人來買黃金或賣黃金，珠寶商都會用它測試。讓這個了解成為你的試金石。不管你要做什麼：它是持久的嗎？它會留下來嗎？它會持續不變嗎？如果你在水面上寫詩，你一定會難過，甚至在你寫出它們之前，它們就消失了。或者如果你在沙地上寫詩……它們可能會停留稍微久一點，至少你可以寫出它們，但是風接著就會來到，把它們吹走。

耶穌叫他的門徒把要住的房子蓋在石頭上。耶穌把他最喜愛的門徒稱為彼得。「彼得」的意思是石頭。他說彼得會是他廟宇的基石，他的廟宇會蓋在彼得上。這個名字是適合的；那是一個重要的名字。

不要在沙地上寫字，不要在水上寫字。在石頭上寫出你生命的故事。石頭的意思是永恆的：它是持久的、一直存在的。如果你在做的事情是短暫無常的，那就不用太擔心它。如果它完成了，很好；如果它沒有完成，那也很好。那都會是一樣的：任何已經發生的事，仍然會處於未發生的狀態；無論你做了什麼事，那些事仍然會處於未完成的狀態——而且一切都是短暫的。但是我們如此瘋狂追求那些短暫的事物！我們在水面上畫一些線，然後盼望它們是持久的。沒有任何線會是持久的，但是我們認為也許我們的線會是持久的。

你用你的生命做了什麼？你在尋求重要身份嗎？有任何人的地位是持久不變的嗎？如果某個人今天擁有某個地位，明天他就會失去。當某個人擁有某個地位，人們會歌頌他，但是當他失去那個地位，人們會忘了他。他們甚至不會記得他，他們甚至不會記得他的事蹟。那些曾經讚揚他的人，當他們經過他的時候，彷彿從未見過他一樣。而你如此瘋狂的追逐某個地位，你為它奉獻了一生。它並沒有任何意義；它就像一個氣泡。

很少人是真的成熟。

你看過小孩在吹肥皂泡嗎？他們是如此快樂，如此興奮。而老人也在做一樣的事。他們的肥皂泡稍微精緻點，但是它們仍然是泡泡。一直到臨死前，他們仍在擔心如何在死後留下好的名聲。

當你已經要死了，名望還有什麼意義？如果你無法活下去，你的名字怎麼可能繼續存留？你知道這個世界上有多少人出生過嗎？在你現在坐的地方，至少埋過十具屍體。全世界是一個墳場。所以不用害怕墳場，因為無論你待在哪兒，都會是墳場。到處都埋過死人。人已經在這個世界上活了數百萬年。現在是住宅的地方曾經是火葬場，現在是火葬場的地方則曾經是住宅。沒有任何地方是沒有埋過死人的。現在是廢墟的地方，過去則曾經是巨大的都市。

有一次我正在曼度舉辦靜心營，那兒靠近印多爾。我的一個朋友和我在一起，他正打算在這兒蓋一棟房子。他來這兒只是為了告訴我蓋房子的計畫。他對靜心營沒興趣，但是因為我會在這兒，他可以很容易就找到我，並把他蓋房子的計畫告訴我。

他打算要蓋一棟大房子，他想要我的祝福。我告訴他：「沒有問題。給你祝福不會讓我有任何損失。那就是為什麼你所謂的聖人不斷的給予祝福——這些可憐的傢伙沒有什麼東西可以給你，而祝福不需要任何成本。如果你想要，我甚至可以寫下我的祝福和簽名——不會有問題。但是我建議你先看看四周，研究一下可以看到什麼。」

他說：「這兒有什麼好看的？」

我說：「走出去外面看看。」

曼度曾經是一個大都市。他們說這兒曾經住了九十萬人。而現在只有九百人住在這兒⋯曾經有九十萬人住在這兒⋯「你知道曼度有多大嗎？有很多巨大建築物的廢墟！有些清真寺的廢墟可以讓一萬人同時祈禱。有很多荒廢旅館的畜舍可以同時容納一萬隻駱駝。」

它是一個巨大的城市。全亞洲各地的商隊都會經過曼度。現在它的名字是曼度，過去則叫做曼達爾加爾，意思是曼達爾邦的要塞城市，現在曼達爾加爾變成曼度。就如同可敬的昌杜拉爾破產後就變成了昌杜，所以曼達爾加爾變成了曼度。現在把它稱為曼達爾加爾似乎不太對。哪兒還有城堡？哪兒還有要塞？即使把它稱為曼達爾都是名不符實的。

我說：「看一下公車站的銘牌，上面說這兒住了九百人。九百人！過去住了九十萬人，現在只剩下九百人。過去曾經是偉大的建築，現在卻成了廢墟。這個城市曾經綿延數公哩。去外面看看，然後再接受我的祝福。當你回來後，我會把我的祝福給你。」

他去了外面，回來時雙眼都是淚水。「把建築計畫給我，」他說：「我要把它們撕了。它們不再有任何意義。」

我說：「這會是更適合的祝福。在這兒蓋房子和生活並不是問題所在。但是不要有這類的幻想。過去在這兒與建過巨大宮殿的人也一定有過偉大的幻想。而宮殿和它的主人都已經不在這兒了；一切都變成廢墟。現在貓頭鷹住在裡面。無論我給你多少祝福，有一天貓頭鷹也會住在你的宮殿裡。」

我們應該為我們的生命保存一顆試金石：無論我們做了什麼事，它是否能持久不變？我們可能累積很多財富，但是能保有它多久？我們的名聲、地位、威望是否能持續留下？我們一直瘋狂追求的肉體，它是否能一直存在？明天它就離去了，甚至今天就離去了。不要把心思放在那些一定會消逝的事物。和它們生活在一起的方式要如同一個人住在旅館。早上起床後就會離開，甚至不會回頭。

世界上所有的嘉年華會，所有與會的人們，
都只是在炫耀。
在人群中，

我一直是單獨的。

你被人們圍繞著，但是你仍然是單獨的。事實上，你真的是單獨的。這些炫耀和人們的欲望沒有任何價值，沒有任何永恆不變的價值。任何東西只要沒有永恆不變的價值，就完全沒有任何價值。

但是你為未來計畫。不只是未來，甚至是過去：如果你做了這個和那個，一切都會不同。

想一想人類的瘋狂。過去已經逝去了，現在沒有辦法再做什麼了。但是有多少次你發現自己在試著改變過去？某件已經發生的事，那件現在已經無法改變的事⋯某個人辱罵過你，然後你苛責自己，因為在當時，你無法做出現在可以做出的回應⋯

馬克吐溫是一個卓越的西方作家。在某個演講後，在回家的路上——他的妻子到了那兒和他一起回家。在路上，他的妻子問他演講是否順利。馬克吐溫說：「妳是指哪一個演講？我已經準備好的演講、我實際的演講、還是我現在所希望的演講？妳是說哪一個演講？有很多個演講。我準備好的演講都沒用到。」

當你面對一群人，所有的準備都不會用到。你想要說出的話會和你實際說出的話不一樣：「我給了一個演講，現在我在想另一個會更好。妳是指哪一個演講？」

很多次，你會發現自己在改變過去、掩飾過去：「如果我說了那些話，如果我做了那件事！我又錯過了。」你可以了解這有多瘋狂嗎？過去已經逝去了。現在已經無法做什麼；那些發生過的事，已經發生了，無法再改變。現在沒有辦法再回到過去。時間之鳥已經從你的手上飛走了。牠已經吃掉你的農作物——現在你無法做什麼了。

但是人類繼續思考過去。他也在思考未來，那也是瘋狂的。因為透過思考，你能對還沒發生的事做什麼？透過思考，你能對已經發生的事做什麼？活在那個實際的狀況。活在那個你所擁有的片刻中。活在那個片刻中，彷彿**在旅館過一晚**。

當慾望失敗了，心開始依賴思想而活：

如果當時這樣做，情況會如何？

如果當時那樣做，情況會如何？

我們繼續以這個方式思考：「如果當時這樣做，情況會如何？如果當時那樣做，情況會如何？」或者，「如果可以這樣的話……」你有時候會思考一些瘋狂的事……你甚至還沒被提名參選就在想：「如果我當選……」你連彩券都沒買就在想：「如果我中了頭獎？」你不只在思考中獎，有時候你會以為你已經中獎了，思考著要做什麼：「我要用這些錢做什麼？我該買房子嗎？一輛車？我該用這些錢做什麼？」

很多次，你會發現自己這樣想著。你不該這樣──如果你的頭腦狀態持續這樣下去，你永遠不會醒來，你會永遠沉浸在這些謊言中，沉浸在這種鴉片中。你和它們的關係永遠不會結束，所以你永遠不會醒來。

佛陀說：「記住自己，正確的記住。」

卡比兒說：「要警覺。」

那那克也說：「要警覺。」

醒來！記住。你在做什麼？你在想什麼？如果你的思考稍微有點覺知，你會發現你思考的一百件事有九十九件是瘋狂的。斬斷和它們的關係，把它們丟了。不要把時間浪費在它們上面。至少還留下一件不是沒意義的事，但那件事也不是完全有意義的。它暫時是有用的。利用它離開旅館。

尋找那個看不見的，
不只是忘掉自己。
探索真理，
不要帶著你的夢入睡。

不要持續呼喚那些夢，不要一直裝飾它們。不要一直唱著催眠曲——離開你的幼稚。不要抱著玩具不放——丟掉它們！這些玩具的名字就是世界。

就像一滴露珠，在一個片刻中就消失了。
噢，達雅，
在妳的心裡隨時攜帶著神。

就像一滴露珠……我們在早上看到它——這滴露珠多麼耀眼，多麼鮮豔，多麼像彩虹！有時候，如果它捕捉到一道日光，它的美將勝過任何鑽石。但它是**一滴露珠**——現在它在這兒，等會兒它就離開了。一旦太陽升起，露珠會開始蒸發。一旦太陽醒來，這些露珠都會消失。所有水珠都會蒸發，變成水汽。

就像一滴露珠…這個世界就像那樣。

馬哈維亞也說這個世界就像草葉上的水珠。微風吹過，抖動了草葉，水珠會滑落到地上，然後消失。人也是如此——你在草葉上停留一段短暫的時間，一段非常短暫的時間，然後一陣風吹過，死亡會來到，你會滑落，然後消失。在你之前有多少人消失了？這些被遺忘的人沒有提醒你嗎？

莊子常常帶著一個頭蓋骨。他是一個偉人，一個智者。他的弟子常問他：「噢，師父，一切都沒問題，但是你為什麼收著這個頭蓋骨？當我們看到它時，我們感到噁心、悲傷。」

莊子常回答：「那就是原因！每當錯誤的、虛假的東西在我自己的頭蓋骨裡面移動，我就會看著這個頭蓋骨，了解到有一天，我的頭蓋骨也會如此。所以無論你的頭蓋骨告訴你什麼，不要被騙了。每當我看著這個頭蓋骨，我就會再次覺知，我總是把它帶在身邊：它是我的師父——因為我遲早也會這樣，遲早我的頭蓋骨也會被放在地上踢來踢去。」

「這個頭蓋骨曾經救過我。有一天我和它在一起，然後某個人來了。他對我很生氣，拿他的鞋子打我。當時我快要發怒，然後我突然看到那個頭蓋骨。我的態度立刻軟化。我提醒自己，明天我也會死，如果那時候人們用鞋子打我，我要做什麼？所以我對那個人說：朋友，繼續打我，直到你滿意為止。」

「他感到驚訝。他說：你是什麼意思？」

「我告訴他：這個頭蓋骨提醒我，有一天，其他鞋子將會踩過我的頭，我能避開多久？遲早我的頭蓋骨會露出地面，被每個人踢來踢去。它會被埋在土裡好幾百年，人們會走在上面，一定會發生這個情況。所以，繼續打我，直到你滿意為止！在這個頭蓋骨入土之前，願你的心平靜。如果你滿意了，那就太好了。我不會有任何損失，你的心也能滿足。」

那個人把鞋子扔了，跪在莊子的腳前。他說：「你擁有多麼了不起的頭蓋骨啊！你是完全正確的——有什麼好打的，有什麼好保護的？我憤怒的來到這兒，我的憤怒有什麼意義？我們不過暫時停留在這個世界：有什麼必要去爭吵、對某人發怒、使某人生氣？這個情況將會過去。」

如果人有意識的活著，那麼生命裡的灰塵就不會弄髒他。如果人有意識的生活，他生命的純淨將會一直是一塵不染的。

就像一滴露珠……

這個世界就是你睜著眼睛做的夢。夢裡面，沒有任何東西是你的，你的夢並不是你的。為了找到自己，一個人必須在夢外看著一切。一個人必須看到觀照——藏在夢後面的。觀照就藏在你那堆夢裡，而你不記得自己是誰。你已經忘了自己。

在一個片刻中就消失了。
噢，達雅，
在妳的心裡隨時攜帶著神。

所以達雅說一切會在一個片刻中被摧毀。就算那個片刻長達七十年，那又有什麼不同？——一切會在一個片刻中被摧毀。有一件事可以確定：它會被摧毀。這個努力——不斷的在你的內心收藏那些遲早會被摧毀的東西——玷污了你的心。為什麼要為了如此短暫的事物玷污你的心？將那個始終不變的一帶進你的心裡：

噢，達雅，
在妳的心裡隨時攜帶著神。

所以現在不如將神帶進你的心裡：祂將會一直在那兒。擁抱那個永恆的。抓住那個自古以來一直存在的：過去一直存在的，現在仍然存在的，以後也會一直存在的。不要抓著那些無意義的東西——你抓著不放的那些東西，它們不是持久不變的。不要乘著紙船航行。如果你要製造一艘船，把神的名字當成製造它的材料。如果你一定要抓住某些東西，那就抓住神的腳。如果你要抓住某些東西，那就抓住那個永遠不會離開你的，抓住那個無法從你這兒奪走的。

噢，達雅，
在妳的心裡隨時攜帶著神。

透過這個方式，你內在的溪流開始流向神，離開世界而流向神性，離開無意義的，流向有意義的——你將會到達最高峰。

在火燄的幫助下，
煤煙變成了眼影粉。

如果你可以得到記住之火的幫助，得到覺知之火的幫助，現在你只會將自己奉獻給那個永恆的，而不是短暫的事物，然後煤煙會變成眼影粉，不純淨的將會變成純淨的，褻瀆的將會變成神聖的。現在你只能看到肉、骨頭和骨髓，很快你就能看見內在的溪流，很快就會出現一個空前未有的美和喜樂。

妳的父親和母親已經離開了，
現在妳也準備出發了。
可能是今天，也可能是明天，
保持機敏的，噢，達雅。

妳的父親和母親已經離開了，現在妳也準備出發了。我們所謂的生命只不過是一條進入死亡之門的隊伍。這個隊伍每天一直往前移動，因為每天都有一些人進了門。你越來越近了，你很快也會進入。

在死亡抓住你之前，完全的臣服神。然後你將不再有死亡。如果你放下了一切，那麼死亡就無法從你這兒奪走任何東西。死亡只奪走那些短暫的事物。死亡的力量只有對那些短暫的事物才有用。死亡無法觸碰到那個永恆的。它無法觸碰到藏在你內在裡的那個永恆。它會帶走你的身體，它會帶走你的財富、地位、名聲、威望——所有一切——但是你內在的意識之流仍是死亡無法觸碰的。但是你完全不熟悉它。你背對著它，你已經忘了源頭。

妳的父親和母親已經離開了，
現在妳也準備出發了。
可能是今天，也可能是明天，
保持機敏的，噢，達雅。

要了解機敏這個字。你說那些狡猾的人是機敏的。你說那些對俗事很熟練的人是機敏的。有智慧的人不會說他們是機敏的。有智慧的人會說他們是大笨蛋，因為他們的機敏替他們帶來了什麼？——一些泥土的碎片。他們的機敏替他們帶來了什麼？——一些肥皂泡泡。他們的機敏帶來了什麼結果？死亡會奪走他們透過狡詐所得到的一切財富，這不是機敏。他們是在欺騙別人。不只如此，他們也欺騙了自己。

你說那些以幸運之名增加自己不幸的人是機敏的。你說那些從不知道幸運的人是機敏的，透過不幸而成為富有的、成功的人是機敏的。真正敏銳、機敏的人是一個朝著真正的財富前進的人：

保持機敏的，噢，達雅。

達雅的意思是什麼？保持機敏的意思是什麼？智慧只有一種：對死亡保持覺知的。不用太久就可以意識到死亡，就可以意識到神。他必須意識到！

如果沒有死亡，世界上就不會有任何宗教。人就不會覺醒，沒有辦法喚醒人們。只要想想：雖然死亡是存在的，人們仍然無法覺醒。如果沒有死亡，將不會有任何人覺醒。這個世界之所以還有一點點覺醒的可能是因為死亡——因為在死亡的存在下，只有十足的蠢人還可以繼續欺騙自己。

即使是判斷力最差的人也能看出死亡越來越接近他，死亡隨時都可能發生。無法肯定明天的早上是否會來到。你無法確定是否還能掌握下一個片刻。在這麼多不確定性下，為什麼還要蓋一棟房子？變化的發生如此快速、迅速，怎麼還可能有任何停留？怎麼可能進入同樣的河流兩次？那能有什麼喜樂？沒有任何辦法可以停留在這兒。

所以一個機敏的人會聆聽死亡帶來了什麼暗示，然後立刻出發去尋找那個永恆的。你可以發現，對這個世界上的所有成道者而言，其中一個促成成道的根本原因就是覺知到死亡的存在。

佛陀看到一個死人，他問了車夫：「這個人怎麼了？」在那之前，他一直沒機會看到死人。他一直過著深居在皇宮裡的虛假生活。

在他童年時，占星家對他的父親說，必須不讓他接觸到某些東西，否則他會成為一個桑雅士。那些東西是什麼？占星家說不要讓任何老人出現在這個男孩面前，不讓他知道人會變老的事實。第二，不能讓他看到任何生病的人。第三，不能讓他看到屍體。第四，不能讓他看到任何桑雅士。

他的父親感到困惑。他說他能了解他們說的話，除了其中一點。不讓他的兒子看到老人、病人或死人似乎是正確的——因為這些事會衝擊到一個人，占星家告訴國王，如果他的兒子因此而受到震撼，他將會離開皇宮。而淨飯王只有這一個兒子，在他老年的時候才出生的，將會是整個王國的繼承人。國王在擔心。占星家同時告訴國王，如果他能使他的兒子留下來，他的兒子會成為世界的統治者，但是如果他離開皇宮，他會成為一個偉大的桑雅士。有這兩種可能。占星家對國王說：「讓他留下來。」

於是佛陀的父親做了各種安排，把他藏在皇宮裡。但是他對占星家提出了一個問題。他能了解一切，但是為什麼不能讓這個男孩見到桑雅士？

他們告訴國王：「桑雅士？只有一個覺知到死亡的人才會成為桑雅士，放棄世界。一旦看到一個桑雅士，他的腦中將會出現一個疑問：「這個人怎麼了？他似乎不像其他人。他沒有興趣去累積財富、地位或名聲。這是一個和我們不同的人。他發生什麼事了？」如果他決定去了解桑雅士，他就得了解什麼是死亡，因為沒有任何成為桑雅士的人未曾意識到死亡的存在。只有當一個人看到了死亡，他才會成為桑雅士。」

在過去，沒有人會邀請桑雅士參加婚禮或慶典，因為邀請一個已經知道死亡的人到這樣的慶祝活動中是危險的。桑雅士是一個死人。他已經死了，對老舊的世界而言，他是死掉的。那就是為什麼在過去，桑雅士會剃光頭髮——就像死人剃掉頭髮一樣。實際上他已經躺在火葬堆上了，火已經點燃了。然後師父會念誦咒語，並說：「你所有的過去都已經死了，你所有的過去都被摧毀了，變成灰燼了。你不再是昨日的你。你不是某個人的父親，某個人的丈夫，某個人的兄弟，某個人的兒子。前一個片刻還存在的人，現在已經離去了。我們把他放在火葬堆上，他要被火葬了。現在你可以起來了，你是另一個人，你是一個dwija——一個再次出生的人。」

那就是為什麼他們穿著赭色的袍子。赭色的衣服象徵了火：「這個人已經穿過火焰，他已經死了。」赭色的衣服就是火焰——火葬堆的火焰。

所以占星家説不應該讓佛陀看到任何桑雅士，因為桑雅士是一個死亡存在於這個世界的證明。否則，為什麼會有人會成為桑雅士？桑雅士是一個證明，表示這個人看過死亡，他因而受到衝擊：他受到了震撼，他變成了機敏的人。

佛陀的父親將那些東西隱藏了很久，但是他能隱藏多久？這些事情是無法隱瞞的。而且不只是佛陀的父親在隱瞞它們，你也在隱瞞它們；所有的父母都在隱瞞它們。如果一個葬禮的行進隊伍經過他們的屋外，母親會叫小孩進來，把門關上。你有看過，不是嗎？——「進來屋裡，有人死了。」她擔心小孩會看到。所有的父母都在擔心他們的小孩過早看到死亡，他們的小孩可能會變成桑雅士。

一旦你深思死亡，你會開始踏上桑雅士的旅途。只有蠢人會繼續過日子而不成為桑雅士。有一定意識程度的人是無法抑制自己的。桑雅士的意思只是現在的生活不是真正的生活。這個生活受到死亡的控制。我們被死亡的嘴巴緊緊的啣著：它的嘴巴隨時會闔上，然後我們就結束了。但是我們仍然想要有一段短暫的時間去享受生命，去哼一首歌，去跳些舞，暫時忘記事實。

有一個古老的佛教故事。它有很多涵義。其中一個是：

有個人逃跑著。一隻獅子在跟著他，他越來越害怕，然後他到了一個無法再往前的地方——他來到一個深壑前，一個巨大的深谷。他往下看了看，他知道不能跳下去——也許他隱約盼望跳下去會沒事，最多跛了腳——但是他看到下面有兩隻獅子，抬頭看著他。然而跟在他後面的獅子持續吼叫著，越來越接近。

於是他往下爬到谷壁的樹上。這是唯一避開的方式。那隻獅子到了他的上方，吼叫著。在他下面還有兩隻獅子，也在吼叫著。那個人緊抓著樹根——然而樹根非常脆弱，隨著時間過去而慢慢裂開；可能隨時會斷掉。不只如此，當他仔細環顧四週，他看到兩隻老鼠在啃咬樹根。一隻是白色的，另一隻是黑色的——就像白天和晚上！時間在啃咬著樹根，已經沒有太多時間了，他的手也開始酸痛。那是一個寒冷的早晨，他的手越來越冷，越來越僵硬。他知道他的手無法再堅持多久；它們已經開始下滑。然後他剛好瞄到上方的樹上有一個蜂巢，有一滴蜂蜜快要掉下來。所以他伸出舌頭，想要接住那滴蜂蜜。當蜂蜜滴到他的舌頭上，它的味道非常甜：「噢！多麼甜啊！」在那一瞬間，他忘了一切。上面的獅子不再吼叫，下面也不再有任何獅子，沒有啃咬的老鼠。在那個瞬間，他是非常快樂的。然後他開始盼望另一滴蜂蜜，因為另一滴也要掉下來了。

這個佛教的寓言是重要的。人的狀態就像這樣。死亡在這兒，死亡在那兒，死亡包圍著你。有時候蜂巢會落下一滴蜂蜜，然後你因此非常快樂，你是喜樂的。而時間之鼠持續的啃咬著樹根。沒有任何辦法可以拯救你。你無法逃走，因為沒有人曾經逃走過。逃走是不可能的，從未有人逃走過。在自然的法則下，沒有人可以逃走，你必須一死。

蠢人持續隱瞞死亡。他說：「當它來了，那就來了。現在先讓我們嚐些蜂蜜。」智者仔細的深入看著死亡。他說：「浪費時間去品嚐這些蜂蜜只是一種虛假的愉悅。我必須在死亡來臨前做些事。我必須做點事，我必須找到某個辦法。」

就外在而言，逃走是不可能的，那是毫無疑問的。人就吊在那兒。如果某個人問你，在同樣的情況下，你會怎麼做？你要如何逃走？你的上方有一隻獅子，下方也有兩隻獅子。老鼠啃咬著樹根，樹根是老舊的，隨時會斷掉，你的手越來越冷。你會怎麼做？你能逃到哪兒？

日本的禪師把這個故事當成靜心的方法。師父告訴弟子：「想像這就是你的情況。想像你就像那個吊掛的人，想要找到出路。你必須找到辦法。必須要有個辦法。」

於是弟子坐了下來，閉起雙眼，不斷的思考著。每天他都會帶著答案來，說這就是逃走的辦法。但是師父一直否定，說這些辦法根本不是辦法。「找別的辦法。」有時候弟子說附近有別的樹根，他可以抓著它們。師父則會說那些樹根也無法持續多久。老鼠也在啃咬它們。畢竟，這個世界上有很多老鼠，比人還要多！老鼠也在啃咬那些樹根。無論任何地方，時間都會不斷的流逝。

你找到別的辦法：「我會摩擦手，讓手暖和……或者我會用腳吊掛著，就像馬戲團的人。」你會想到這類的辦法。月復一月，弟子們會想到這個方法和那個方法，而師父總是會說：「這是愚蠢的，這樣無法有任何幫助。如果你無法用手拯救自己，你可以用腳吊掛多久？畢竟，這不是馬戲團。如果你掉下去，下面沒有可以拯救你的網。這不是馬戲團——這是生命。」弟子們不斷的思考，帶來各種答案，但是它們都被證明是毫無幫助的。

師父只是等著，直到弟子找到真正的答案。什麼是真正的答案？當弟子說：「我會閉上雙眼向內走。在外面是沒有辦法逃走的。外面是沒有地方可以去的。但是內在裡有某個地方。死亡在接近，我會閉上雙眼進入靜心。我會進入無物的狀態。我會開始向內走。裡面沒有獅子，沒有老鼠在啃咬樹根。沒有手會越來越冷的問題。永恆在內在中支配著一切。」

擁抱神的意思是溜入一個人的內在。

現在妳也準備出發了。
可能是今天，也可能是明天，
保持機敏的，噢，達雅。

機敏的意思是靜心、覺知、警覺。

知識的果實會是痛苦和疾病，
靜心的光芒則是永恆的自在，三摩地。

三摩地就是那個門。三摩地就是答案。這就是為什麼我們稱為「三摩地」。三摩地就是一切已經有了解答的狀態，所有問題都已經消失的狀態。知識無法解決任何事：「知識的果實會是痛苦和疾病。」透過知識，其他的困難，新的問題，新的麻煩，新的心智上的痛苦和身體上的痛苦將會出現。「靜心的光芒則是永恆的自在，三摩地。」如果你進入靜心，無論你稱為祈禱、神或宇宙——這都只是名字——如果你踏上內在的旅程，所有的答案將會隨手可得，所有的問題將會消失。

時間有一個很大的肚子，

它是永遠無法吃飽的。
國王、王子和皇帝，
它把他們都吞了。

時間有一個很大的肚子，它是永遠無法吃飽的。這點也要了解，印度是唯一把死亡和時間給予同樣名字的國家：kaal。這不是沒有原因的。這個國家把死亡和時間給予同樣的名字——kaal。時間是kaal，死亡也是kaal，因為時間就是死亡。活在時間中的人就是活在死亡的爪子上的人。任何逃離時間的人就能逃離死亡。

在印度，「昨天」是kal，「明天」也是kal。只有這個國家才會這樣使用。在世界上其他的語言中，這兩個字都是不同的。當人們第一次聽到，他們有點驚訝，如果這兩個字都是kal，他們問我們講話時怎麼知道是哪個意思。但是那個已經發生的是kal，它已經落入死亡的控制，成為kaal的一部分——kal。而那個尚未發生的——現在它也被死亡之嘴啣著。就在死亡的嘴巴裡，時間的嘴巴裡。只有當下是不受死亡控制的。昨天已經消失，進入了死亡的嘴裡，明天也藏在那兒。過去已經死了，未來也已經死了。只有在當下，死亡是不存在的。只有在這個片刻中，這個當下，是死亡碰觸不到的。如果某個人能正確的利用這個片刻——而這個片刻就是鑰匙——如果他用這把鑰匙開門，他將能進入永恆。

當下不是時間的一部份。通常你會把時間分成三部份：過去，現在和未來。那是錯誤的。現在不是時間的一部份。過去和未來是時間的一部份。現在是永恆的一部份；它是超越時間的，它是在時間的範圍外的，它是超越死亡的。

時間有一個很大的肚子：時間之流是短暫無常的。它有一個大肚子。它掌控了無數的人。時間是永不滿足的，它不斷的吞掉一切。任何誕生下來的，將會死去；任何被創造出來的，將會被抹除；任何有起點的，將會有終點。所有的過程和行為都會消失，進入到無物。因此，不要太渴望時間，不要太關注時間。去超越時間。

你一定注意到西方的國家對時間的意識非常強烈。為什麼？因為一個國家越是物質主義，它對時間的意識就會越強烈。一個人越著重心靈層面，他就越不會意識到時間。心靈層面的意思是我們開始移動到時間的範圍外，溜到時間的範圍外。

你是否察覺到在某些片刻中，時間消失了？這些是神聖的片刻。有時候，看著太陽升起，你如此深入的消失在靜心中，你內在的喜悅是如此的深厚⋯⋯到了一個你忘了時間的狀態，你不記得經過多少時間了。或是有時候，當你看著月亮，聽著音樂，坐在愛人的旁邊，牽著手，你忘了時間。或者有時候，當你單獨一人，沒有原因的，坐在那兒，什麼事都沒做，你忘了關於時間的一切，你不記得經過多久時間了，多少時間逝去了。這個片刻是如何來到和離開的？在這些片刻中使你第一次經驗到三摩地，無念。

如果你溜出了時間的範圍外，即使只有幾個片刻，你就溜入了神性。世界就是時間。神是沒有時間的，神是永恆。

時間有一個很大的肚子，
它是永遠無法吃飽的。
國王、王子和皇帝，

它把他們都吞了。

不要認為：時間之流不會在乎誰是貧窮的、誰是富有的。死亡是一個偉大的社會主義者！它不擔心誰是貧窮的、誰是富有的、誰是有地位的、誰是沒有地位的。它不會認為誰是有道德的、誰是沒有道德的。它不會認為誰是神聖的、誰是不神聖的。死亡公平的對待每個人。就這方面而言，死亡是真正的社會主義者——國王或乞丐，它用同樣的方式帶走他們。

國王、王子和皇帝，
它把他們都吞了。

不要認為有任何逃走的可能！亞歷山大大帝擁有各種可以保護他的措施，但是他仍然無法挽救自己。這個世界上出現過多少擁有一切的皇帝——強大的軍隊和城牆圍繞著他們的堡壘？但是死亡仍然來臨，將他們帶走。我聽說有一個皇帝興建了一個皇宮保護自己。皇宮只有一個門，沒有任何窗户。所以沒有任何敵人可以闖入——不會有小偷、流氓、殺人犯。沒有人可以進入。它是完全封閉的；皇宮是完全密閉的。只有一個門可以讓皇帝進出。

一個鄰國的國王聽聞了這個令人驚嘆的皇宮並過來拜訪。那個建築物給他留下了很深的印象。那個門有五百個衛兵，一列列的並行著。不可能有人可以進入。鄰國的國王參訪了那個皇宮，當他正要返國，正要進入馬車時，他對那個皇帝說：「我非常喜愛你的皇宮。它是絕對安全的。沒有敵人可以進入，不會有任何叛賊或殺人犯可以進入。我想我會興建一個和這一樣的皇宮。」

在這段對話進行時，一個坐在路邊的乞丐大笑了起來。皇帝說：「瘋子，你為什麼要笑？什麼原因使你想笑？回答我，不然就準備被處死！一個人不應該在兩個皇帝談話的時候大笑，你不知道嗎？」

乞丐說：「是的，我在笑——我笑是因為死亡。現在我的死亡也接近了，那沒有問題。」

皇帝命令他：「解釋清楚。」

乞丐回答：「我笑是因為這個門將會非常危險，死亡可以進入這個皇宮。做一件事：進去裡面用磚塊把門堵起來，然後連死亡也無法進入。現在還不是絕對安全的，仍然還有些風險。這些衛兵沒有問題，他們可以阻止人們，但是他們可以阻止死亡嗎？他們的劍和刺刀都沒有辦法。五百人或五十萬人都無法阻止死亡進入。做一件事：進去裡面，從外面用磚塊把門堵起來，然後封住牆壁。那你就會是絕對安全的。」

皇帝說：「你瘋了。如果我這樣做，我會死掉！如果我進去裡面，把牆壁堵起來，那安全還有什麼意義？在這個方式下，一個人已經死了——立刻。如果死亡來了，就讓它來，但是你卻教我如何死，如何立刻死掉。」

乞丐說：「這就是我笑的原因——你已經是死人了。百分之九十九的你已經死了。只有百分之一的你還活著——因為這個門。根據你的邏輯，如果有一百個門，你會是百分之百的活著。你自己說當唯一的門被封起來，你就會死掉。所以大部分的你已經死了——因為只有一個門被留下來。百分之一的你是活著的。但是這個方式可以避開死亡嗎？」

乞丐接著說：「我也曾經是一個皇帝。了解到金錢無法阻止死亡。我開始尋找靜心。權力無法阻止死亡，所以我尋找無物。我也想要超越死亡，但是我的旅程和你的旅程並不相同。」

乞丐是對的。沒有人可以避開死亡。但是有些人避開了：沒有人可以避開一般的、身體上的死，但是某些人即使臨死前也是警覺的、覺醒的。一切都會死去，但是意識是不死的，是因為他們的意識使他們穿過死亡之門進入了宇宙。死亡之門變成了無意識之人的重生之門，變成了有意識之人的最終解脫之門。然後，不再重生。不再有來去——**保持機敏的，噢，達雅。**

當風吹過天空的雲，
用無數種方式改變它們，
人的生命被掌握在死亡的手中，
他不會有任何安寧。

當風吹過天空的雲，用無數種方式改變它們：你有注意到雲朵聚集在天空，然後風持續改變它們嗎？你有注意到雲朵的形狀永遠不會一樣——即使只有一個片刻？風持續的使它們變化、移動。有時候雲朵看起來像是一隻大象，甚至連那個片刻還沒過去，象鼻就不見了，它的腳不見了，它看起來不再像是一隻大象。它變成亂七八糟的。如果你持續的觀察它一段時間，你會發現雲朵不斷的改變中。雲只是煙。風持續的翻動它。就如同海浪持續的在海洋表面上翻滾著——風持續的翻動它們——風用同樣的方式持續的使雲朵四處消散，然後重新塑造它們的形狀。

當風吹過天空的雲，
用無數種方式改變它們，

雲朵因為風而被破壞，它們不斷的被死亡之風打散和形成。風在天空中用很多種方式摧毀它們。

…人的生命被掌握在死亡的手中，
他不會有任何安寧。

同樣的，人類被死亡之風創造出來和摧毀。**人的生命被掌握在死亡的手中…**人被kaal之風，死亡之風，創造出來或摧毀。你曾經是一隻大象，一匹馬；你曾經是一隻鳥，一棵樹；有時候是一個男人，然後是一個女人；有時候是美麗的，有時候是醜陋的…誰知道你的雲朵有過多少形狀？你不是全新的。這是印度獨特的發現——每個人已經出生過無數次。他曾經出生在每個物種中；他在八億四千萬個物種中徘徊著。死亡持續的擺佈他，雲朵不斷形成無數的外形。

達雅選擇了一個非常可愛的象徵：

當風吹過天空的雲，
用無數種方式改變它們：

就如同不斷吹拂的風，改變了天空中雲朵的外形。

人的生命被掌握在死亡的手中，
他不會有任何安寧。

人同樣也不斷受到死亡的擺佈；成為這個，然後成為那個。只要這個情況繼續著，怎麼可能安寧？除非你安定下來，否則你要如何安寧？除非風不再吹拂，否則喜樂要如何佔據你？誰知道你曾經有過多少種外形；有時候是馬、有時候是大象、有時候是螞蟻、有時候是人——男人或女人，身為人，你除了痛苦之外，什麼都沒得到。所有有生命的物種都承受著痛苦。

有一個脫離死亡的方式：**保持機敏的，噢，達雅：**訓練你的覺知。這表示你要覺醒並了解到「我不是身體，」覺醒並了解到「我不是頭腦。」覺知的意思是覺醒並了解到「我是觀照的狀態，我只是一個觀照。」一旦你抓到覺知的訣竅，你會發現雖然死亡仍然使你的身體感到混亂，動搖你的頭腦，但是它仍然無法動搖你觀照的狀態。觀照的狀態是超越死亡的；死亡無法碰觸到它。神就存在於死亡無法碰觸到的地方。真理就存在於死亡無法碰觸到的地方。那個死亡無法碰觸到的意識狀態就是莫克夏，最終的解脫。

莫克夏不是地理上的位置。不要認為它是某個地理上的位置，不要認為科學家遲早會坐著太空船到達那兒。莫克夏是你內在的狀態：它不是一個地理位置，它是你意識的天空。

當你開始了解，開始意識到你不是身體和頭腦，你將能超越。要了解這個不同。雲朵在天空中聚集，成形後又消散，來到後又離開；它們在雨季時聚集，然後又消失——但是天空一直在那兒。雲朵來來去去，但是天空一直在那兒。風只能改變雲朵，而不是天空。它如何能改變天空？風無法對天空造成任何影響。風吹拂著，它不斷的移動，但是天空仍然沒有被碰觸到，純淨的，不受到任何玷污。

內在的靈魂就像外在的天空。靈魂是內在天空的名字。天空是靈魂散播於外在時的名字。當你不再有任何分別，當身體在中間消失，當你了解到「我不是身體」，當內在的天空和外在的天空融合。這個內在的天空和外在的天空融合的時刻就是三摩地，與梵結合，與神結合——或是任何吸引你的名字。

隨時記得一件事：除非你了解這個天空，否則你無法安寧：**他不會有任何安寧**。你無法安寧是因為你認同雲朵。而雲朵不斷改變著，你因此而哭泣。它變動著——不斷的！現在你認為一切都很順利，但是下一分鐘就被弄亂了。

對幻象的依戀從早到晚欺騙著我們。

放下世界才能讓火熄滅。

只有當你覺醒並了解到你不是世界、你不是身體、你不是頭腦，當你超越這一切，火才會熄滅。只有一個方法可以得到安寧：你必須用某個方式找到那個永恆的，永遠不變的。

當展開的雙翼收了起來，
散文變成了詩。

當你慾望之鳥的雙翼收合起來，當你不再想在慾望的世界中飛翔，當你的思想之鴉停止呱呱叫，當你知道「我不是這個，」我只是一個看者，一個觀照，你突然會發現散文變成了詩！會有一個喜樂之流、歌之流、音樂之流、慶祝之流，在你的內在中流動著，你的每個毛孔將會顫抖。當這個喜樂在你的內在中出現，它不會只是停留在你的靈魂裡，它也會在你的頭腦和你的心裡散播開來，它會把它們塗上顏色。它會散播到你全身上下並將你的身體塗上顏色。它會開始從你的身體跳出來，為別人塗上顏色。

這就是為什麼這麼多接近佛陀和馬哈維亞的人都被轉變了、被影響了。無論誰接近他們，都會被他們的存在影響。一旦你發現了這個財富，你會發現它是前所未見的財富，一個無限的源頭。

杯子破了，
現在我要舀起生命之水，
一直飲用到心滿意足。

現在你用很小的量杯飲用生命之水。身體和頭腦是非常小的容器。你試著用這個小杯子飲用生命的巨大海洋。人無法用這個方式滿足。當身體和頭腦被拋棄時，當量杯破了，你就是海洋的一部份。

我聽說希臘的神祕家，戴奧真尼斯，放下一切的人——包括他的衣服——全身赤裸的，就像馬哈維亞。在西方只有一個人可以和馬哈維亞相比，那就是戴奧真尼斯。他有一個用來吃喝的小杯子。有一天，他感到口渴，於是帶著杯子到了河邊。他在岸邊清洗杯子以便喝水，然後有一隻狗走了過來。狗感到非常口渴，牠把頭伸到河面上，急促的喝著水，然後又離開了。戴奧真尼斯還沒洗好杯子。他驚訝的發現到他被一隻狗打敗了！他納悶為什麼自己如此依戀這個杯子，於是把它扔了。「如果狗沒有杯子也能活著，那我為什麼要拿著這個杯子？我必須清洗它，做這個和那個——如此的沒有意義！我甚至擔心它會被偷，所以晚上睡覺時都會不時觸摸它，確定它沒被人拿走。」就在那時，他扔了杯子，俯臥在狗的面前。「你是我的師父，」他說：「這個杯子是我最後的執著。」

杯子破了，
現在我要舀起生命之水，
一直飲用到心滿意足。

現在不再有任何阻礙。當你脫離了身體和頭腦，你就進入了生命的海洋。

用無物之弓拉起時間之箭，
穿透那個可以摧毀的，解放那個無法摧毀的。

你必須校準無物之弓，用它拉起時間之箭，然後放掉弓弦，這樣你才能不再受到時間的束縛，時間才無法再束縛你。

穿透那個可以摧毀的，解放那個無法摧毀的。

一旦你的覺知穿透那個可以摧毀的，你就能經驗和了解到裡面那個無法摧毀的、內在的天空。只有知道這個內在天空的人才會知道生命。不知道的人只是無意義的活著。

如果我們的心沒有會合，
相遇還有什麼意義？
如果無法到達目的地，
旅途上還能有什麼喜悅？
在海中沉沒勝過航行到岸邊卻一無所獲。

那些活著卻不知道內在天空的人——他們最好還是在海中沉沒，因為就算他們接近了岸邊，他們仍然無法找到它。

相遇還有什麼意義？
如果我們的心沒有會合，

如果你沒有找到你內在的核心，你內在的靈魂⋯⋯「如果無法到達目的地，旅途上還能有什麼喜悅？」你已經走了很長一段時間，你已經旅行了好幾世，然而你仍然無法瞥見到你的目的地。

如果無法到達目的地，
旅途上還能有什麼喜悅？
在海中沉沒勝過航行到岸邊卻一無所獲。

每天你都感覺越來越接近，然而每當你靠近，你發現眼前並沒有任何岸邊。你越靠近，你的目的地就離得更遠，就像地平線一樣。生命就像海市蜃樓，所以最好還是沉沒。

但是如果你擁有沉沒的勇氣，那個會合就會發生。如果你擁有沉沒的膽量，就沒有人能阻止你找到神——因為你已經準備沉沒，準備一死。你會說：「我準備去死了。」這就是桑雅士的意思。桑雅士表示：「我願意放下那終將消失的一切；我使自己離開那終將被抹除的一切。我切斷和那些短暫無常的事物的關聯。現在我活在這個世界上，但是我最多只是把它當成一間旅社。」

人們常常問我桑雅士的意義。我告訴他們，桑雅士的意思是把世界當成一間旅社。你必須住在這兒，你沒有其他地方可以去，但是有一個生活在這個世界上的方式，可以使你待在它裡面但卻不受它的束縛——彷佛你住在旅社。覺知的活著：**保持機敏的，噢，達雅。**

名聲是不用尋求的，
但是你得先做件事。
在你掙得自己的名聲前，
先找到單獨和寂靜。
不要透過訪客和別人來填滿每個空閒的片刻，
也不要在任何空無一物的位置放上花盆。
一定會有些你和神交談的片刻。
神只有在安靜的時候才會來到，
如果心是嘈雜的，
祂們會靜靜的離開。

保持安靜的。找到一些寧靜的片刻。進入沒有思想的狀態。有時候靜靜的坐著，什麼事都不做，你會突然發現你是被祝福的——祝福會灑落在你身上。神會從四面八方圍繞著你。這不是某件你可以完成的事情。這不是某件讓你透過大量體操訓練就可以完成的事。一旦你為它做了任何事，它就絕對不會發生，因為你將會出現在你的行為中。行為就是自我，就是「我」。

只能透過優雅發現神，而不是透過努力。有時候靜靜的坐著，什麼事都不做。靜靜的坐在花園裡的樹下或是河岸邊。在夜晚廣闊的天空下、星辰下，什麼事都不做，只是坐著，保持空無的，沉默的。你的思想會來來去去。讓它們來來去去。不要在意它們；不要認同或反對它們。如果它們來了，沒問題；如果它們沒有來，那也沒問題。就像站在繁忙的街道旁：它是嘈雜的，但是就讓它這樣；只要保持一段距離的坐著，漠不關心的。保持空無的。

有時候你的思想會短暫的停止——在這些片刻中，將會有一道光芒籠罩著你，就好像某個人拿走了黑暗，摧毀了黑暗。在這些片刻中，你會感覺有一滴永恆的甘露掉到你身上；你會瞥見到某些超越死亡的東西。這些片刻會漸漸增加。慢慢的，當你有了那個經驗，你內在的旅程會變得更結晶化、更容易。然後有一天，不論你要去哪兒，不論你要何時去——即使你沒有閉上雙眼——神性也會持續的圍繞著你。然後，一切都會充滿它的存在。在這以前，要知道你仍未找到你的目的地。

而你必須找到目的地。找到目的地的意思是你找到了神，不會再失去祂。把這個世界當成某個可以在一瞬間被摧毀的東西：

⋯在一個片刻中就消失了。

噢，達雅，

在妳的心裡隨時攜帶著神。

把這個世界當成在死亡之門前等候的隊伍：

妳的父親和母親已經離開了，
現在妳也準備出發了。
可能是今天，也可能是明天，
保持機敏的，噢，達雅。

第六章
接受你的靈魂

奧修，待在這個靜心營，我為什麼會發現每個人的狀態是不同的？成為桑雅士是否能立刻消除這個隔閡？你的祝福是否只給予桑雅士，而不是給予所有人？

我的祝福針對所有的一切，但並不是我給了祝福，你就會得到。當你接受它，你才能得到它。河水流動著，它為所有的一切流動。樹會喝它的水，鳥兒和動物會喝它的水，人也是，但是無論誰要喝它，前提是想喝它。如果你站在河邊，拘謹傲慢的，河水並不會跳到你的手上。你必須彎下身，用手盛起水才能喝。如果你不想喝水，不要抱怨河流。河水一直在流動著。

但是人是混亂的。如果他沒接收到祝福，他以為也許沒有人給予祝福。但他是否能夠接受祝福？他會接受祝福嗎？祝福不是一個便宜的東西。你可能以為它是廉價的，它是可以免費擁有的。但是祝福是一把火——它會燙傷你，它會改變你、轉變你。勇氣是需要的。

桑雅士還能是什麼意思？它的意思是某個人必須低頭，將雙手合成碗狀，願意和河流建立一段關係。桑雅士的意思只是你必須表示出接受祝福的意願，你端出你的器皿、你的容器。祝福不斷的灑落著，但是如果你不端出器皿去盛裝它們，你永遠無法得到任何祝福。

當雨水降落在山峰時，山峰仍是無法填滿的——因為它們是如此的充滿。當雨水落在山峰上，水會流入坑洞和深谷；水流動著，完全的填滿那些坑洞和深谷而形成湖泊。你能說雨水的落下是為了湖泊而不是山峰嗎？它降落於一切萬物上，但是山峰是如此的充滿以致於沒有留給雨水任何空間。形成湖泊的坑洞和深谷是空的，裡面有空間。它們充滿期待的敞開自己而讓雨水落入。

這個祝福不斷的落下——落在你身上，落在桑雅士身上，落在樹上。但是誰能接收到，能接收到多少，那要依每個人而定。

這就是桑雅士的意思——沒別的了。它的意思是你準備和我在一起。

但是你想要免費得到這些祝福。你完全不想改變自己的情況。你甚至不想挪出一點點空間——雖然你想要成為一個湖泊。你的野心說你想要成為一個瑪旁雍錯湖，岡仁波齊峰上的聖湖及朝聖地，但是你沒有挪出任何一點空間的勇氣。

桑雅士是勇氣的另一個名字。你為什麼要害怕？什麼原因使你無法成為桑雅士？你在害怕什麼？這裡面的恐懼是微不足道的。但人是狡猾的，他會用狡猾掩飾他的恐懼，甚至很難承認你的恐懼，因為那會傷到你的自我。

一晚，穆拉那斯魯丁正準備提早從酒館離開。他朋友問：「你要去哪兒？」

穆拉說：「我今晚無法待太晚。我妻子要我十點前回家。」

他的朋友開始嘲笑。他們說：「我們也有妻子。穆拉，你為什麼如此害怕？你是男人還是老鼠？」

穆拉挺胸站了起來。他捶胸大喊：「我是一個真正的男人，一個剛強的男人！不准再說這種話！」

然後一個朋友問他：「證明給我們看！如果你是一個剛強的男人，證明它。」穆拉說：「有什麼好證明的，我的妻子怕老鼠，但是不怕我，這就是證明。」沒有人會承認他是膽小的。

你問：「待在這個靜心營，我為什麼會發現每個人的狀態是不同的？」

這個不同是因為你，發現它的人是你。沒有成為桑雅士的人是無能為力的；他是膽小的、孤立的。他無法敞開自己，無法放鬆，無法和人連結。他是恐懼的。他害怕和這兒的每個人相處得很融洽，如果他深深的淹沒了自己，如果他超越自己的底線而變成一個桑雅士，那他要如何面對他的家族、他的妻子、市集、店鋪和社會…？所以他每一步都非常謹慎。他保持是狡猾的、算計的；只能這麼多——不能再多了。他甚至會和這些赭色穿著的人保持距離。他會待在一旁。太接近他們是不安全的，因為這種病是傳染性的。如果你和這些赭色穿著的人待在一起太久，你的腦中也會作著成為桑雅士的夢。

所以是你創造了這個不同。你是恐懼的，那就是為什麼會有這樣的不同。是你的恐懼造成的。然後你感到沒有祝福灑落在你身上。你為什麼會有這個感覺？因為你看到別人是如此的喜樂、如此的狂喜——而你不是喜樂的、狂喜的——所以他們一定有接受到祝福，而你沒有。他們一定有得到某些你沒有得到的東西。

他們所能得到的，也是你能得到的。但是他們喝了它，而你卻閉起了喉嚨。他們彎下身，將容器裝滿水，但是你不敢這樣做。那個不同來自於你的恐懼，就只是因為你的恐懼。

你問：「成為桑雅士是否能立刻消除這個隔閡？」

當你成為桑雅士，這些隔閡不會立刻消失，但是讓這些隔閡消失的機制已經觸發了。所有的隔閡會漸漸的消除。這些隔閡是在很多世的時間中所形成的。它們不可能在一瞬間就被消除掉；需要一點時間。一個人必須是耐心的，但是這些隔閡的消失已經開始發生了。

有的人還坐著，有的人站起來了，有的人已經出發了。現在，他們都處於同樣的情況。某個人還坐著，另一個人站起來了，第三個人則走出了第一步。現在，他們都待在同樣的地方，同一列隊伍，但是他們之間已經產生一個巨大的不同。坐著的人甚至還沒去消除那個隔閡。站起來的人至少已經到了中途——他可能到了某個地方。坐著的人必須先站起來——這樣他才能走路。他不能坐著走路！和坐著的人相比，站起來的人會比較接近走路中的人，因為如果他想要出發，他可以立刻啓程。提起腳的人還沒到達任何地方——他仍然和另外兩個人待在同樣的地方，但是他已經開始縮短距離。一個人即使只是走了一步，那他至少也接近了一步。

桑雅士就是第一步；它是消除隔閡的第一步。而第一步是最困難的。在那之後的步伐會陸續跟上。第一步是最難的；因此你必須把第一步視為一半的旅途。

馬哈維亞有一句著名的格言：開始走的人已經到達了。這句話並不是正確的。一個人不會只是因為他開始出發就會到達目的地；他可能會停在半途然後回頭。他的感覺可能會改變，他的觀念可能會改變。所以這句話並不是完全正確的——但是這句話有一個很深的涵義。裡面藏著一個基本的真理。馬哈維亞如此強調這句話是因為一旦一個人開始了，他就已經完成了一半的旅途。第一步佔了一半的旅途。第一步是最困難的一步。

一旦你拿起杯子靠近嘴，那個我給你的杯子，要你飲用裡面的水的杯子，那整件事就幾乎完成了。你的嘴唇和喉嚨之間的距離能有多大？一旦杯子碰到你的嘴，裡面的水會進入你的喉嚨。但是如果它沒碰到你的嘴，如果你沒有拿起杯子，那裡面的水要如何進入你的喉嚨？

你問：「你的祝福是否只給予桑雅士？」我的祝福是給予每個人的，但是只有桑雅士能接收到。正確的了解這點：它是你的頭腦無法了解的。

有個皇帝去找佛陀。他問了一些問題。佛陀回答：「現在我將給你一個靜心的技巧，回去練習一、二年。先做這件事。」

皇帝有點不高興。他說：「我從很遠的地方過來，而且我也不是一個普通人。我問了你這些問題，我也對它們思考了很久。我也用同樣的問題問了很多人，他們都回覆了。你甚至不回答我。還要我離開這兒去靜心。你的態度是非常冒犯人的。你是故意侮辱我嗎？」

佛陀說：「不。」他要皇帝用這個方式來了解。如果下雨時將一個水壺倒放著，不會有任何雨水掉進水壺裡。如果另一個水壺正立著，但是壺身有很多破洞，雖然雨水會落入，但是會從破洞流出。當雨停了，水壺仍會是空的。一開始它似乎是裝滿的，但是它不會一直是裝滿的，因為它有很多破洞，一切又會流掉。然後再看沒有洞的水壺，正立著，但裡面裝滿了垃圾。一旦下雨了，落入的乾淨雨水會被弄髒，變成有毒的。你不能喝它。如果你喝了，即使是不小心的，你也無法活下來——你會死掉。

「你是這三種水壺的其中一種，」佛陀說。「在過去的許多世中，你的內在中不知道累積了多少有毒的、骯髒的垃圾！你是倒立的水壺也是充滿破洞的水壺。我要你靜心一、二年，然後等你再回來，你已經把你的水壺清理的比較乾淨；這樣你就能填補那些破洞，把你的水壺擺正。我已經準備灑落到你身上，但現在這樣做沒有任何幫助。你問了問題，那不表示就要給你答案。先決要件在於你是否有能力接受我的答案。」

你可能會以為佛陀說的話是苛刻的。但他說的那些話卻是出於極大的慈悲——你可以做了一點準備後再來。桑雅士就是那個準備。

在這兒也一樣，那些來聽我講道的人可以被分成三種容器。某些是倒立的：他們都會兩手空空的離去，如果你讓他們看你的寶藏，他們將會嘲笑你。因為他們來到時是兩手空空的，所以他們會說：「你怎麼會如此的充滿？你一定是在欺騙自己。你是一個盲目的信仰者，一個多愁善感的人。你根本不了解。」他們是如此聰明的人——但是他們卻什麼都沒得到。所以他們怎麼能相信你比他們更聰明？他們會認為你是天真的，一個信仰者；你不知道如何思考，你沒有深思熟慮的能力。

也有一些水壺是擺正的，但卻重複裝滿很多次的人。聽我說話，他們感覺被裝滿了。但是在他們離開前，他們又變成空無一物的，他們忘了一切。他們又回到原本的狀態，一個充滿破洞的水壺。

然後還有第三種人：他們是裝滿的，沒有任何破洞，擺正的——但是任何填入到他們內在的東西將不再是我對他們說的；他們的頭腦會扭曲那些話。他們會加入自己的解釋、自己的定義。他們會從這兒拿走一些東西，但那些不是我要給他們的。他們回去時會帶著一個稍微裝飾過的、重新安排過的版本。我變成他們垃圾的一部份。

這一切都由你決定。桑雅士的意思是你準備把你的容器清乾淨，你準備用我的顏料為你的容器上色，你準備塞住容器的破洞，你準備擺正你的容器，你放棄了所有恐懼。

桑雅士是重生、一個新的生命。到目前為止，你一直過著某種生活，但是你在這樣的生活中一無所獲。如果你有得到任何東西，你就不需要來找我或是去任何地方。從你的問題中可以很明顯的看出，你並未從目前的生活中找到任何東西。你為了尋找某個東西而來到這兒，但是你想要不勞而獲。你想要透過一種沒人知道你得到某些東西的方式而得到它。你想要擁有鑽石，但是你沒有勇氣，擁有這種東西的膽量是需要的。

如果你沒有重生，
你內在的住所將會是永遠黑暗的。
無論你使用多麼好的紙，
你的生命之書仍會是空白的。

除非真理降臨到你身上，否則再好的紙也不會讓你得到任何東西。如果你沒有重生⋯⋯我所謂的重生是，你的第一次出生是透過父母，但是第二次的出生來自於師父。那就是為什麼對師父的敬愛會勝過父母——因為你從父母那兒得到了肉體，你得到的生命是會消滅的，它是屬於肉體的，它是粗糙的。你從師父那兒得到的生命是微妙的，它是關於意識的。你的肉體來自於你的父母，但是你從師父那兒得到你的靈魂。你的父母給了你第一次出生；第二次出生則是來自於師父。

桑雅士代表彎下身觸摸某個人的腳所需要的勇氣。在這個世界上沒有任何勇氣勝過這個。不要認為直挺挺的站著是一個偉大的成就。所有的蠢人都直挺挺的站著。昂首闊步並沒有什麼好驕傲的。重點在於是否能彎下身觸碰某個人的腳。

老子說大樹是死板的：一旦颶風來了，它們會被吹倒。一旦颶風來了，小草、小植物和小灌木會彎下身，等到颶風過後再抬起頭。颱風無法將小草連根拔起，因為小草是彈性的，但是大樹會被連根拔起，因為大樹是非常自我的。

這兒也有一個暴風。我在這兒不是在談話。它是搖晃你的暴風，從你的全身搖晃到你的源頭；它是一個旋風。如果你僵硬的站著，你將無法得到任何幫助，你只會失去。你會倒下。如果你彎下身，你什麼都不會失去，你只會得到幫助。然後這個暴風會使你恢復精神，它會使你煥然一新，它會帶走你生命中的灰塵和污泥。你會再次升起，手舞足蹈。這個暴風就像神話中的長生草；它是一個祝福。

桑雅士的意思是你對神說話⋯現在神還在遙遠的地方，所以你對師父說話。師父是一個謁師所，一個門。你透過這個媒介向神要求。你對神說：「我無法看見祢，我對祢不熟悉，我不知道祢的地址或下落，所以我透過師父向祢傳達我的訊息。我透過師父向祢傳達我的祈禱。」

師父是一個像你但是又不像你的人；某方面跟你一樣，某方面則是超越你的人。師父一隻手牽著你的手，另一隻手牽著那個無形的手。

如果你的看是帶著愛的，你也會開始了解師父無形的手，你會看到神透過師父漸漸在這兒和那兒出現。如果你的看沒有愛，如果你的看沒有帶著臣服，你的雙眼將只能看到師父粗糙的形體。如果沒有成為一個弟子，你也無法看見師父，因為只有當你成為一個弟子，當你彎下身，當你的看帶著敏感、愛和情感，你才能擁有這樣的洞察力。然後你也漸漸能透過師父看見彼岸，無形的世界。師父只是一個窗口。

噢，音樂家，我是祢的笛子，
透過我呼吸，吹奏我。
靜止在我體內的旋律，
無法自行升起——
那是它們的缺點。
透過祢的唇賦予生命的觸碰，
將蜂蜜倒入我的心，直至滿溢的邊緣。
觸碰阿希爾，帶走她的無知、她的死氣沉沉，
再次喚醒她的意識。
噢，音樂家，我是祢的笛子，
透過我呼吸，吹奏我。

你不知道沉睡在你內在中的笛子，於是你去找一個音樂家：「請吹奏我的笛子，這樣我就可以聽見那個沉睡在我內在的，我就可以有意識的知道我的潛力。」在師父的存在下，你第一次瞥見到你的潛力。

讓我的痛苦找到它的聲音，

讓我荒蕪的喜悅之園再次回盪著聲音。
喚醒我內在的旋律，如此的充滿痛苦，
不斷的聽著它，
三個世界失去了所有的意識。
移動祢的手指，越過我的傷口，
在我的內在中創造出新的樂曲。
噢，音樂家，我是祢的笛子，
透過我呼吸，吹奏我。
當我沉默時，我是窒息的，
沒有音樂，我就無法活下去。
我的歌只會是祢的，
如果不是祢，還會有誰吹奏我？
不要如此殘忍，我懇求祢。
這是我無法承受的。
不要再讓我受苦。
噢，音樂家，我是祢的笛子，
透過我呼吸，吹奏我。
我在廟宇中不發一語的躺了多久？
不要退縮，維護我的尊嚴，
我的生命就依靠這唯一的希望——

有一天祢會再次找到我。
至少再一次，將我放到祢的唇邊，
在我的身體變成一句屍體前。
噢，音樂家，我是祢的笛子，
透過我呼吸，吹奏我。

桑雅士是一個你對師父的請求：「我不知道我是誰：請讓我恢復一點意識，一點覺知。我不知道誰沉睡在我的內在裡；請搖動我。你知道的。我不知道我的寶藏在哪兒，但是你知道，所以請為我指出通往我的寶藏的路。」

桑雅士就是把你的手放到師父的手裡。它是一個獨一無二的革命，只有不怕死的人能進入它——因為將自己完全交由某個人掌控是非常困難的一件事。而且只有當你完全交出了自己，你才算真的交出自己。如果你只交出一部分的自己，如果你的交出是算計的——打算等著看是否會發生任何事，如果什麼都沒發生，你會再次回頭——那你就不是真的交出了自己。那麼即使你成為桑雅士，隔閡仍會存在。而那個隔閡、那個不同會是因為你。

有些桑雅士獻出了自己，同時等著看會發生什麼事：如果某件事發生了，他們會繼續當桑雅士；如果什麼都沒發生——誰能留住他們？他們會在回家的火車上換掉衣服，把項鍊藏起來等等。他們會回家，他們到家的狀態會跟離開這之前的狀態一樣。這種人是存在的。我不會派警察跟著你！所以我怎麼會知道你在阿姆利則做什麼？

如果你在這種狀態下成為桑雅士，這個隔閡、這個不同會繼續存在，因為你是狡猾的。你在騙誰？至少保有一個你不會狡猾的狀態，一個你會帶著完全的信任和愛而彎下身觸碰的狀態，一個你是正直的、不欺騙的狀態。

所以我不是說你必須成為桑雅士。我是說如果你要成為桑雅士，慎重的成為桑雅士，果斷的成為桑雅士；帶著完全的了解而成為桑雅士。只有當你勇氣十足時才成為桑雅士。一旦你成為桑雅士，不要保有任何再回頭的想法——如果你的腦中保留著再回頭的想法，你就無法和我一起走下去。一個想要回頭的人怎麼會往前走？這種人會說：「如果我走了幾步，然後我可能也會後退幾步——那我還是留在原來的地方。我只要一直談論往前走——我會走，我一定會走——但事實上我會留在原來的地方，畢竟最後我可能還是會回頭。」

如果你的內心持續抱著你可以再回頭的想法，那你甚至不會踏上旅程。桑雅士是一個無法回頭的旅程。一旦你出發了，你就會永遠的消失。然後將會發生，你將會和神結合。你將能立刻捕捉到我的祝福之光。

奧修，對於到達神最終的住所，橘袍、項鍊和師父可以有多大的幫助？達到那個狀態後是否還需要它們？

你還沒到達神的最終住所就已經如此擔心橘袍、項鍊和師父，即使這些思想可以安慰你的心。你以為沒關係：只要穿戴它們一陣子，然而等你到達神的最終住所，你就可以把它們都扔了。你是無法到達神的住所的——因為這種頭腦無法到達那個狀態。這種頭腦甚至還沒踏上旅程！它甚至在開始前就在思考如何停下來。甚至在它到達目的地之前就開始計畫。這是非常算計的頭腦；它無法讓你走太遠。

第一件事：「到達神的最終住所。」關於到達神的最終住所的談論只是顯現出一個貪婪的頭腦。這些不會是桑雅士的思想：「到達神的最終住所！」你無法在俗世擁有重要的地位，所以「讓我們到達神的最終住所。」在選舉中，你沒有勝選的可能，所以「讓我們到達神的最終住所。」如果德里感覺很遙遠：「讓我們到達神的最終住所。」對你而言，最終的狀態是必須的！

你有發覺到自我的慾望嗎？你的自我一再的改變外形。在俗世中，它想要財富、名聲和地位。即便它透過某個方式改變了，但是它基本的音調仍未改變，它基本的音調仍是一樣的。

你在宗教中尋找什麼？你也在那兒尋找自我嗎？那你的旅程從一開始就走錯方向了。宗教真正的意思是，任何狀態都是不重要的——即使是「到達神的最終住所。」到達任何狀態的欲求都是毫無價值的。那是自我的旅行。而自我也是毫無意義的。你在這兒趾高氣昂的走來走去，如果你有機會，你也會在最終的解脫裡趾高氣昂的走來走去。

偶爾坐下來思考一下：即使你達成了莫克夏，你也會在那兒炫耀，你會把椅子弄得比別人高一點。你也會在那兒玩著一樣的遊戲。

宗教上的探尋表示你已經對自我感到厭倦，你不再對自我有興趣。一旦自我倒塌了——那就是桑雅士。如果你的自我不斷換上新的外形⋯桑雅士的意思是你真的了解到達任何狀態都是無意義的，一旦任何狀態都是無意義的，那麼在「神的最終住所」中會有什麼？——因為神的最終住所只不過是俗世裡放大版的「身分地位」。一旦財富是沒有意義的，那麼最終的財富還會有什麼意義？如果這兒什麼都沒有，那麼在那兒也會是空無一物的。

你的天堂只是這個世界的衍生。無論你在這個世界欲求什麼，你也會在天堂欲求一樣的東西。你會裝飾和擦亮你的欲求，然而你仍是在要求一樣的東西。一旦欲求、貪婪、慾望和自我還存在，那這算是什麼最終的神性狀態？你還不了解「神的最終住所」的意義。

常發生這種情況：成道者說了一件事，而你誤解成完全不同的東西。成道者說神的最終住所就是沒有自我、貪婪、幻象和依戀的狀態。那個狀態的名字是parampad，神的最終住所。當你的貪婪聽到它，然後你說：「這太棒了！讓我們到達神的最終住所。我們何必把時間浪費在追求微不足道的身分地位？」記住：這是你的貪婪說出來的話。你已經完全誤解了一切，你錯過重點了。

所以第一件事是，你甚至不該談論神的最終住所。停止談論所有的達成。只要你還陶醉在達成中，你就無法找到神。神一直在你裡面；你不需要達成它。但是因為你仍然被追求達成的想法佔據著，以致於你持續的錯過它。你一直在尋找；那就是你錯過的原因。人不需要得到他已經有的東西。當所有的尋找停止，所有的追求停止，你寧靜的坐著，沒有任何慾望；當風不再吹拂，雲不再形成和消失…在那一瞬間，你突然發現：「哎呀！我尋找的東西一直在這兒。」

佛陀成道後，某個人問他：「你達成了什麼？」

他說：「我什麼都沒達成；我只是了解到我一直擁有的。我只是了解到我什麼都沒有達成。」

神的最終狀態已經是你的狀態。無論你在哪兒，神的最終處所也在那兒。無論你的靈魂在哪兒，神的最終處所也在那兒。只要稍微向內看，看看你坐在多麼偉大的王座上！但是你像個乞丐的徘徊著，你還沒有回到家，你還沒有看著自己。有時候你追求財富，有時候你追求身分地位。如果你厭倦了這些，或者因為那些追求而感到懊悔。然後你會進入另一個新的競賽——現在你必須到達天堂，現在你必須獲得成道，你必須到達神的最終住所。

不要欲求神的最終住所，不要因為想要得到某些東西而成為桑雅士。如果是因為這些原因，那你就不是桑雅士。桑雅士的意思是，你的貪婪已經被證明是毫無意義的，貪婪已經消失了，現在你可以享受成為桑雅士的樂趣了。達成的意思是它明天就會發生，未來就會發生——但神是當下，神不會明天才發生。神就在此時此地。莫克夏是你固有的狀態；它是此時此地。如果你平靜下來，如果圍繞著你的慾望之雲消失了，然後那個光會在當下顯現。那個光一直在那兒。太陽只是躲在雲裡。

所以首先：「對於到達神最終的住所，橘袍、項鍊和師父可以有多大的幫助？」你似乎想把橘袍、項鍊和師父當成工具。這樣的開始是錯誤的。把師父當成工具是一種剝削。你是偉大的君王，而師父變成你的僕人。你想要利用師父到達神的最終住所，所以你把師父當成梯子踩上去，以便到達那兒。而且之後你甚至不打算感謝師父，因為你的問題最後提到：**「達到那個狀態後是否還需要它們？」**你多麼仁慈啊，把我當成梯子踩上去，因為你的存在使梯子更添幾分光采，梯子是受到祝福的！如果你沒踩上去，梯子要怎麼辦？你蓮花般的腳踩上梯子——梯子將會唱著稱揚你的頌歌，因為偉大的時代已經到來！

和師父的關係是屬於愛的，不是屬於剝削的。如果你把師父當成工具，讓自己是一個偉大的君王，高高在上——只是利用師父。這是不道德的、醜陋的。

你和師父只能有一種關係，那會是屬於愛的。那個關係是有一天你將會離開師父——那一天一定會來到，因為師父會讓那一天來到。就如同某一天他要你執著他，現在他要你離開他的時候已經來到，因為現在你可以獨當一面了。

母親教小孩走路時會牽著他的手。但是她不會永遠牽著他的手，因為如果這樣做，對他會是有害的。有一天她必須放開他的手，即使他不想她這樣做。小孩會抓著她的莎麗，跟著她走到廚房和整間屋子。她會說：「請放開我。你現在可以自己走路了，你為什麼還要抓著我？」

有一天師父會要你放開他，但是到了那時，弟子不會想要放下。弟子會說：「我怎麼能離開你？我已經從你那兒得到了這麼多，我怎麼能放下你？」如果神和師父站在弟子面前，他仍然會感到奇怪，要如何離開給了他這麼多的人。然後會有一個片刻來到，弟子會感覺他可以放棄神，但他無法離開師父，因為一直到那之前，他仍然對神一無所知。和神沒有接觸過、沒有任何關聯。是師父創造了這個關聯，使這個關聯是可能的：「如果我必須拋棄其中一者，我會拋棄神。只要師父還在這兒，他可以隨時再創造出那個關聯。最好還是師父留下來，因為他是門，我們隨時可以透過他到達廟宇。」

所以最終困難的時刻不會來自於弟子——不會是弟子想離開而師父不讓他離開。最終困難的時刻會是師父要求弟子離開他，而弟子不想離開。弟子的感覺是他如此全然的愛著師父，現在他怎麼能離開師父？這個想法會為他帶來很大的痛苦。即使他必須放棄莫克夏，他不會在乎。「如果我可以繼續待在師父的腳下，那對我就夠了。」因為在師父的腳下使弟子得到了這麼多，以致於他想不出莫克夏還能帶給他什麼。即使它可以，弟子也不會如此忘恩負義，馬上就離開。然而一開始，師父的困難是如何牽著弟子的手，因為弟子想要逃走……

現在這個紳士想要逃走，而我想要抓著他的手。他的名字是非常甜美的，Shyam Kanhaiya——「鍾愛的黑天」——但是那似乎只是一個名字。現在他似乎不打算進入愛，也沒有勇氣。我想要抓著他的手，但是他已經準備離開我：「我稍後是否能完全的離開這一切？一旦我到達神的最終住所，我是否能很快的拋棄一切？」

當你的頭腦處於這樣的狀態下，即使你嘗試牽著我的手，你也無法全然的牽著，你會忙著讓自己擺脫這一切。你想要儘快獲得自由。這樣你將無法到達神的住所，因為那在匆忙的狀態下是不會發生的。這些事需要很大的耐心，很大的內在寧靜，無限的平靜。

所以首先：我很難牽著Shyam Kanhaiya的手。這是第一個困難。然而如果透過很大的努力，解決了第一個困難。第二個問題會更大。當我感覺到要他放開我並做最後一躍的時刻已經來到，第二個問題會出現。這會是更大的困難。現在他的問題來自於他的自我，而自我主義不算是大問題。自我主義能有多強大？自我主義就像無物，它是負向的存在，一個影子。它沒有實體，就像黑暗一樣。現在離開黑暗的想法會造成困難，我要求你離開黑暗，我帶著光，站在你面前對你說：「燈在這兒，抓著我的手。」現在你抓著黑暗不放，感覺很難抓住光。

只要想想當你擁有光的那一天，而我要你離開光，進入無窮浩瀚的神性。在那個片刻中，你會再次說：「不。」在我要你離開黑暗前，你會造成很多困難，然而要你離開光時，你會造成更多的麻煩。你怎麼能放棄光和它的喜樂、音樂、慶祝和歡樂？一旦時候到了，師父也會讓你放棄光。

這是非常有趣的。某一天師父還抓著你的手，然後另一天他就要你放開他。後者會是更費力的，然而一旦師父成功的讓你放開他的手，在那之後，弟子將會懷著無盡的感激。實際的情況是，當弟子將自己交給師父的時候，他是感激的；但是當師父放開他的手，弟子的感激會是更無限的，無論弟子必須為此受多少苦——因為師父的手上只有一盞燈，但是當弟子放開那盞燈，他將能得到整個太陽的光。師父的手上有一滴甘露：當弟子放棄那滴甘露，他將能得到整個海洋。

然後弟子將會更感激——因為師父出於他的慈悲而牽著他的手，而現在師父放開了，那是出於更大的慈悲。

而你問：「達到那個狀態後是否還需要它們？」沒有任何保留它們的必要，但是因為弟子對師父的感激——只是因為對師父充滿感激——弟子會繼續保留它們。

佛陀的弟子舍利弗成道了。佛陀要他離開：「現在你走吧。現在你可以離開了。現在不需要和我待在一起了。把地方讓給別人。把訊息散播到每個村莊。把我給你的東西給予別人。」

舍利弗開始哭泣。他說：「請不要這樣對我。」

佛陀回答：「你不會感到不好意思嗎？你是一個佛卻在流淚！你現在已經成道了——為什麼要哭泣？」

但是舍利弗繼續像小孩一樣的哭著。他懇求：「請不要叫我離開。我寧願相信我並沒有成道。請不要趕走我。我寧願沒有成道。」

佛陀說：「你說你還沒有成道，你以為我會被騙嗎？這些把戲沒有用。你已經成道了。現在無論你哭泣還是捶胸頓足，這都是沒有意義的。你必須離開。這是必須的。去喚醒別人。你能執著我多久？」

舍利弗必須離開。他哭著離開。他一定是一個非凡的人，因為在成道後哭泣是一個非比尋常的現象。他擁有多麼大的感激之情啊！他離開了，但無論他在哪兒，他每天早晚都會向佛陀所在的方向頂禮。他的弟子會問他：「你是成道的人。佛陀也說你成道了。所以你是在向誰頂禮？你在做什麼？每天早晚，無論佛陀可能在哪兒：如果他在菩提迦耶，你就會向那個方向頂禮，如果他在某個地方，你就會向那個地方頂禮。」

舍利弗總是回答：「是因為他的慈悲而使我成道。無論發生任何事，都是因為他的恩典。我無法忘掉他的慈悲。」

你會說：「為什麼現在還需要這樣做？」你不了解，因為你是一個生意人。你會說：「一旦有需要，我會向你頂禮，但是現在並不需要——所以我為什麼要向你頂禮？」你有想過你在說什麼嗎？這些關係是因為需要才有的嗎？如果是這樣，那你並不知道愛是什麼。愛不是因為需要而有的關係，是因為愛而使神的最終住所的花朵綻放。只有愛能使花朵綻放。這不是在談生意——如果關係到你的利益，你就會問候某個人：「勝利屬於你內在的自己」——一旦無法為你帶來任何利益，你會忘記問候，因為你不會有興趣。

這就是你的狀況，不是嗎？當你在路上遇到某人，你為了自身的利益而問候他。

雖然你的問候是虛假的。如果沒有任何利益可圖，你甚至不會說：「勝利屬於內在的神。」你說：「我和這個人有業務上的往來。」——他是一個銀行經理、稅務員或行政官員。「我和這個人有業務上的往來。一旦我達到目的，我會讓他知道！但是現在我必須問候他。」

你會用這樣的方式問候師父嗎？如果你這樣做，那你就不算一個弟子，你並沒有把師父當成師父。

「橘袍、項鍊和師父⋯⋯」「幫助」不是一個正確的字，詢問它們帶來的幫助是不正確的。這些都只是你臣服的象徵。有的人沒有穿橘袍也成道了；所以詢問它們帶來的幫助是不正確的。耶穌成道了；馬哈維亞沒有穿衣服也成道了。佛陀穿的是黃色的衣服。所以穿著不會有幫不幫助的問題。它們只是你臣服的象徵。你說：「現在我會依照師父的指示過生活。現在師父的顏色就是我的顏色。現在如果師父說橘色，那就是橘色。」這只是建議、暗示、表示你：「我準備為自己上色——包括內在。外表只是一個我已經準備為自己上色的表示。我怎麼可能傳達我的內在？所以我只能透過外在來表示。」

當你抱著某人時會說什麼？你會說讓骨頭和骨頭會合嗎？畢竟看起來只是骨頭靠在一起。當兩個人擁抱，他們的胸膛靠在一起，他們的骨頭和皮膚靠在一起。但這是你想要傳達的嗎？不。你是在說：「讓骨頭靠在一起，那沒有問題，它們是外在的，但是我們要的是心的會合、靈魂的會合。」外在所發生的只是一個關於內在的暗示。

當你牽著某個人的手，你的手和對方的手的接觸並不會產生愛。可能會產生一些汗水——但是你傳達了一個訊息：外在的動作只是象徵性的，表示我們想要透過同樣的方式在內在會合，如同我們的手牽在一起。外在只是一個象徵。

這些橘袍和項鍊是你臣服的表示，向我和世界宣告你提著空袋子站著——打開的袋子，如果祝福灑落，你就可以用袋子裝滿它，你已經準備歡迎它。你已經把門打開，如果客人來了，他就不會被擋在門外。你已經變成主人，你在等待客人到來。這就是它們所要傳達的。

這個傳達將會帶來結果，重要的結果。我們必須透過某個方式表現出藏在我們內在的，因為沒有任何可以表達內在的語言。

你注意過嗎？當你感覺你是臣服某個人的，你會彎下身把頭放在他的腳旁。現在，頭部是外在的，雙腳也是外在的，所以你在做什麼？但是外在的象徵會提供關於內在的資訊：在我內心裡，我向這個人頂禮。然而當你對某個人感到憤怒，你會想把腳放在他的頭上。這是完全不同的，現在你想要跳到他上面，踐踏他的頭，使他整個人倒下來。至少你得脫下鞋子打他的頭！這也是一個象徵——一個相反的象徵。你是在說：「現在我已經毀了這個人的名譽。」把鞋子放在某個人的頭上和用鞋子打他的頭的差別在哪兒？鞋子怎麼能侮辱人？這些只是象徵，它們攜帶著關於你的內在狀態的資訊。

橘袍也是象徵；它們只是顯示出你的謙卑。穿它們並沒有任何科學上的原因。穿它們不會使你成道，不穿也不會使你不成道。它們不是原因，它們只是充滿詩意的象徵。我不是在教你們科學，我是在教你們生命的詩。

噢，不滅的、不死的，

噢，獻上我的雙眼、我的心，
我何時才能看到祢？
噢，我和諧呼吸的甜蜜感動……
祢是不存在的，
我微微的舉高雙手。
祢是最終的能量，
我是一個渴望、一個希望的能量。
祢是永恆的，
我是獻給祢數千次的片刻。
祢是行為的法則，
我是臣服的、永遠新鮮的。

這些話只是表示你臣服了。

奧修，你透過許多方式、透過這個方式和那個方式，不斷的說著同樣的事，真理需要這麼多文字嗎？

真理一個字都不需要。真理永遠無法用文字表達。真理是超越文字的。那就是為什麼會有這麼多談論它的方式。用這個方式可能無法使你了解，你可能需要透過另一個方式。你可能無法透過這個方向看見它，但也許你會透過另一個方向看見它。如果你無法透過這個方式看到它，那也許其他方式會有幫助。也許是莎訶若的方式、達雅的方式、馬哈維亞的方式或佛陀的方式…也許是耶穌的方式——我會用任何方式使你了解。如果你這次錯過了，我會再透過其他方式幫助你。那些我所說出來的，它們是無法被說出來的。我總是必須對你說那些無法被說的。但如果我保持沉默，那你就不可能了解。

真理無法被文字包含，但是如果文字不斷的衝擊到你，那你內在裡的那個人將會開始甦醒，你內在裡甦醒的那個人將會了解。文字是打擊。

用這個方式了解。你在睡覺前設定鬧鐘。早上鬧鐘響了。精明的人聽到鬧鐘響起的聲音，但是他們仍然不想起床。他們總會找到避開的方法。他們可能夢到他們在廟宇裡面，而廟裡的鐘聲響了，所以如果鬧鐘響起，他們會透過這樣的方式忽略它。當他們九點起床，他們會納悶鬧鐘怎麼了。當鬧鐘響起，他們找到一個藉口，他們創造一個夢，用那個夢掩蓋鬧鐘的響聲。鬧鐘本身無法使你起床，但如果你想起床，它會有很大的幫助。就好像某個人推了你。

你看過新式的鬧鐘嗎？它們是不同的。舊式的鬧鐘會響五到十分鐘。那沒有用。心理學家說一個人只會在鬧鐘第一次響起時醒來。一旦第一次響聲無法喚醒他，那接下來的十分鐘不會有任何事發生。如果他聽了第一分鐘的響聲，然後進入夢鄉，那個夢會持續十分鐘。而新式的鬧鐘則會響起再停止、響起再停止、響起…所以如果你錯過第一次，第二次可能會喚醒你；如果不是第二次，那可能是第三次。鬧鐘會響十分鐘，但間隔加起來有二分鐘。它是更有效的。

心理學實驗發現這種方式可以讓更多人醒來——因為如果你用一個夢欺騙自己，

一旦鬧鐘再次響起，你就得尋找另一個夢。你騙了自己一次，但是你能騙幾次？沒多久，你做夢的能力就會到了尾聲。你無法一直進入廟宇。下次鬧鐘響起，那個想法會變得無趣。你會納悶你為什麼要去這麼多次廟宇——為什麼鐘聲響了這麼多次。你會開始懷疑。

那就是為什麼我不會一直談論奉獻，否則你會睡著。我不會一直談論靜心或觀照。最近我談論列子。那會對某些人有用，幫助他們醒來。對於那些沒醒來的人，事情在那兒結束了——對他們談論列子沒有意義，所以稍後我會談論達雅、阿旭塔瓦卡、克理虛納。

我用許多不同的方式談論…你的問題是正確的：我透過這麼多方式所談的是同一件事，完全相同的事——我沒有其他要說的。但是你如此熟睡以致於我必須不斷的呼喚你。我可以保持沉默，但如果你不了解我的談話，你又怎麼能了解我的沉默？

真理無法被文字包含，但如果某個人想要了解，它甚至可以藉由文字穿透他。真理只會透過寧靜顯現，但如果某個人不想了解，那麼寧靜似乎會是完全空無的；不會有任何訊息透過它傳達。很多成道者是保持沉默的，但是誰能了解他們的沉默？有少許的成道者說了話。如果他們對一百個人說話，有九十九個人是不了解的。但是即使只有一個人了解，那就夠了。即使只有一個人醒來，那就足夠了。一個連鎖被建立了：某個人覺醒了，然後那個人會再喚醒另一個人。

當你覺醒了，不要坐在那兒想著文字是沒有價值的。不，要有這樣的慈悲——如果你對一百個人下工夫，只要有一個人醒來，那就夠了。在這個世界上，即使只有喚醒一個人也是一個非常罕見的事件——因為如果一個人醒來，他就成了一個神的廟宇。他的氛圍將會擴散，波浪會升起，光會灑落，芬芳會四處散播。他的音樂將會四處回響著，某個人可能會因為那個音樂而覺醒。一個連鎖開始了。

此外，那些文字是屬於神的，一切都是屬於神的。真理是神的……文字也是……還有無物。

用一些散沫花編織的圖案，
或婚禮的印記裝飾前額，
祢已經創造了文字。
「Pre-m」——愛——是兩個原本無意義的音節，
而祢給了它意義。
「Main」——我——黑暗的聲音，令人痛苦的洞穴，
祢已經給了它新的生命，
祢已經填滿它。
擁抱的圓，
就像圍繞著神聖的婚禮篝火，
文字的吸引力，
就像迴繞在拂曉的神聖咒語，
祢創造了文字。
就像一片永恆的榕樹葉，
在奔馳的浪頭上，

祢創造了文字。

文字屬於神，就如同寧靜也屬於神。所以如果你想要覺醒，文字會有幫助。如果你想要覺醒，寧靜會有幫助。但如果你不想覺醒，如果你拒絕醒來，那就沒有任何東西可以幫助你。確實，你是想覺醒的，否則你為什麼要走這麼遠？你為什麼要旅行了這麼久？在你的內在某處有一個渴望，在你內在的存在中有一個空，某個人呼喚你要啓程了。

有一天你會開始了解寧靜，我會坐在寧靜裡，我會透過寧靜説著同樣的事，就如同現在我透過文字所説的。我所説的會是相同的：沒有其他要説的。但是現在你無法了解我的話語。文字是粗糙的，寧靜是精妙的。文字是有形的，寧靜是無形的。現在你甚至無法捕捉到有形的，你的雙眼甚至無法看著有形的。如果讓你和無形的在一起，你會完全不知所措。

我可以了解提問者的困難。那是因為提問者並未用它們喚醒自己，而是在累積我説過的話語。這只是增加你理智上的負擔。你學到更多，你得到更多資訊。你增加了資訊，而不是了解。漸漸的，你變成充滿文字的；你開始向別人解釋——雖然你自己還不了解。漸漸的，你變成一個偉大的理論家，一個學者，但是你還不熟悉真理。這是你的問題。

記住這個：不要把我的文字編纂成經典，不要把我的文字變成學術研究。如果你這樣做，你不但無法覺醒，相反的，你做了更多幫助睡眠的安排。就好像鬧鐘會使你更熟睡，而不是喚醒你。這種鬧鐘已經製造出來了，它們是存在的。

一個朋友帶給我一個有鬧鐘功能的收音機。如果你把鬧鐘設在六點，它會播放適合的音樂，維納琴的樂曲。連刺耳的噪音都無法喚醒你，如果播放著維納琴的琴聲，你會以為是你的母親在唱搖籃曲。你會翻過身，把毯子蓋住頭，變得更舒適。你會說：「太棒了！」你的睡眠本來要結束了，但現在它會繼續。

我不是在這兒唱搖籃曲。我在這兒的所有努力是要喚醒你。那就是為什麼我有時候甚至會打擊你、敦促你。有時候你會感到受傷，有時候怒氣在你裡面沸騰著，有時候你是憤怒的。那是自然的。當某個人被叫醒，其他人就必須忍受他的不悅。

你有試著叫醒某個人嗎？在他上床前，他可能要你早上五點叫醒他，但是當你叫醒他，他的反應就好像你是他的敵人。是他要你這樣做的，但是沒有人想要自己的睡眠被打斷。這就是你的睡眠，一個心靈上的睡眠。

聆聽我的話語。感受它們的打擊。用它們喚醒自己。如果你不想覺醒，至少不要累積我說過的話語，不要成為像他們一樣的學者——而是忘掉它們。它們已經沒有用了。我會再談論——聆聽那些文字的打擊。不要來我這兒卻成了一個學者——因為即使罪人也可能到達彼岸，但是學者永遠無法到達。

一匙日光或一撮芬芳，
如果可以，用你的手盛著它們。
它們可能是無聲的，但是音節仍然可以說話，
仍然可以在正確的時機談論被隱藏的意義。
一勺月光，一啜節拍，

如果可以，用你的手盛著它們。
當草生長，它必須向上生長，
往下燃燒的火燄一定會熄滅。
拉格音樂、春天、芒果樹的開花，
如果可以，用你的手盛著它們。

我把燃燒中的煤炭遞給你。如果你可以用手盛著它們，它們會喚醒你，它們不會讓你睡著。

一匙日光或一撮芬芳，
如果可以，用你的手盛著它們。

但是不要把它們變成知識，否則燃燒中的煤炭會變成灰燼。知識就是灰燼，覺知則是燃燒中的煤炭。當我對你說某些東西，從我這邊來看，它是燃燒中的煤炭。那由你決定——你是否把它們當成燃燒中的煤炭，用你的心盛著它們，你是否要讓那些打擊發生作用，你是否要讓它們弄傷你，你是否會在震驚中醒來，或者你是否會把它們變成灰燼，收在保險箱裡，因為攜帶著這個負擔而變得更博學。一切都由你決定。無論我說了什麼，當我說了它們，它們就脫離了我的控制。然後要怎麼使用它們，要如何利用它們，由你決定。

提問者一定是在累積學術知識——那就是為什麼會突然有這樣的焦躁。不要收集知識。你可以聆聽我說的話並覺醒，或者你不想覺醒，忘掉我說過的話。不要把它變成記憶的一部份。不要攜帶著記憶的負擔。如果你開始把我的話當成負擔並攜帶著，那情況會很困難。我明天會再對你們說話，而你的負擔變得如此龐大，以致於我說的話無法進入你。它會像萬里長城，聳立在我所要傳達的意義和你之間。

那些已經收集大量知識的人無法聽到我所說的。他們失去了聽的能力。應該要聆聽的時候，他們總會說：「這個我知道，我聽過了。我已經知道了：它的出處在奧義書裡，在可蘭經裡、這個就是聖經說的。」當我說話時，他們不斷思考它們的出處，他們在哪兒看過，他們在哪兒聽過……

當我說話時，不要浪費時間想要得到任何結果，你會因為內在的喋喋不休錯過。

奧修，人格和個體性的差別在哪兒？

人格是從外在強加的東西；你把它強加到你自己身上，是你從外在得到的。個體性是內在的開花；不是你強加到自己的，你沒有得到它，你只是讓它顯現。

人格就像塑膠花；個體性就像玫瑰叢裡的玫瑰。個體性是有生氣的；人格是死的。無論它看起來多麼神聖——它可以看起來是神聖的——人格總是死的、膚淺的、從外在強加的、虛假的。個體性有一種真實性——它是你私人的觸碰。它來自於你的存在，它的根就在你裡面。

我全部的教導都是支持個體性的——完全不在乎人格。我完全強調的是靜心，不是道德觀——因為透過靜心，那個沉睡在你裡面的將會自行覺醒。因為它的覺醒，你的人格也會改變，但是這個改變不會只是表面上的，它會是來自你的內在。如果某個東西被拋棄，它被拋棄是因為一道了解的光芒已經降臨於你。我們通常做的剛好相反：如果我們必須拋棄某個東西，我們會透過練習。

一個朋友來找我。他有煙癮。他一直想要戒掉。某個人告訴他，如果他無法戒掉煙癮，他應該對別的東西上癮，以便因此而拋棄煙癮。所以他開始抽鼻煙。他停止抽菸了，但現在他一直和鼻煙盒在一起。

我問他：「這有什麼意義？你先是虐待你的嘴，現在你虐待鼻子。這個虐待繼續著，沒有任何事改變。」

他問：「我要如何停止？」

我說：「學點別的東西！如果你開始嚼菸葉，你就能停止抽鼻煙了。」

但這是真的停止嗎？這是沒有意義的。人們說你應該停止抽菸，因為它是有害的，但是他們不了解為什麼抽菸如此吸引你。

你有注意過你何時會抽菸嗎？總會是你悲傷、焦躁、內在不平靜、無法決定做或不做的時候…所以你點了一根菸，吸入煙再吐出煙。它讓你有事可做。當你憂慮時，你會抽更多的菸。當你不憂慮，你會抽比較少的菸。所以真正的問題和香菸無關，真正的問題是如何不用再擔心任何事，如何去除你的憂慮。一旦某個人停止抽菸，你可以要求他抽一百萬次菸，你可以對他說每抽一支菸就給他一百盧比，但他會說：「你覺得我瘋了嗎？我為什麼要抽菸？我為什麼要吸入和吐出這些有毒的氣體？」

但試著了解抽菸的人。或者你自己有抽菸，觀察自己憂慮時，你會抽更多的菸。當你不再憂慮，你會抽更少菸。當你心情愉悅，你會忘掉所有關於抽菸的事。當你心情不好——當你和妻子吵架或是對公司的老闆感到生氣，或者在路上，人群中的某個人推了你，或者某些事出了錯——你抽得更多，除非透過抽菸，否則你會是不舒服的。這表示抽菸只是一個掩飾你的憂慮的方式。如果你不抽菸，但仍持續的憂慮，那你會開始抽鼻煙或做別的事。你做什麼是沒有差別的。

連小孩也做著相同的事，只有一點不同。如果他的母親是生氣的，小孩會很快把拇指放到嘴巴裡。他已經在抽菸了！沒有人會給他菸，他也無法買菸，因為他還在搖籃裡，但是他已經開始抽菸了。這個小孩在未來會是吸菸者。他吸著他的拇指。事實是什麼？他的母親心情不好，他會擔心是否可以再得到母親的乳房。所以他創造出一個虛假的乳房；吸著自己的拇指。他是在說：「不用擔心，我有拇指。我可以吸它。」他會一邊吸吮拇指一邊入睡。當小孩開始吸吮拇指後，他們總是很快就入睡。所以當小孩無法入睡，他會吸吮拇指。

有時候小孩會把毯子的一角放到嘴巴裡，或把玩具放到胸部上，然後入睡。這些習慣已經開始養成——危險的習慣！之後，這些習慣會採用新的外形。當小孩長大，他們會使用新的表達方式。但是在它們背後的根源仍會是憂慮。如果母親真的愛她的小孩，小孩就不會養成這些習慣。通常當小孩把拇指放到嘴巴，母親會把它拉出來——這會使他更憂慮，他會變得更緊張。所以他會很快再把拇指放回去。然後母親會很生氣。她非常不喜歡他這樣做，現在他甚至沒有吸吮拇指的自由。所以罪惡感會在兒時形成。他不斷環顧四週：當母親來了，他會很快抽出拇指，把手藏起來。一旦母親離開，他又會開始吸吮拇指。罪惡感已經進入他的生命。他開始以為他做錯某件事。同樣的，人們抽菸時會感到內疚。他們害怕父母會發現他們所做的事。

你必須了解憂慮是什麼，然後放下它。當你用這個方式拋下你的憂慮，你的個體性會出現一種優雅，然後某些東西會自行消失。

人格的意思是用另一個習慣取代這個習慣。人格的意思是用另一個謊言取代這個謊言。人格的意思是你繼續從外在掩飾自己，但是你不向內看，你沒有瞥見你內在的存在。

個體性的意思是尋找某個已經在你裡面的東西。如果你憂慮，那就深入它。如果你憤怒，那就深入它。如果你有了性慾，那就確認它；不要強迫自己許下禁慾的誓言。立誓禁慾並不會得到什麼：你的性慾不會改變，你內在的混亂只會持續增加。你的性慾會待在原來的地方，禁慾會被添加到裡面。你會是更分裂的、更破碎的；會有更多的衝突，你的內在會揚起困惑和憂慮的波浪。不，你必須了解性慾的本質。

試著了解那個不同。如果你去了寺廟，許下禁慾的誓言，這是在形成人格——因為如果你了解到性慾是沒有意義的，那就沒有需要發誓，整件事會結束。但如果你了解到它是沒有意義的，如果你經驗到它是沒有意義的，如果有一天你突然發現它是不重要的——不是因為馬哈維亞這樣說，不是因為佛陀這樣說，而是因為你自己知道了——那一天，禁慾會在你的生命中出現。禁慾是真實的花朵。它是個體性，它是樹叢裡綻放的玫瑰。

去廟裡發誓——在某個聖人或某群人面前，你發誓從現在開始禁慾，這只是一朵塑膠花。內心裡，性慾的荊棘持續刺痛著你。

生命是一條河或一條溪流，

不是一個海洋。
但是它有兩種。
一種會長途旅行，
然後遇到冰，
它變成了冰，
不再移動。
它可能是神聖的、聖潔的，
但它不是生命的本質，
它只是形成一種人格。
而另一種，火在它裡面流動著，
帶著喜悅的浪濤，勇敢的發出轟隆聲。
愛的暴風掃過它，
吹動著整排樹。
那些被煤灰弄髒的，
它們也被洗滌了。
在這個流動的火之中，
這個溪流就是生命的溪流。

其中一個是人格：它是沒有價值的、沒有意義的、強加的，它的深度不會超過你的皮膚。如果你刮了它，你會發現在它底下的混亂，完全的騷動著。個體性的經驗、本性的經驗一直是相同的——無論你怎麼刮它。從皮膚到靈魂，個體性都只有一種經驗；非二分的一。它只有一種經驗。無論你往一個有個體性的人裡面挖掘得多深，你只會發現愛——無論你到了多深的地方。但是不要把同樣的方式用在只有人格的人。他的愛會是膚淺的：如果你稍微刮一下他的皮膚，你會看到憤怒、憎恨和敵意。

遠離只有人格的人。一個倚賴人格的人是不能信任的。他是一個虛假的人。他就像不會褪色的衣服；如果你穿它們，你會一直擔心被水弄髒、被陽光曬得褪色。人格是一種不褪色的暫時性染料。而個體性是會褪色的。但是只有當這個顏色來自你的內在、你的存在，你才能擁有它。

我所有的努力就是給你個體性，你的真實本性，不是人格。個體性就是靈魂。

奧修，我是一個懷疑主義者。我想要信任，但是它沒有發生。我的頭腦只是出現越來越多的懷疑。請為我指引方向。

不用擔心。懷疑是正常的。懷疑是人的本性。不要譴責它。無論神給了你什麼，都是有用意的。找出那個用意，放下譴責。那些決定和我一起旅行的人必須放棄譴責。和我在一起，不要譴責任何事。如果你懷疑，那我們就利用那個懷疑。如果你有毒藥，我們就用它製造解藥。毒藥可以被當成解藥；需要的是一個有智慧的人。

懷疑的意思是什麼？懷疑只是表示你是深思熟慮的，不是盲目的；懷疑的意思是你不會接受一切。那是完全正確的。那有什麼錯？為什麼這會困擾你？不需要完全接受一切。

我甚至不會要你接受神。我所要對你說的是仔細的了解你的生活。你會發現它是空虛的。如果你真的深入觀察它，你會發現裡面只有灰燼，沒別的了。然後你的腦中會浮現一個問題，沒有別種生活嗎？如果你真的是一個懷疑主義者，透過懷疑去仔細的檢視你的生命。懷疑你目前所認知的愛：問自己這是否就是愛。到目前為止，你所做的只是賺錢：懷疑你的財富。查明它是否是真正的財富，還是你只是在收集陶器的碎片，當死亡明天來到，你將會一無所有。利用你的懷疑，你的猜疑，去了解你是如何過著目前的生活。你會感到驚訝。如果你將懷疑用在自己的世界，你將很難繼續維持是個俗世之人。

但是你一直在做什麼？你一直在做相反的事。你信任俗世而懷疑神。改變一下方向。懷疑俗世，然後你會突然發現你對於俗世的信任會開始尋求一個新的焦點。信任必須聚焦在別的地方。

到目前為止，我還沒遇過完全沒有信任的人，我也沒遇過完全不會懷疑的人。它們總是同時出現，事實上也應該如此。兩者是同一枚硬幣的兩面。懷疑和信任就像黑夜和白天。它們的差別是什麼？宗教性的人會懷疑俗世，信任神；非宗教性的人則是懷疑神，信任俗世。這是唯一的差別。沒別的了。這兩種人同時擁有這兩種品質。一切由你決定！

我現在不會對你談論信任，因為你說信任還沒發生。不要管它。對你而言，懷疑會很容易出現，所以享受懷疑，懷疑俗世。用懷疑填滿你的生命。你會感到驚訝：一旦你懷疑俗世，你會開始發現一切都是虛假的、微不足道的。地位、榮耀和尊敬似乎變成毫無意義的。你突然發現眼前開啓了一個信任的新向度。

懷疑是窗口，
理智透過它凝視著那些超越它的極限的。
然而因為它的口齒不清，
它無法正確的談論真理。
懷疑是樓梯，
而信任是最高的樓層。
懷疑曾經被當成罪惡，
但現在我們愛著它，
並憎恨那些不用懷疑的。
宗教一再的落入黑暗中，
透過懷疑，我們再次發現它。
一而再，再而三的。

懷疑是樓梯，而信任是最高的樓層。把你的懷疑變成樓梯。懷疑財富、然後你會開始信任靜心。

一個年輕人昨天成為桑雅士。他的名字是Dhanesh，財富的統治者。我把他的名字改為Dhyanesh，靜心的統治者。嗯…！現在一切都結束了！現在他可以遠離財富，走向靜心。

你非常信任身體——開始懷疑它。一旦你懷疑身體，你怎麼能不信任靈魂？所以我不會對你說不應該有任何懷疑，就像你所謂的聖雄在做的。他們什麼都不知道。我要對你說：正確的利用你的懷疑。你一定會在生命中遇到很多令你懷疑的情況。整個生命是值得懷疑的。剝開每一層去觀察。在懷疑的幫助下，你會發現你已經相信神、信任神。

學著說「不」。然後「是」也會來到。當你的「不」是有力的，你將發現「是」也會來到。

所以不要害怕，不要因為你的憂慮而煩惱。我甚至準備讓無神論者成為桑雅士，因為就我所看到的，無神論者常常比信仰者更虔誠。信仰者更常是偽君子。無神論者也可以是偽君子——不是在印度，但是在俄羅斯是這樣。在印度很難成為無神論者。在這兒，即使無神論者也會假裝是信仰者，因為這是比較方便的。在這兒，到處都是信仰者，所以當一個無神論者是非常麻煩的！在印度只有非常勇敢的人可以當無神論者。

如果你是懷疑主義者，一個無神論者，充滿懷疑的，那麼我的桑雅士之門會向你敞開。我告訴你，你不會在這個世界中找到任何願意點化你成為桑雅士的人——因為可以接受無神論者的人已經從這個世界上消失了。但是這個聖殿是對每個人敞開的，你可以進來。我們會用你的懷疑製作一個樓梯。你可以使用這些梯階到達聖殿。隨時記住一件事：無論神給了什麼，都不會是沒有用的，即便你不知道它的用處。找出它的用處。無論它是什麼，一定有某些用處。

我曾聽說：

在一個家族中，某個特別的樂器被保留了好幾代。它看起來像是西塔琴，但是它有非常多的弦，而且它很巨大——家族中沒有人知道如何彈奏它。它佔據了房子很大的空間——一半的客廳——上面積滿了灰塵。如果小孩玩它，整個家族都會被吵到。如果老鼠在半夜跳到它上面，它會打擾到他們的睡眠。最後他們決定扔了它，因為只是把它放在那兒有什麼意義？所以他們把它搬走，和垃圾放在一起。

在他們還沒進屋前，他們聽到了所聽到過的最美妙的聲音。他們呆站在那兒，完全被吸引了。然後他們趕回去。已經有一大群人聚在那兒。一個路過的乞丐把那個樂器拿起來並開始彈奏它。每個人出神的在那兒站了一小時。當乞丐彈奏完，樂器的原主人試著要從乞丐那兒把樂器拿回去，宣稱那是屬於他們的。他們首次了解到這個樂器有多麼獨特。沒有人曾經聽過這種音樂。

但乞丐說：「樂器只能屬於某個知道如何彈奏它的人。你們丟了它。你沒有主張它是你的。就算你擁有它，你能做什麼？它只會再次佔據你們房子的空間。樂器屬於一個知道如何彈奏它的人。」

我要告訴你們，生命也屬於一個知道如何彈奏它的人。在這兒沒有任何東西是沒有意義的。即便懷疑也不是毫無價值的。不要扔掉它，我們可以用它作一個樓梯。有一天，這些梯階會帶著你抵達真理。

奧修，我從沒想過我的心會留在你的聚會中，我原本打算看一眼後就離開。

你的心留在這兒是好的——因為如果你只是看了一眼後回來，那只是表示一件事：你沒有完全仔細看過。即使你是在一瞬間看到我，你的心也會留在這兒。即使你只有一個呼吸和我的呼吸是和諧一致的，你也會把心留在這兒，和我在一起。即使我們的眼神只有一次相會，你的心也會留在這兒——它一定會。這兒的整個安排就是透過某個方式讓你的心留在這兒。

這個新來的陌生人是誰？
誰進入了我的夢世界，在我眼皮的遮掩下度過了一夜？
誰在我內心的孤獨沙漠中建起了一座聖殿，慶祝另一個流逝的年度？
在我的渴望的灼熱地面上，誰把感覺的財富浪費在我赤裸的、空虛的貧乏之中？
什麼雨季的濃厚雲層會聚集在我的天空？
誰在我的庭院中唱著奇妙的愛之歌？
在盤旋突出的濃厚黑雲中籠罩著誰的絕望呼喊？
誰打敗了我、誰贏了我、誰騙了我？
我在一開始就失去了心的鑽石。
是誰的腳步聲使我的孤獨受到驚嚇？
就好像我的心的呆滯從它的詛咒中解脫？
這個腳下藏著祝福碰觸的羅摩是誰？
這個新來的陌生人是誰？
誰進入了我的夢世界，在我眼皮的遮掩下度過了一夜？

你的心已經獨自沉睡了很長的一段時間。你的心之維納琴已經很久沒彈奏了。你來這兒是好的。你以為你大略看一下後就會離開——這個努力是好的⋯

奇蹟會發生在日常生活中。有時候是一道突如其來的光芒進入你的生命。有時候是神不請自來，敲了你的門。你並不知道，你並沒有等待，有時候你的手會掉到神的手上。那時，要鼓起勇氣。不要害怕。立刻和這個未知的陌生人踏上旅程。不要帶著你的心逃跑。你的理智會要你逃走。理智是巨大的懦弱，它會說：「你為什麼要陷進去？逃走！」不要逃，如果你逃走，你會錯過你命運的黎明。你是幸運的，因為你的心被留在這兒。

我的愛人，因為祢的來到，
這個生命開始像是生命。

如果你鼓起一點勇氣，你的生命中將會誕生一個新的光、新的看法、新的歌。

我的愛人，因為祢的來到，
這個生命開始像是生命。
由於祢對我傾注的慈悲，
每個季節就像五月的細雨一樣可愛。
在這之前，什麼是我繼續活下去的藉口？
生命是一個負擔，一個呼吸的債，
一切會透過某個方式償還。

但是現在我們相遇了，
一切都像是神聖的慶典。

留下來。不要逃走。生命可以成為一個慶典。生命可以變成神聖的。

沒有祢，生命的嘉年華會就像孤寂的火葬場，
痛苦不斷的增加。
但是現在我們相遇了，
一切都像是神聖的慶典。

這就是我要的：你不逃離世界，你不離開俗世，這兒的人群使你的心感到愉快，
你可以在人群中看到神，即使生命中最瑣碎的事也變成一個膜拜、一個鞠躬。

在這之前，我的生命就像一條蛇，
我內心的悲傷就像變成石頭的艾喜亞。
生命就像一個中止的旅程，永遠無法到達神。
當它感受到祢的碰觸，我石化的心再次有了生氣。
我的生命原本是悲慘的，
但是當祢來到，它變成了一個慶祝。
我的生命是深不可測的黑暗，

但是當祢來到，光也跟著來到。

由於拉哈的存在，克理虛納似乎又回到戈庫爾。

如果你的心留在這兒，就讓它留在這兒。帶著你的理智離開——因為我不擔心你的理智。如果你的愛留在這兒，那麼你存在的細線將會放在我的手上，然後我將能轉變你——那一點都不困難。轉變是毫無疑問的：你可以確信轉變一定會發生，因為所有的轉變來自於你的心，而所有的阻礙來自於你的理智。所以帶著你的理智離開，當你回來，不要帶著它；把它留在家裡。把你的心留在這兒。

我已經為你的衣服上了顏色，現在我要為你的心上色。我是一個染色工。如果你準備好了，我會把你的心塗上神的顏色。當你的心被上了色，只有那時，你石頭般的生命才會有了生氣，你的意識才會甦醒，一道光芒才會進入你的空陶燈。

這個生命是一個潛力——一個成為最終廟宇的潛力。不要滿足於比那個更少的，不要安定在比那個更少的。使你的不滿足覺醒。保持不滿足的，直到神完全的進入你。對世界感到滿足，對神則保持不滿足。這個渴將會使你全神貫注、將會喚醒你、將會轉變你。

第七章 無數個太陽的光芒

師父對達雅說：
許下烏龜的誓言，
離開妳的感官，
覺知妳的呼吸。

沒有話語、手上沒有任何念珠，
內心裡持續的記住。
只有很少人經驗到這個，
這是師父的恩典，達雅說。

當弟子唱誦著無法唱誦的咒語，
在他的蓮之心中保持覺知，
純粹的知識在那兒顯現著，
移除了所有黑暗的污垢。

在沒有死亡和火焰的地方，
在沒有冷和熱的地方，噢，我的弟兄，

看著我的家，我最終的住所，
生命無法理解的神祕顯現了，達雅說。

看著愛人無與倫比的美，
千萬個太陽的光芒照耀著。
生命中所有的痛苦都被消除了，
快樂的本質是明顯可見的，達雅說。

無數個太陽的光芒，
非凡的光芒顯現著，
令人眼花撩亂，
但是頭腦變得冷靜和清涼。

沒有閃電的無數光芒，
它是沒有雲的雨。
不停著觀察這個，
我的心是愉悅的，達雅說。

世界是一個謊言，
虛假的井以身體的形式存在。
你就是意識，
至妙喜樂的住所。

這個人傷害了我，那個人傷害了我，
但是我找不到人可以安慰我受傷的心。
沒有愛的燈油，燈火熄滅了，
它們的燈芯處於未點燃的狀態。
光的仙女被幽禁在黑夜中的無人監獄。
黑暗控制了每個家，
到處都找不到微笑的光芒。
奉獻之火會在哪兒點燃？
誰能為我戴上光的王冠？
誰能給予旋繞的光，使我沒有月亮的夜晚變成滿月的夜晚？

師父使你沒有月亮的夜晚變成滿月的夜晚。師父用光填滿你的黑暗。師父將你真實身分的線索給了你。

在今天的經文中，達雅談到了師父的恩典，發生在她身上的一切是因為他的恩典。這些話語是獨一無二的，因為它們是靜心的精髓。如果你能了解，將會有大量的光照耀你的生命。如果你能了解，你也能浸沒在最終的喜樂中。如同達雅說的：

沒有閃電的無數光芒，
它是沒有雲的雨。
不停著觀察這個，

我的心是愉悅的，達雅說。

你已經踏上你的旅程，你的種子和她的種子是相同的。你的潛力和她一樣。你的種子可能不會掉到適合的土壤或遇到適合的園丁；你可能不會在適合的季節種下它，或者它可能還沒得到需要的日光⋯所以它仍是一粒種子，然而一旦它開始發芽，你的內在將同樣會有無數個太陽的光芒照耀著。一旦它發芽，你的心也會是愉悅的。一旦「不停著觀察這個」成為你自己的了解，成為你自己的經驗，一旦甘露灑落在你身上，只有那時，你才能覺知到生命中到目前為止所承受過的痛苦：「這個人傷害了我，那個人傷害了我⋯」

無論你到了哪兒，你得到的只有傷害。你的心從未感到愉悅；你得到的只有荊棘，即使是那些你愛的人，你的心從未感到愉悅。有時候財富傷害了你，有時候你的地位、你的親戚——你疼愛的人、你擁有的——有時候是陌生人⋯這個人或那個人，他們都傷害了你。你的胸膛傷痕累累的行走著。那就是為什麼你不向內看——因為你的內在中只有傷口，沒別的了。覺醒者可能對你說了一百萬次，要你向內看，但是你不會這樣做，因為你知道那兒沒有光：沒有月亮、星星、沒有無數個太陽的光芒⋯那兒只有濃厚的黑暗；傷口的膿和淚水，不斷流膿的傷口，你已經累積了無數世。

只要你還認為你可以從別人那兒得到快樂，同樣的事將會不斷的發生：

這個人傷害了我，那個人傷害了我，
但是我找不到人可以安慰我受傷的心。

只要你還認為別人可以帶給你快樂，你就會受到傷害。快樂是你的本性。如果可以從別人那兒得到快樂，你現在早就得到了。累世以來你一直拿著行乞鉢向別人行乞——你從未擔心他們也在向你行乞。你向他們行乞——站在乞丐面前的乞丐。你乞求妻子給你快樂；她乞求你給她快樂。這樣的盲目已經非常深入。如果你的妻子可以給你快樂，她還會向你要求快樂嗎？如果你可以給她快樂，你還會向她要求快樂嗎？我們只會要求那些我們沒有的。我們給予別人我們擁有的；我們要求我們沒有的。

如果你張開眼睛仔細看，你會發現世界上的每個人都在要求快樂，都在要求愛。但是人們沒有快樂也沒有愛：那個要求就是錯誤的。然而因為你不斷向外乞求，你甚至不記得你乞求的正是你的本性。

這個革命稱為宗教。一旦你記起來：「我必須停止乞求；我必須向內看，我必須完全的探究我是誰。外在所找不到的，可能就在我的內在⋯⋯」它一直在你的內在。你甚至不去找找它是否已經在那兒，因為我們只能要求某個深藏在我們某處的經驗。

整個宇宙都在尋找喜樂。如果你從不知道喜樂，從未經驗過它；如果你從未和喜樂有過任何聯繫，從沒有⋯⋯沒有人會去尋找完全一無所知的——你怎麼能夠尋找？你怎麼能尋找某個你完全沒概念的東西：沒有地址、沒有行蹤？在你的內在深處一定有某個回音。在某處，在你內心的黑暗下方有一盞燈燃燒著。有時候，有意或無意的，你瞥見到它。有時候它甚至會發生在當你以為這次你可以從別人那兒得到快樂時——但那也是同樣的瞥見，你只是誤解了。

有時候聽某些音樂使你感到快樂。但是音樂怎麼能給你快樂？當你在聽音樂，某件事發生了。聽著音樂，你淹沒在自己的汁液中——音樂變成一個藉口。因為這個音樂，你忘了煩惱、家庭、世界的瘋狂競爭、你世俗的問題。音樂使你忘了世界。一旦一個人忘了世界，他會開始記住自己，是因為這個記住使他感到快樂。

沒有人可以從音樂中得到快樂。快樂來自於內在；音樂只是藉口。同樣的，有時候人會透過性得到快樂。這個快樂也是來自於內在；做愛只是藉口。每當你找到任何快樂，每當快樂的光芒照耀著你的生命——一個小小的、短暫的瞥見——它一直是來自你的內在。但是你的雙眼一直著重在外在，所以每當光出現，你以為它來自外在的某個地方。你誤解了。

你看過狗在啃骨頭嗎？那根乾枯的骨頭什麼都沒有，沒有汁液。但是狗全神貫注的啃著它，如果你試著要把骨頭拿走，牠會生氣。牠會撲向你、攻擊你。乾枯的骨頭沒有汁液，所以牠能得到什麼喜悅？當牠啃著它，牠會傷到自己的嘴巴，因為那會刮傷裡面柔軟的皮膚，牠會流血。然後牠會吸吮著血，以為那來自骨頭。這是正常的，因為本來是沒有血的，直到牠啃了骨頭。這個邏輯是確定的。狗的邏輯跟你一樣。如果狗可以說話，牠會說：「在我用嘴啃骨頭之前，我不知道任何喜悅；直到啃了骨頭後我才有了這個喜悅。所以這個喜悅一定來自於這根骨頭。」然後牠不會放下骨頭，即使骨頭會傷到牠的嘴巴；流出的是牠的血，然後牠吞了下去。

這就是你的狀況。當你因為音樂感到快樂，那其實來自你的內在：你在飲用自己的汁液。當你透過做愛感到愉悅，這個愉悅來自你的內在：你在品嚐自己的汁液。

當你找到快樂⋯也許你在喜馬拉雅山，看著覆雪的高峰，你被征服了，無法言喻的，你的內心突然出現一個喜悅的驚嘆⋯這一瞬間流動的喜悅來自你的內在，山峰只是藉口。喜馬拉雅山平和、安靜、無與倫比的美使你有一瞬間不再受到瘋狂追逐的自我滿足的束縛。一旦那個慾望被打斷，一旦你的頭腦停止運作，即使只有一個片刻，汁液將開始在你的內在流動著。頭腦使你的汁液停止流動。頭腦總是關注別人。每當頭腦停止運作，你對別人的關注會消失，你會立刻掉到自己的最初源頭。而汁液就在那兒流動著。Raso vai sah——在神性中就是Rasa，汁液。

奧義書說：神性就是Rasa。你也是由它所構成，這個汁液。全宇宙都是神性所構成的。從地球上的石頭和小卵石到天空的月亮和星星，從身體到靈魂——一切都是神性構成的。奧義書說：神性就是rasa，汁液。所以我們是由rasa構成的；rasa是我們的本性。一旦我們開始認出自己，將會只有快樂，沒別的了。

宗教的意思是知道自己。世界就是從別人那兒尋找快樂，宗教則是從自己裡面尋找快樂。沒有人在世界裡找到快樂過。那些找到快樂的人是進入自己的人——佛陀、卡比兒、克理虛納、耶穌。只要有人在這個世界上找到快樂，沒有任何例外，原因只會是：那個人進入了自己。他用來進入自己的方法可能是不同的。有些人透過跳舞、有些人透過音樂、有些人透過咒語、有些人透過譚崔、有些人透過奉獻、有些人透過靜心。但無論是什麼方法，終究只是方法。

你到了這兒。有的人坐火車、有的人坐飛機、有的人開車、有的人走路。也許某個人騎馬，另一個人則坐著牛車。你怎麼到這兒不會造成任何差別——你已經到了。一旦你到達了，怎麼到達是無關緊要的。有的人透過奉獻，愛的旅程；有的人透過智慧，靜心的旅程——但是那不會造成任何差別。這些都是方法，喚醒你內在中記住自己的方法。

乾枯的枝幹、乾枯的葉子，
這是哪一種樹？
心在渴望，
沒有找到愛之微風嬉戲般的觸碰。

你的生命就像這樣：
乾枯的枝幹，乾枯的葉子，
這是哪一種樹？

你的一切都是乾枯的，因為你在某處尋找汁液，在你的外在中尋找。汁液來自你的根，它從你的源頭流出。而你已經完全忘記你的源頭——那就是為什麼你乾涸了。你不斷從世界尋找某個東西，但是你什麼也找不到。到達一，你的源頭，你就能找到一切。

師父對達雅說：
許下烏龜的誓言，
離開妳的感官，
覺知妳的呼吸。

對靜心而言，這是一句無與倫比的咒語！了解它。

師父對達雅說：
許下烏龜的誓言……

師父說：「達雅，變得像隻烏龜。」烏龜有一種特別的品質：它會把意識放在自己身上。感官是讓你進入外在的門。如果你張開雙眼，你會向外看；如果你使用耳朵，你會聆聽外在的聲音；如果你攤開雙手，你會碰到某個東西。感官是向外的。雙手無法進入你的內在，雙眼無法看見你的內在。可以看見你內在的眼睛是另一隻眼睛：它和你的雙眼沒有關係。那就是為什麼智者會談論第三眼；他們在談論另一種不同的眼睛，和你的雙眼完全無關。

記住這點：智者說有向外看的兩隻眼睛和向內看的一隻眼睛。這也是非常象徵性的。二分性存在於你的外在，非二分性則存在於你的內在。你不需要兩隻眼睛向內看：如果你使用兩隻眼睛，它會造成二分性，一個衝突；世界將會在你的內在中誕生。你需要用兩隻眼睛向外看，一隻眼睛向內看；兩隻耳朵向外聽，一隻耳朵向內聽。

還沒有人用談論第三隻眼睛的方式來談論第三隻耳朵，但是應該有人談論它。就如同我們有兩隻手可以觸碰外在，所以我們也有一隻手可以觸碰內在。禪師談過那隻手：他們說：「用一隻手拍掌。」他們要弟子坐下並聆聽一隻手的拍掌聲。一隻手要如何拍掌？兩隻手才能拍掌。但是他們要弟子尋找一隻手的拍掌聲。那隻手是內在的手。

有一道進入內在的門和兩道進入外在的門。用來感受外在的感官有很多個——眼睛、耳朵、鼻子、手…所有的五官。當你向內走，雙眼會變成一，雙耳也會變成一。你的手和鼻子也會變成一——一切都變成一。

卡比兒說過，當他進入內在，他變得非常困惑；他開始用眼睛聽！他的耳朵可以看，他的手可以聞，他可以用鼻子碰東西！人們以為這是某個神秘家矛盾的話語——但它們不是矛盾的話語，這就是整個情況運作的方式，因為在你的內在裡只剩下一，你所有的感官都變成一——這段經文是非凡的——指出了那個一。

師父對達雅說，**許下烏龜的誓言…**這一定是象徵性的。查藍達，達雅的師父，用寓言的方式表示。他使用一個簡明的表達，要她將所有的感官用來意識內在。「完全集中妳所有的感官，將妳向外走的感官轉向內在，轉向到妳真正的家。」——因為只要感官向外走，你的能量也會持續的向外流出，那內在的整合怎麼會發生？如果你一直向東走，你要如何遇到住在南方的人？如果你一直向西走，你要如何遇到住在東方的人？而且漸漸的，你越來越習慣向外看，以致於你完全忘記存在於你內在的世界。

你知道人們說有十個方向。事實上有十一個方向，但是沒有人想要把第十一個方向算進來。那十個方向是圍繞著我們的八個方向以及上下方。沒有人想要考慮第十一個方向，往內的方向。真正的方向已經被遺忘了。

許下烏龜的誓言…意思是：進入第十一個方向。不要把能量浪費在進入那十個方向；讓你的能量在你的內在裡集中。

烏龜在這方面是獨一無二的。沒有任何動物有這個能力。這就是為什麼烏龜在印度神話中如此重要：神曾經化身為烏龜，某些與此相關的有趣故事流傳著。他們說整個地球被一隻烏龜用背部支撐著。如果你從字面上看這些故事，你會認為它們似乎是幼稚的：地球要如何停留在一隻烏龜的背上？但是如果你研究這個故事更深入的涵義，將會有一個新的了解。它們事實上是說地球被那些少數已經變得像烏龜一樣的人支撐著——否則它早就被摧毀了。有時候是一個佛陀，有時候是一個馬哈維亞：世界由他們支撐著。你也是因為他們而活著，雖然你從未遇過佛陀或馬哈維亞，你從未彎下身觸碰過他們的腳。因為這些人的存在，地球仍然是有生氣的。你也活著，但是你在生活中拖行著自己。

想想看：如果你從人類歷史中拿掉幾個名字，佛陀、馬哈維亞、克理虛納、卡比兒，一些和他們一樣的人，然後你會在哪兒？你會是什麼？你的情況會是如何？你會變成什麼都不是。任何在你身上所看到的些微人性都是他們給予的禮物。任何在你內在裡看到的些微光芒和壯麗都是他們的恩典。是因為這少數人使得人仍是人，否則他們只會是動物。

所以當印度教說地球被一隻烏龜用背部支撐著，那只是一個象徵。這個世界有兩種蠢人。第一種人會要你證明這隻烏龜的存在。第二種人是去證明這隻烏龜存在的人。這兩種人都是蠢人。那和烏龜沒有任何關係，地球是被那些少數已經變得像烏龜的人支撐著。這些人用他們的背撐起你生命的所有重擔。如果你的生命有任何開花的可能，那是因為這些處於中心並超越感官的人。

所以師父對達雅說：「現在妳也變得像隻烏龜。」

：離開妳的感官，覺知妳的呼吸。

放棄妳所有的感官。不是要妳坐下來並閉上眼睛。不是要妳砍斷手或挖出眼睛。這句話的意思是：即使妳的雙眼看到某個東西，那個看是沒有任何慾望的。眼睛可以看，因為那是它的特性。畢竟達雅走路時仍需知道門和牆的不同。她仍然需要分辨哪些可以吃，哪些不可以吃。她不能開始吃杯子和盤子！她的雙眼會負責看的部份，但是她的看是沒有慾望的。一旦對外表的關注消失了，雙眼就轉向內在了，因為眼睛才會關注外在。

我們的雙眼有其用處，你用這種方式使用它們是正確的。站起來、坐下、走路、吃和喝——根據它們的用處使用它們。但是有一種慾望會藏在雙眼後面：想要看的慾望。一個人必須免於那個想要看的欲望的束縛。

透過不斷的看東西能使你得到什麼？即使你看到美，你能得到什麼？即使你看到所能想像的最美的人，你能得到什麼？那不過是一個夢。你是在夢裡看到一個美麗的人或是真的看到他們，都不會造成任何差別：兩者都只是在你內在中形成的一個畫面。當一個最美的女人或最英俊的男人站在你面前，在你內在中實際發生的是什麼？你的雙眼像攝影機一樣的運作著，它在你裡面創造出一個物體的畫面。你並沒有真的遇到這個美女。她在你的外在。你要如何來到外在？你處於內在，而美女是外在的，在兩者間，眼睛在你裡面產生那個美女的畫面，並放大到你頭腦的螢幕上——就像電影院的影片。你全神貫注在那個畫面上，但是那個畫面是空無一物的。

這和對影片的瘋狂是一樣的。看到那些畫面讓你非常高興——但是那兒什麼都沒有。而且不只是影片，人們看著雜誌裡的裸體照片時變得非常興奮。任何人都可以問他：「你在做什麼？你神智清醒嗎？這張紙上什麼都沒有，只是用某些色彩形成的特定圖案——沒別的了。」那個影片上也是什麼都沒有——只是光與影。螢幕是空無一物的；那裡面沒有人。但是當你看著它，你變得多麼興奮！

這個興奮的背後藏著一個秘密：你這輩子一直在頭腦的螢幕上看著這類的遊戲。不然你還會看到什麼？影片只是人類的頭腦所發明的把戲，它只是在頭腦中運作的相同過程的延伸。那就是為什麼影片對人類有這麼大的影響：它們對頭腦有一個很大的吸引力。

你從未想過你在電影院所看到的一切並未發生。不，你變得非常興奮，非常感動。有時候你會哭，有時候你會笑。有時候你是悲傷的，有時候是快樂的。那些畫面使你像傀儡一樣的跳著舞。但是這一切都是因為這個螢幕——在這個方式下，你深陷其中，因為這就是你這輩子如何一直和你內在的螢幕糾纏著。這個影片只是同一現象的延伸。

向內看的意思是，現在眼睛只是一個用來看的工具，沒有任何想要看到外表和美的慾望。美只是一張照片。雙耳仍會聆聽，但是沒有想要聽的慾望。雙手仍會觸碰，但是沒有任何想要觸碰的狂熱。如果所有這類的狂熱都消失了，你會慢慢發現，平常透過你的感官流掉的能量會開始填滿你裡面的瑪旁雍錯湖。

現在，你的內在是空虛的。你的狀態就像：

我們就像棉布，編織著每一天，
攜帶著抱怨的書，裝訂的是悲傷的封面。
切斷我們和週遭的連結，我們像紡錘一樣的跳著舞，
像手鼓一樣的回響著，笑著，但悲傷的。
我們的朋友已經幫了忙，就像給予愛的仙人掌。
我們就像空的瓶子和玻璃器皿。

你的內在是空無一物的：「…就像空的瓶子和玻璃器皿。」在你裡面是一個完全荒涼的沙漠，而那兒原本應該流動著海洋的汁液——因為從那個海洋的汁液中創造出來的能量不斷透過你的感官流失。成道者說感官就像洞，由於這些洞而使你的水壺永遠無法裝滿。你的能量不斷的從這些洞流失掉。如果你不斷用這個方式流失掉你的能量，你會一直像你現在一樣的空虛。

…離開妳的感官，
覺知妳的呼吸。

如果你能使所有的感官不再向外旅行，你將能釋放你的靜心，因為你的靜心正陷在這些感官中。

試著了解它。你坐下來要靜心，一個美女經過，你的意識被轉移了；或者某個人在你旁邊弄出錢幣的鏗鏘聲，你的覺知被打斷了。如果某個人在附近唱歌，你會再次

分心；如果某個人談到某件關於你的事——你的職業、商店或市集，如果某個人談到某個東西的價格將要飆漲——你聽到了，你立刻就分心了。你為什麼分心？因為那個慾望一直在你裡面：它被觸碰到了、被激發了。

你必須了解你只有一股能量，你可以將它投入到靜心或者慾望中。如果你投入到慾望中，你的靜心就會瓦解。如果你投入到靜心中，你的慾望就會消失。能量是同樣的；不會有兩股能量。你只會得到一股能量；要如何利用它，由你決定。

世俗的人是將所有能量用於慾望的人。宗教性之人的能量則在和慾望相反的方向上旅行著——彷彿恆河流回根戈德里，流回它的源頭。這就是靜心的整個意義。

靜心的意思是用於慾望的能量已經開始往家的方向前進。所以當你所有的感官放鬆了、放下了，就如同烏龜集中自己的意識並等待，當你變得像隻烏龜⋯靜心者變得像隻烏龜。

看佛陀坐著。他如何坐著？就像一尊石像。一隻手放在另一隻手上，一隻腳放在另一隻腳上，每個方向裡的每道門都關上了；他的眼睛是閉上的——他徹底的全神貫注在自己裡面。他在那兒做什麼？

這是一個你常遇到的問題。人們來找我，當我建議他們去安靜的坐一會兒，他們說：「當我們靜靜的坐著時，我們要做什麼？請給我們一個咒語或一些事做。」他們想要一個咒語，這樣他們就能持續製造一些噪音。「羅摩——羅摩，羅摩——羅摩，羅摩——羅摩⋯」一些事⋯沒有事情做，他們就無法靜靜的坐著。「羅摩——羅摩」的意思是「我們在做某件事」——但是他們內在的胡說八道會以一個新的方式繼續著。但是如果你要他們什麼事都不做，只要放鬆，把所有的「行為」暫時放到一旁⋯靜心的意思是無為的放鬆。

靜心的意思是：我暫時什麼事都不做。我讓我所有的能量靜靜的待在那兒。第一步就是覺知你的呼吸。佛陀稱為味帕沙那，安般守意瑜珈。這是人類所發現過的最偉大的煉金術。當慾望——也就是能量——從感官退回來，開始向內流入；當雙眼不再對看有興趣，當雙耳不再對聽有興趣，當雙手不再對觸摸有興趣；當所有的興趣都轉向內在，你變得像隻烏龜——然後把這股能量用在你的呼吸上。

達雅說：帶回surati，覺知你的呼吸。Surati的意思是記住、靜心、覺知。將這個覺知、意識放在你的呼吸上。呼氣、吸氣——將這用於你呼吸的循環。你不需要一邊拿著念珠一邊坐著；你持續的呼吸已經是如此美麗的念珠，你何必手上還需要一串念珠？你的呼吸形成一串美麗、自然的念珠——呼氣和吸氣，呼氣和吸氣，呼氣和吸氣。你的呼吸一進一出，觀察它；什麼都不要做。當你呼氣，你應該意識到氣息離開了。當你吸氣，要意識到氣息進入了。不要錯過它，不要忘記它。一開始，你會一再的忘記；不斷的掌握你的意識，並用它覺察你的呼吸。

記住：你不需要用力呼吸，你不需要減弱呼吸。完全不要改變你的呼吸：讓它自然的持續不斷，完全的覺察你的呼吸。

這不是調息。在整個過程中沒有加快呼吸或放慢呼吸，或者吸氣填滿你的肺然後再吐氣使肺放空——因為如果你這樣做，你會開始工作，你又變成主動的，你會失去放鬆的狀態，你會進入一種新的混亂。調息…現在你會計算和記數：呼氣時要多久，吸氣時要多久！呼氣，維持不斷——這是在做生意、記帳。頭腦變成忙碌的，它找到事做了。

頭腦總是想要工作。小心它！頭腦想要工作。頭腦說：「給我一些工作，我已經準備好了。」——一旦無事可做，頭腦就死了。一旦頭腦死了，你就開始有了生氣。一旦頭腦被抹除了，你就重生了。

頭腦說：「給我任何工作，我可以在任何工作的狀態下存活。」頭腦不在乎它要做什麼。它需要有事做，任何事，因為頭腦的意思是成為做者的意識：「調息就夠了！如果我無法經營商店，沒關係，如果我無法去電影院，沒關係。我可以練習調息——這是很棒的！這是派坦迦利推薦的，這是瑜珈行者一直在做的。讓我們開始…咒語是一件好事。我不能使用不適當的語言，我不能有任何不必要的思想…羅摩——羅摩——這是一個美麗的名字。讓我重複它！」

頭腦說：「給我任何工作，我會想辦法透過它而存活，這樣我就能繼續成為做者。」頭腦是一個做者。而你是觀照。只有當做的狀態完全消失，觀照的狀態才會誕生。所以甚至不要做這些——加快呼吸或放慢呼吸，用特定的方式像這個或像那個。不要做任何事！所有的技巧都是瘋狂的，但如果它們是傳統所支持的，那它們就不像是瘋狂的。如果一個人一邊坐著一邊移動著念珠，我們不會說他是瘋狂的。但如果他是在俄羅斯，他會被送到精神病院。「你瘋了嗎？你在做什麼？」他們會這樣問他。

有個女人搭了巴士去旅行，穆拉那斯魯丁也在車上。他們不認識彼此，但是剛好坐在一起。那個女人開始感到煩躁，因為穆拉不斷將頭從一邊移到另一邊。她感到頭暈，因為巴士正在山上行進著，而這個坐在旁邊的男人一直搖著頭。她試著不看他搖頭，但很困難，因為他坐在旁邊。她無法避開。

她是一位善良溫柔的女士，從不干涉別人。她將好奇心壓下了很長的一段時間，但最後她忍不住了。「先生，」她說：「你在做什麼？這是某種宗教儀式嗎——像你這樣左右搖動著頭？」

穆拉回答：「不，這完全和宗教儀式無關。」但是他一邊說話一邊繼續搖頭。

女人問：「那你在做什麼？」

穆拉回答：「這是我計算時間的方式。搖到這個方向就是過了一秒鐘，搖到另一個方向就是過了下一秒鐘。這樣我就不用買手錶。」他持續搖著頭：「這是非常輕鬆方便的，」他說：「不要問別人時間。」

女人感到好奇。她問：「好，那告訴我現在的時間。」

穆拉一邊搖頭一邊回答：「四點半。」

女人看了錶說：「不對。是五點十五分。」

穆拉加快了搖頭的速度，並說：「似乎我的鐘變慢了。」

你會說這個人瘋了。但是如果穆拉回答：「我在念誦羅摩的名字——這個方向念一次，另一個方向念一次，」那就不會被認為是發瘋的。在宗教的名義下，許多不同形式的瘋狂會被認為是正當的。那就是為什麼在宗教性的國家中，發瘋的人比較少。因為他們透過宗教而避免發瘋。不需要發瘋——他們何必選擇這個代價高昂的行為？非宗教性的國家中，發瘋的人比較多，因為他們無法以宗教之名去做著那些在這兒和其他宗教性國家的人們所做的事。那些看起來似乎是宗教性的方法，一旦你採用了，就不會有人說你瘋了。

這句經文是非常重要的：什麼事都不要做，覺知妳的呼吸，將那些事放到一邊。覺知妳的呼吸是非常有效的。首先，是你的呼吸將你和身體連結。你的呼吸是橋樑。你的呼吸是將你和身體綁在一起的線。所以如果你開始覺知你的呼吸，你會立刻了解到你不是身體，你是分離的。那是第一件事。

第二件事：我們通常將呼吸認定為生命。當某個人停止呼吸，我們就確定他死了。就算醫學博士也不會有別的結論。這是他的判斷標準：如果呼吸停了，人就死了。你認定死亡的標準是什麼？就是這個，不是嗎？——生命結束了，因為呼吸停止了。當呼吸開始運作，生命就開始運作，當呼吸終止，生命就終止了。所以在一般的情況下，呼吸和生命變成同義的。但是當你開始覺知呼吸，你會了解到：「我也不是呼吸。」覺知到呼吸的人和他的呼吸是分開的——完全分開的。呼吸在他面前運作著。就像他在觀看的一個場景。看者和被看者一直是分開的。

這句簡短的經文是非常珍貴的：

：離開妳的感官，覺知妳的呼吸。

但是在你覺知呼吸之前，你必須先變成烏龜。否則你的意識無法和呼吸連結——因為你不會有任何意識。意識是一股非常精微的能量。它持續從你的感官中流失，事實上它並不受你的控制：誰知道你的感官會讓你的意識在哪兒徘徊。意識之鳥持續的從你的感官中飛走，你無法掌握它，它在遙遠的地方流浪著。每個感官有各自的方向，它跟著它們，它變成破碎的。無論那些感官對你說了任何關於世界的事，你以為生命就是這樣，你以為這就是真理。但是那些感官不會知道真理。感官是盲目的。只有你內在的觀照才有可能知道真理；沒有其他的東西可以知道。如果你聽從你的感官，你將無法變成烏龜，感官將會持續讓你迷失。

你沒有在夜晚看過地上的繩子並以為它是蛇嗎？你甚至可能會逃走，你的心臟急速跳動著，警覺且恐懼的。你的眼睛看到它了。你說：「我親眼看到的！那兒有一條蛇。」當你拿了一盞燈去看，你發現它只是一條繩子。眼睛是非常容易被騙的。只要非常微弱的黑暗就能欺騙你的眼睛。

你可能在夜晚看到吊掛在家裡的衣服，以為是一個小偷站在那兒。當你打開燈，你才了解到那是你的衣服。不能太相信眼睛。它需要光。即使外在的世界也不能依賴它——你甚至在那兒也需要光——所以就內在的世界而言，你怎麼能信任它？你在那兒也需要光。那個內在的光來自於觀照、來自於記住。內在的燈要用記住點亮。

感官所提供給你的資訊只是一種習慣。你會去看那些你習慣去看的。

你可能沒注意到，如果伐木工進入花園，他看到的不會是花朵。他只會看到木頭。他會思考哪一棵樹可以砍並賣到市集。如果園丁來了，了解花朵的專家，他看到的不會是木頭，他只會看到花朵。「多麼美的花。」他會這麼想。如果詩人來了，他甚至不會直接的看著花，他看到的會是花的美。他在意的會是花的美。如果畫家來了，他看到的會是顏色——你看不見的、獨一無二的顏色。當你和朋友進入一個花園，你通常會以為你看到的和你朋友看到的是一樣的。不要弄錯了——如果你的朋友已經將雙眼訓練成用在不同的地方，他會看到某種東西，而你會看到另一種東西。

感官只不過是一種訓練。透過它們，我們會看到我們訓練自己所看到的。耳朵也一樣：我們會漸漸聽到我們訓練它們要聽到的。味覺也依靠訓練。你注意過嗎？你第一次喝咖啡時，它的味道是令人討厭的。你必須訓練自己喝咖啡。當你第一次喝酒，你可能會一點都不喜歡它。

穆拉那斯魯丁的妻子總是嘮叨著要他戒酒。他聽不進去，他不理會她。有一天她去了酒館。穆拉有點害怕，因為她以前從沒來酒館過。而一個中規中矩的家庭主婦來這兒是不恰當的。但是現在已經太遲了。她坐在他的旁邊說：「今天我也要喝酒。如果你不想聽我的，那表示酒一定有些不錯的地方。我要試試。」

穆拉無法說：「妳不能喝酒，因為這是不好的」——這是他妻子常對他說的話。他遇到麻煩了。除了說：「好」，他還能怎樣？

他倒了些酒到杯子裡，然後說：「喝吧！」

她喝了一口後立刻吐掉。那味道非常苦、非常酸！「你怎麼喝的下這種腐爛、惡臭的東西？」她問。

「聽聽自己說的話！」穆拉回答：「妳還一直認為我在這兒很高興！」

人必須訓練。一旦你訓練自己，即使再苦的東西嚐起來也會變成甜的。那只是一個訓練的問題。

有一天穆拉那斯魯丁告訴我：「有一次我搭火車，一個女孩坐在我旁邊，她是一個播音員。」

我問他：「你怎麼知道？你問她才知道的嗎？」

「不」，他說：「我沒有問她。」

「那你怎麼知道她是播音員？」

他回答：「當我問她時間，她說：「現在是九點十五分。隨時使用葛利吉鐘讓您平靜的進入睡眠。」所以我知道她是一個播音員。」

習慣是會養成的。如果你檢視你的生活，你會了解到你所看、聽和知道的一切都是一種訓練，而且和真理完全無關。當你的感官以特定的方式訓練後，它們就很難再改變了。

小孩以特定的方式看待世界。你知道的，因為你曾經是小孩，你現在可能也有了小孩。他們用自己的方式看事情。成人看待事情的方式則又不同。老人則又以另一種方式看待事情。如果你是老人，你會知道。如果你是真誠的，你會想起來，當你是小孩的時候，你用某種方式看待世界，然後當你更成熟，你會以另一種方式看待世界。世界是一樣的。現在你老了，你有第三種看待世界的方式。

所以感官是不能信任的。你的感知能力就像你的熱情。當你是小孩，你不會對金錢、美麗的女人或英俊的男人有興趣。你會完全沉醉在你的玩具和遊戲中。那是你的世界。當你是一個成人，你的玩具和遊戲被留在一旁，你開始對美、身體、財富和地位有興趣。然後到了老年，連那些東西也被留在一旁。那就是為什麼老人和年輕人無法溝通。連父親都覺得很難和他的兒子溝通。他們做不到，因為他們說的是不同的語言。他們看待生命的方式是不同的。你認為母親和兒子可以溝通嗎？那是非常困難的。兒子無法了解父親，父親也不了解兒子——完全不行——因為兒子無法從父親的立場看待事情。父親也無法從兒子的角度看待一切，他只會認為那些都是毫無意義的。現在對他而言，很難再用那個方式看待事情。

如果你仔細觀察，你會發現你的經驗每天都在改變。然後當你的經驗改變了，你雙眼看到的也會不同。當你是年輕人，你看到的是身體。當你老了，你的身體開始衰壞，你會在每個身體上看到死亡。即使是最年輕的身體也會讓你瞥見到死亡，因為你知道死亡快來了。即使你看著最美麗的身體，你看到的只會是墓碑和火葬堆的火焰。

一個女人帶著她的兩個小孩去拜訪一位女性朋友。當她朋友看到其中年紀比較小的小孩時，她說：「他的眼睛就像他母親的眼睛，就像妳的眼睛。」

母親回答：「他的額頭就像他父親的額頭。」

年紀比較大的小孩說：「但是他穿的是我的睡褲。」

當每部分都來自某個人時——他的雙眼來自於母親，他的額頭來自於父親——年紀比較大的小孩何必再保持沉默？他的弟弟穿著他的睡褲！每個人都認為自己看待事情的方式是正確的。男孩對弟弟的雙眼或額頭沒興趣。他只是對弟弟穿著他的睡褲感到生氣！

如果你每天都試著記住這點，你會發現你將能逃離這個習慣。你的靈魂不屬於你的童年、你的青年或你的老年——因為靈魂沒有年齡，也沒有習慣。靈魂只是純粹的意識。

像烏龜一樣，離開你的感官，意思是將你所有的舊習慣放到一旁，然後再看。如果你依照舊習慣去看，每件事都會是錯誤的：你只會看到你所學習要看到的，你看到的一切不會是純粹的。你的雙眼還戴了一副眼鏡，彩色的眼鏡。世界看起來將會是上了顏色的。

∴離開妳的感官，
覺知妳的呼吸。

漸漸的，不再將能量投入到你的感官中。如果你無法二十四小時都這樣做，至少每天做幾個小時。我甚至建議你可以像烏龜一樣的坐一會兒——完全的跟烏龜一樣，你將會因此受益。放一塊毯子，像烏龜一樣的坐著，將手腳向內收著。就像母親子宮裡的胎兒坐著，瑜珈的嬰兒式，grabhasana。只要想像自己是一隻烏龜，集中你所有的感官，頭部縮起來。如果你願意，用一塊布蓋住自己。完全的封閉在自己裡面。現在覺知你的呼吸。你會感到很大的喜樂，你的意識將會大幅度的提升。你的內在將會產生一個非常深入的意識。但不要期待這一切在第一天就會發生。要有點耐心。

我將這個姿勢稱為kurmasana，烏龜式。做這個姿勢，因為身體的姿勢也會幫助內在狀態的形成。手腳向內收起來的坐著，完全跟烏龜一樣，用塊布蓋著——一個包圍著你的硬殼，一個護甲，回到你的內在，閉上雙眼。開始觀照呼吸緩慢的進出。呼氣，觀照氣息的離去。吸氣，觀照氣息的進入。甚至不要想到你在呼氣或吸氣。只要保持觀照。有時候你會失敗。由於舊習慣，你有時候會忘記。當你再次記起來，不要生氣並呼喊：「我是一個毫無用處的罪人，因為我的頭腦迷失了！」當你記起來，將你的頭腦帶回到你的呼吸上，不要有任何懊悔。沒有必要後悔。如果頭腦迷失了，就迷失了，也要接受這個情況。再次安靜的回到你的靜心。否則情況是什麼？首先頭腦迷失了，然後你開始懊悔——在你的迷失中懊悔著。這只是讓問題更嚴重。

一開始，頭腦確實會迷失。不會立刻就成功。累世以來你一直做著和這個練習相反的事；會需要一點時間。要了解分心是自然的，然後當頭腦迷失了，就讓它迷失。當你再次記起來，將你的意識帶回到你的呼吸上——不需要有任何懊悔、任何罪惡感；不要認為自己犯了大錯或很大的罪。並沒有發生什麼嚴重的事。這是自然的。

沒有話語、手上沒有任何念珠，
內心裡持續的記住。
只有很少人經驗到這個，
這是師父的恩典，達雅說。

沒有話語、手上沒有任何念珠……達雅說不需要拿著一串念珠，不需要說任何話：

沒有話語、手上沒有任何念珠，
內心裡持續的記住。

只要你的內在中覺知著。不要被達雅使用的「記住」這個字誤導。你以為記住的意思是一邊坐著一邊念誦「羅摩——羅摩，羅摩——羅摩，羅摩——羅摩。」那是透過舌頭就能做到的。我們在談論的是那那克說的ajapa jap，沒有唱誦的唱誦。

沒有話語、手上沒有任何念珠，
內心裡持續的記住。

讓你的記住持續著，讓你的覺知持續著。使用文字會有點麻煩。當我們說：「讓你的記住持續著，」我們的腦中會不斷浮現一個問題：「記住誰？」記住自己，覺知自己。

如果還會想到別人，表示你的頭腦還在那兒。讓「是(amness)」的覺知存在。應該持續的覺知到這就是你。不能失去它。不該有任何簾幕遮住它，不該有任何文字出現並覆蓋住它。

只有很少人經驗到這個，這是師父的恩典，達雅說。

達雅說只有非常少的人能在這個狀態中經驗到。她是對的。這個經驗是非常接近的，隨手可得的。你只要把手伸出去一點，它就可以是你的。但是你不把手伸出去。這個財富是你的，但是你從不去要求。

…這是師父的恩典，達雅說。

達雅說：「我不能靠自己做到；這是因為師父的祝福、師父的恩典才發生的。」這也需要了解。你必須用各種可能的方式放棄使你成為做者的感官。如果你擁有你在靜心的想法，那麼使你成為做者的感官已經從後門進來了。你可以一邊用烏龜的姿勢坐著，一邊因為你在靜心而感到自傲。你會好奇是否有某個人在看你靜心。當你結束時，也許你會環顧四周，看看是否有人在看你，他們是否知道你在靜心。

即使你只有將一點點做者的感覺帶到靜心中，你也會再次錯過。自我進入了，頭腦回來了。那就是為什麼弟子說：「無論發生了什麼，都是因為師父的恩典而發生：透過我的行為不會達成任何事。透過我的行為，不會有任何事發生；透過我的行為，只會造成世界的產生。我的行為只是撒下覆蓋住生命的痛苦之網。這道快樂的光芒無法透過我的行為而產生。」所以弟子說：「這是師父做到的，是師父的恩典。」

……這是師父的恩典，達雅說。

你必須了解這句話並不是表示師父給了你某個東西。這只是弟子表達的方式，這對他是非常有幫助的。師父對每個人的恩典都是相同的——對弟子而言，那件事發生了，同時，那件事也還沒有發生。因為如果這是因為師父的恩典而發生，那這應該會發生在所有的弟子身上。因為師父的恩典的這個感受，是用於弟子求道之路上的一個手段：不讓弟子產生任何自我。一旦沒有任何自我的產生，路上就不會有任何妨礙，然後事情就發生了。因為師父的恩典而發生的意思只是：「那不會只是因為我而發生，不會因為我做的任何事而發生。透過我的行為，只會產生自我，而自我必須被摧毀，自我必須消失。」

現在困難在於，如果你在沒有師父的情況下對自己下工夫，然後某件事開始發生，你自然會以為：「我做到了。」因為沒有別人在那兒。那會使你產生某種傲慢……但是如果你在師父的腳下，在臣服的狀態裡下工夫。那麼無論發生什麼事，你都會記住師父——是因為他的恩典而發生。這不會增強你的自我。它無法得到任何養分，它會乾涸，然後消失。

當弟子唱誦著無法唱誦的咒語，
在他的蓮之心中保持覺知，
純粹的知識在那兒顯現著，
移除了所有黑暗的污垢。

在他的蓮之心中保持覺知：所以先覺知你的呼吸。當你達到了對呼吸的覺知，你開始以觀照的態度看著你呼吸的進出，一旦呼吸的念珠在你面前形成，就移動你對呼吸的覺知，將它用在你的蓮之心。

你看過闔上花瓣的蓮花嗎？當你掀開花瓣，你會發現裡面有一個點狀大小的空間。蓮之心就像那樣。當它被掀開，裡面有一個空無一物的空間。當你掀開一朵玫瑰，裡面也有一個地方是空無一物的，就像蓮花一樣。有時候當蓮瓣在夜晚闔上，黑蜜蜂會留在那兒。牠坐在那兒一整天，因為蜂蜜而全然的酣醉，完全不想要飛走。當蓮瓣在夜晚闔上，黑蜜蜂會繼續坐在那兒，被吸引住了。

你的心裡面也有一個空無一物的空間，就像蓮花裡的那個空間。你必須鎖住你空無之心裡面的意識，意識的黑蜜蜂。

首先，覺知你的呼吸。你會經驗到兩件事：「我不是身體」和「我不是呼吸。」這是一個負向的經驗；你發現到你不是它們。你的第二個工作是找出：「我是什麼？」你已經發現「我不是身體。」這是一個偉大的發現。你發現「我也不是呼吸。」這是一個更偉大的發現。負向的工作結束了，但是現在你必須找出你是誰。

所以把你的心當成一朵蓮花。這只是一個象徵，這樣你就能更了解整件事。現在覺知你跳動的心，呼吸的氣息是從那兒來的，它使心繼續跳動，使呼吸持續不斷。你已經觀照了呼吸，現在超越呼吸，更深入，深入到你跳動的心。

所以把你的心當成一朵蓮花。在那朵蓮花裡空無一物的空間，那個總是會使黑蜜蜂留在那兒的空間：以靜心的姿勢坐在那兒。把你的覺知、你的意識、你的記住放在那兒。

當弟子唱誦著無法唱誦的咒語，
在他的蓮之心中保持覺知，

這就是那那克所說的沒有唱誦的唱誦：沒有任何唱誦發生，沒有人在唱誦。然後真正的唱誦開始了。現在你首次聽到存在的聲音——它被稱為omkar。現在你聽到om的聲音；現在不是你造成的。這個聲音不是來自你的外在。用烏龜的姿勢坐著，你將耳朵和所有的感官留在遙遠的地方。你在你裡面聽到的聲音一直在那兒，但是你因為外在的噪音而聽不見它：

這就像在家裡非常輕柔的彈奏著維納琴：如果外面有一個非常大的噪音，你就無法聽到維納琴的聲音；或者某人柔和的吹著笛子，會因為市集的噪音而無法聽見笛聲。這就是內在之聲的狀態。瑜珈行者稱為anahat nad，無法表達的聲音。這個聲音已經在你裡面迴繞著——它是你的心的音樂，你首次開始聽見它。這就是沒有唱誦的唱誦。它不是你造成的，你只是一個觀照。你只是聽見它，你只是經驗：

無意義的使用著他們的念珠，
隱士招來了不必要的責備，
這個名字是如此的珍貴，
應該無數次的唱誦它。
如果計算唱誦的次數，
那還有什麼喜悅？

我曾經在某個人家裡作客。主人拿了帳簿給我。我問他為什麼拿給我。他說：「我要你看看。這不是帳簿，我一直在上面寫『羅摩——羅摩』，到現在至少寫了一千萬次。」

這個人是危險的。如果他遇到神：這是不可能的，因為神也會怕他，想到：「這個人來這兒時，手上會拿著帳簿。」於是我對他說了一個故事：

我聽說有一天某個虔誠的信徒死了。就在同一天，住在信徒的房子對面的罪人也死了。天使出現後準備將虔誠的人帶到地獄，以及將罪人帶到天堂。虔誠的信徒非常生氣。他確定一定是哪兒弄錯了。於是他說：「請再回去確認。似乎有些錯誤。在地球上的政府機關，這種事常常發生——但現在你們這兒卻也發生一樣的事！你只是把事情搞混了。我這一生都在唱誦聖名。每天早晚我都唱著祈禱文，bhajans，我做了一切——我沒有遺漏任何事。我早晚都在唱誦羅摩的名字。你沒看到我身上的披巾嗎？

上面寫滿了羅摩的名字！你膽敢將我送到地獄！我從沒有看過那個罪人唱誦羅摩的名字。」

天使回答：「沒有任何錯發生。但是如果你希望如此，你可以和我們一起來，提出你的抱怨。」於是那個男人跟他們一同前往。

他非常傲慢的對神說：「這兒怎麼了？這是什麼樣的公正？這是完全不公平的。我做了這麼多唱誦，唱了這麼多祈禱文——我總是在凌晨三點起床唱誦。全村的人都是我的證人，因為我有使用擴音器。這不是我片面之詞，全村都能為我作證。你一定也有聽見。把我送到地獄是不對的。另一個人從未唱過任何祈禱文。相反的，他常到我家說：弟兄，讓我睡覺。不要在凌晨三點弄出這麼大的噪音，或者至少不要使用擴音器。如果你想要在家裡唱誦，我沒有意見。」這個人常常造成我的困擾，而現在他卻被送到天堂！

神回答：「那就是原因。他是站在我這邊的。你一直在折磨我，所以我無法讓你待在天堂。如果讓你在天堂，我就得搬到地獄，你會使我失去知覺。你不給我任何片刻的寧靜。凌晨三點我也在睡覺，而你用麥克風和擴音器帶來這麼多的困擾。」

這個寫了一千萬次神的名字的人是危險的。他甚至記在帳簿上。

無意義的使用著他們的念珠，
隱士招來了不必要的責備，
這個名字是如此的珍貴，
應該無數次的唱誦它。

如果計算唱誦的次數，
那還有什麼喜悅？

事實上，如果你說出這個名字，你就錯了。不要這麼做。只有當那條溪流在你裡面流動著，自然的，當omkar的聲音無論早晚都在你裡面出現，不斷的——只有那時，真正的唱誦才開始了。真正的唱誦是沒有唱誦出來的。

當弟子唱誦著無法唱誦的咒語，
在他的蓮之心中保持覺知，
純粹的知識在那兒顯現著，
移除了所有黑暗的污垢。

純粹的知識在那兒顯現著：純粹的知識不會來自於經典或學習。當你免於身體的束縛、呼吸的束縛——所有的束縛——一邊坐著一邊將你的意識集中在蓮之心，它才會來到。**純粹的知識在那兒顯現著。**純粹的知識會從那兒誕生：了解、經驗、三摩地、三托歷，或者無論你要怎麼稱呼它。純粹的知識會從那兒誕生，藉由那個知識，所有的束縛都被切斷了，你所有的罪都消失了……

……移除了所有黑暗的污垢。

所有的污垢都被洗掉了，那就是為什麼這被稱為純粹的知識，因為所有的污垢都消失了。

人們問我要如何洗掉前世的行為所造成的污垢。這是困難的。你無法清除那些污垢，因為如果你試著清洗它們，你只會使它們變得更髒。這些累積的污垢是因為你的行為。無論你做什麼，清洗它，都無法使它消失。這些你過去的行為所產生的污垢是因為你一開始的行為所造成的。現在你想要做更多，你想要做別的事。只有當你不是一個做者，它們才能被洗掉。只有當你浸沒在無為中，當你不是做者，你過去的行為造成的污垢才會消失。然後神性會洗掉它們，你無法清洗它們。你知道如何傷害自己，這部份你很熟練。現在不要再試著想修正一切而把事情弄得更糟。

不要試著清除你過去的行為所編織的羅網。沉入到你的意識中，然後你所有的污穢都會被那個意識之雨清洗掉。透過這個方式，在一瞬間，你會回到你本來的純粹——這是你對自己做了好幾世的努力也無法做到的。你的努力不會大於你，它最多只能等於你。任何你做的一切，上面都會有你的刻印、你的簽名。那就是為什麼我不教你做任何事、任何儀式——只要靜心。浸沒在靜心裡面。

靜心的意思是你如同你所是的站在神面前：破爛骯髒的，帶著你所有的缺點——就像小孩在外面充滿灰塵和泥土的地方玩耍，回來時站在母親面前，衣服被扯破了，覆蓋著灰塵。如同小孩站在父母面前的情況，站在神的面前。一旦你這樣做，你將會被洗淨。一旦你站在那兒，神性將會灑落到你身上。

⋯純粹的知識在那兒顯現著，

移除了所有黑暗的污垢。

所以不要陷入在這樣的算計中，已經有很多人陷入在這樣的算計中。他們說他們已經在前世的行為中累積了這些污垢，所以不可能只用一天或一個片刻就成道。許多世以來的行為已經累積了這些汙垢，會需要很多世的時間洗掉它們、消除它們。那麼你將永遠無法解脫；自由是不可能的，那不可能發生，因為會需要許多世的時間洗掉它們。而且當然，你不會一直坐在那兒什麼事都不做，你會一直做很多事，所以你的行為造成的污垢會不斷的增加。

不，你的行為和你的解脫沒有關係——而是和你的臣服有關。彎下身，對神說：「如果祢想要我被洗淨，那就洗淨我，如果祢想要我是骯髒的，那就讓我是骯髒的。做祢想做的。」但只有當你到達蓮之心時，你才能這樣說，在那之前是不行的。在那之前，你不會知道神在哪兒。在那之前，你會站在廟宇裡面的雕像前說你做到了。那是你的行為，你造成的。你要如何透過它們找到神？神處於蓮之心的最高地位；它的王座就在那個空無一物的空間中。

在沒有死亡和火焰的地方，
在沒有冷和熱的地方，噢，我的弟兄，

達雅說：「我的弟兄，這個現象會在蓮之心裡面發生，沒有死亡和火焰的地方。在那兒，死亡不存在，痛苦也不存在，時間也不存在：……**在沒有冷和熱的地方，噢**」

，我的弟兄。那兒沒有任何東西是冷的、沒有任何東西是熱的。所有的二分性都靜止了，所有的二分性都墜落了。在那兒，雙眼變成了一。

……看著我的家，我最終的住所，
生命無法理解的神祕顯現了，達雅說。

看著一個人最終的狀態，開始了解生命的神秘——我們一直不必要的苦惱，擔心是否不會再做壞事了，是否變成一個好人，一個sadhu；是否要做這個或那個，要去這個廟宇或那個廟宇，遵循這個經典或那個經典，這個宗教或其他宗教……我們一直漫無目的的四處流浪。

……看著我的家，我最終的住所，
生命無法理解的神祕顯現了，達雅說。

經典中的經典，吠陀中的吠陀，最深奧的秘密，所有祕密中的秘密，已經被發現了。那個秘密是什麼？這個秘密就是人一直被他們的行為束縛著，並由於接續不斷的行為而無法解脫。如果人不再是一個做者，而是一個觀照，他是自由的，在此時此地，他是自由的。

看著愛人無與倫比的美，

千萬個太陽的光芒照耀著。

在蓮之心的無物中，看著愛人的美……**看著愛人無與倫比的美……**看著愛人無比的美，最珍貴的一……**千萬個太陽的光芒照耀著**——彷彿一千萬個太陽升起。

生命所有的痛苦都被消除了，
快樂的本質是明顯可見的，達雅說。

你的痛苦會被消除，而快樂的本質，你快樂的鑰匙，將會顯現。那把快樂的鑰匙就是我們最初的本性。因為我們向別人索取它，所以我們一直是貧乏的、可憐的。因為我們變成乞丐，因為我們一直是乞丐。但是我們的本性是成為一個皇帝。我們將會不斷的流浪，因為我們從不向內看。

生命中所有的痛苦都被消除了，
快樂的本質是明顯可見的，達雅說。

無數個太陽的光芒，
非凡的光芒顯現著，
令人眼花撩亂，
但是頭腦變得冷靜和清涼。

無數個太陽的光芒…所以有很多太陽同時升起！無數世以來，你的生命裡只有黑暗。你點燃過數百萬盞燈，而它們都熄滅了。你信任這些燈，但沒有任何一盞燈可以幫助你。那些你視為親近的人已經變成了陌生人。你所有的船都被證明只是紙船。

無數個太陽的光芒…而現在突然出現了無數個太陽的光芒：**非凡的光芒顯現著。**

這個光芒是非凡的。這個光芒如何非凡？

令人眼花撩亂，

但是頭腦變得冷靜和清涼。

非凡之處在於它同時是光和火——一方面它是令人眼花撩亂的，另一方面頭腦開始變得冷靜和清涼。一個清涼的火；因此是非凡的！神是一個清涼的火。

猶太人有一個相關的甜美故事。當摩西在西奈山上看到神，他無法相信所看到的——因為神以火的外形出現在草叢中，而草叢並未著火。一道火焰出現了，它的光芒開始向天空升起，但是草叢仍是清新翠綠的。它的葉子仍是翠綠的，它的花朵並未枯萎。沒有任何東西因此燃燒。摩西無法了解這一切。一個清涼的火？從沒有人看過。

猶太人沒有解釋這個故事。這個故事據說是發生在摩西的身上，但是猶太人並不是很想去了解它的意義。但是這個西奈山是在別的地方…它是人內在意識的最終高度的名字。那就是為什麼所有宗教都將它們的聖地選在高山上。這些都是象徵。伯德里納和基達納高地是喜瑪拉雅山的聖地。而岡仁波齊峰是聖地的原因是濕婆住在那兒，那是神的住所。這些都是象徵靈魂的最終高度。當你的意識到達它最終的高度，它的最高峰，那就是岡仁波齊峰——濕婆居住的地方。如果你在喜瑪拉雅山上尋找它，你會找不到。它在你裡面。西奈山也是內在的山峰，而你是摩西提到的草叢。神性之火將會在你裡面升起，而你會感到完全的震撼：**無數個太陽的光芒**…那就像你裡面有數千個太陽升起：

非凡的光芒顯現著，
令人眼花撩亂，
但是頭腦變得冷靜和清涼。

神奇的地方在於這個耀眼的光芒會使你閉上雙眼，但是你的頭腦將會冷靜下來。

沒有閃電的無數光芒…

神奇的地方在於雖然沒有閃電，天空卻充滿光芒。沒有太陽，但卻感覺好像有數千個太陽升起。

沒有閃電的無數光芒…無法看到這些光從哪兒來的，但是有無數的光芒，所以是沒有源頭的光芒。首先，這個光是清涼的，其次，這個光沒有源頭。任何有源頭的光最終都會消失。這個光是永遠不會消失的。如果你為一盞燈添了油並點燃它，遲早油會用完，然後燈會熄滅。如果油可以用一個晚上，燈就會整晚燃燒著。如果油可以用一個月，燈就會一個月都燃燒著。

科學家說太陽已經燃燒了數十億年，但是它不會永遠燃燒著——也許可以再燃燒四、五十億年。每天它變得越來越冷。它的光正在消失，它的油快要用完了，它的能量正在衰減。有一天，太陽也會完全的冷卻。

神是永遠不會消失的光，它是永恆的——因為它是沒有源頭的、沒有燃料的、沒有油的、沒有原因而出現的。

沒有閃電的無數光芒，
它是沒有雲的雨。

達雅說這就是整個發生的情況。沒有看到雲，卻在下雨。沒有看到任何雲，這個喜樂的雨從哪兒來的？沒有看到任何閃電，但是天空卻如此的明亮！這是一段非常象徵性的話語。

不停著觀察這個，
我的心是愉悅的，達雅說。

現在達雅告訴我們，她是全神貫注的；她的心在跳舞，她不斷的觀察著。她在自己的內在所看到的這個經驗，這個領悟，這個面對面的會合，能夠讓她不斷的看著，直到永遠。它的喜樂是永不停止的，它的愉悅是永不終止的。

沒有閃電的無數光芒，
它是沒有雲的雨。
不停著觀察這個，
我的心是愉悅的，達雅說。

世界是一個謊言，
虛假的井以身體的形式存在。
你就是意識，
至妙喜樂的住所。

世界是一個謊言，虛假的井以身體的形式存在⋯任何我們在這個世界上所看到的一切都是短暫無常的；剛剛還在那兒，沒多久就消失了——就像一滴露珠。**世界是一個謊言⋯**

它就像一個在沙漠裡的人，因為口渴而幻想出來的水源。那是一個投射。水源並不存在，但是由於他的口渴而看到那個水源，因為這個口渴而投射出水源的形像。他如此的口渴以致於他確定那兒一定有水源。當你非常口渴，你會開始幻想。無論你最深的熱情、慾望和渴望是什麼，你會開始向外尋找它，確信它一定在那兒，它應該要在那兒，因為你如此深切的想要它。在外在的螢幕上成像的是你的渴望。

所以達雅說：**世界是一個謊言……**世界上的一切不斷的變化著；你無法掌握任何東西。事實上，你看到的一切都是你自己的夢想——它們事實上並不存在。它們是謊言——就像沙漠裡的花園。

……虛假的井以身體的形式存在。

你在這個身體形成的井中所看到的水是你幻想出來的，是你虛假的信念。它事實上並不在那兒。這個身體裡面沒有任何可以讓你滿足的水。這個身體裡面沒有任何水可以解你的渴。

耶穌的生平中曾經發生過一件事。有一次他來到路旁的井邊。他累壞了。有個女人在那兒取水。她一定是被放逐的人。他對那個女人說：「我感到口渴，請給我一點水喝。」

女人回答：「原諒我，但是你似乎來自一個高貴的家族，而我是一個貧窮的、不能碰觸的苦命人，沒有人想要喝我取得的水。請等一會兒，一定會有人來這兒並給你水喝。你可以喝他的水。」

耶穌說：「不用擔心。記住：如果妳給我水喝，我也會給妳一種水，當妳喝了它，妳將永遠不再口渴。妳給我的水只能解我一時的渴。我不會因此永遠不再口渴。但是我有一種水，我會把它給妳。一旦妳喝了它，妳的內在將不再口渴。」

世界是一個謊言，

虛假的井以身體的形式存在。

你身體形成的井是空虛的；完全乾枯的、荒蕪的。裡面沒有水。你在身體裡看到水是因為你是口渴的。口渴的人會在任何地方看見水。口渴的人確信他看到的地方一定有水。

你注意過嗎？如果你非常的渴望它，你會相信它一定就在那兒。如果你在等某人寄來的信，那麼當你看到郵差經過，你會走到門口，以為那封信寄來了，以為它已經送到了。如果你在等人，那麼即使只是風吹動了門，你也會跑到門口，以為那個人來了。

你會看到你非常想看到的。如果某個人對你說某個地方的路上有一個火葬場，當你經過那個地方，你會看到鬼魂——在那之前，你可能已經經過那條路很多次，從未看過任何鬼魂。因為沒有人告訴你火葬場的事，所以你不會投射任何相關的東西。一旦你知道火葬場的存在，麻煩來了。經過那條路時，你的態度不再是一樣的。麻煩會出現，你會自找麻煩。是你的信念和恐懼產生了鬼魂。

世界是一個謊言，
虛假的井以身體的形式存在。
你就是意識，
至妙喜樂的住所。

達雅說：**你就是意識，至妙喜樂的住所**。意識就是你的本性，神就是你的本性；你就是至妙喜樂的住所！Raso vai sah：那就是汁液！Sachchidananda：真理、意識、喜樂。

但是除非你進入自己，你才能了解它。只有一個值得去的聖地，只有一個值得進入的廟宇，只有一個值得抵達的山峰，只有一個值得到達的深度：你就是那個。奧義書說：Tattvamasi，Svetketu！意思是：Svetketu，彼即是汝。

但是我能了解你的困難。那是每個人的困難。除非你有過這個經驗，否則這些事似乎是遙遠的。到目前為止，你只有一種生命的經驗：痛苦、悲傷、地獄。你忘了天堂的語言——你甚至忘記如何歡樂。而以宗教之名一直在進行的事是完全虛假的；那是一張教士和學者編織的網。你無法在俗世中找到任何意義，而廟宇落入了偽君子的手裡。無法在俗世或廟宇中找到任何意義。人已經落入了陷阱。

在這兒，我不會要你去某些外在的廟宇。外在的廟宇無法給你任何幫助。在這兒，我也不會對你談論某些外在的經典，外在的經典也無法給你任何幫助。

在這兒只有一件值得做的事：挖掘你的內在。在這兒只有一件值得學習的事：學習知道你自己。

把所有的垃圾放到一邊，進入你的內在。會遇到困難和阻撓；許多世的習慣會擋在路中間。但是它們可以被克服，因為它們都違背了你的本性，沒有和你的本性協調一致——但不會是不能克服的。如果你願意，你一定會到達那兒。你的聖地並沒有很遠。它就在最近的地方——它住在你的心裡。

當弟子唱誦著無法唱誦的咒語，
在他的蓮之心中保持覺知，
純粹的知識在那兒顯現著，
移除了所有黑暗的污垢。

讓我重複這三件事，以便你能好好的記著它們。第一：學習成為一隻烏龜。在成為烏龜中藏著一個很大的秘密。每天至少有一小時成為一隻烏龜。當你成為那隻烏龜，你會發現神性開始降臨於你。那就是神話故事中的神化身為一隻烏龜的意義。

第二：一旦你變成烏龜，將你全部的意識帶到你的呼吸上。然後當你開始慢慢體驗到你不是身體，你不是呼吸：記住，我不是要你重複念誦：「我不是身體，我不是呼吸。」——這樣的達成會是虛假的。只是等著，讓它自行發生。無論如何不用急：危險的是我們會像鸚鵡一樣的學著重複。你會像烏龜一樣的坐著，把覺知放到呼吸上，約略半小時或更少，你就會開始重複念誦：「我不是身體，我不是呼吸。」那會扭曲了整件事，不要重複任何事。只是坐著。讓它發生，讓它進入你的存在。有一天它會來到，那一天你的門將會打開。那一天，「我不是身體，我不是呼吸」將會進入你的存在——讓這個覺知成為你蓮之心的空性之王。

到了那一天，告訴自己：「我是一朵蓮花。」將你的記住、你的洞察力、你的意識變成黑蜜蜂，並把它放在蓮花的中心。然後，一切將會在那兒自行發生。

看著愛人無與倫比的美，

千萬個太陽的光芒照耀著。
生命所有的痛苦都被消除了，
快樂的本質是明顯可見的，達雅說……

沒有閃電的無數光芒，
它是沒有雲的雨。
不停著觀察這個，
我的心是愉悅的，達雅說。

第八章
全心全意的奔跑

奧修，昨天你說那些尋找的人將會錯過。而你其中一本著名的書是「那些尋找的人將會找到。」哪個才是正確的？請解釋。

穆拉那斯魯丁和他的朋友正走在回家的路上。突然間，他的朋友抓住他的手臂說：「快跑！快逃！」並拖著他進入附近的旅館。沉重的呼吸著，穆拉跟著他緊張了起來。然後他問：「怎麼回事？是做結紮手術的人出現了嗎？你為什麼這麼激動？」

他朋友說：「這比結紮手術更危險。你沒看到我的妻子和我的女友一邊說話一邊走過來了嗎？」

穆拉小心的探頭查看後說：「讚美阿拉，用這麼美麗的方式拯救了我。」

他朋友問他：「你為什麼說阿拉救了你？」

穆拉回答：「你搞錯了。走過來的不是你的妻子和你的女友，而是我的妻子和我的女友。」

但是這兩件事可以同時都是對的；不會有矛盾。「那些尋找的人將會找到」和「那些尋找的人將會錯過」可以同時都是對的。不會有任何矛盾。試著這樣了解。從未尋找的人將不會找到任何東西，但是持續尋找的人也不會找到任何東西。有時候你會尋找，有時候你會停止尋找，只是坐著。「那些尋找的人將會找到」是第一步。旅途的過程中有一半是在尋找。另一半則是當你停止尋找後才發生。

佛陀尋找了六年。他不停的下苦功。他做了一切可以做的，做了老師要他做的一切。他練習瑜珈，念誦咒語。做著非常艱難的苦行，他禁食，他是虔誠的，他靜心……他做了一切。他完全的投入到這些練習中，但是沒有任何結果。

有一天，他認為他已經做了一切，他感到疲倦，再做這些事似乎沒有意義——因為當你在做某件事，做者就還存在。尋找的人仍然存在於尋找中。無論你做了什麼，瑜珈、苦行、靜心——它們都會產生自我。你會想：「我在靜心：我是一個靜心者。我在練習奉獻：我是一個奉獻者。」你不斷構築一個微妙的自我。而所有宗教的本質是，只要自我還存在，你就永遠無法找到神——因為自我就是阻礙。只要你還存在，你就永遠無法找到神。只有當你消失，達成才有可能。當你不再擋在你自己和神之間，只有那時，會合才可能發生。你還擋在那兒，像顆岩石一樣，頑強的擋在那兒。你曾經賺了很多錢，你是一個富有的人。現在你在賺取奉獻，你是一個奉獻者。但是「你」還在那兒。無可否認的，情況比之前還好：自我更像是黃金一樣，以前的自我只是柴枝、石頭和垃圾。現在的自我是貴重的，以前的自我是平凡的；新的自我是非凡的。前者是俗世之人的自我，後者是宗教之人的自我。但是自我仍然是自我。

所以不斷的尋找了六年後，他已經對每個方法感到厭煩，但是他的自我還沒有厭煩。自我永遠不會厭煩去做任何事。它永遠不會對追逐感到厭煩。但是有一天，在六年不斷的尋找後，佛陀了解到一切都是沒有意義的。他沒有在這個世界、這個桑雅士、這個棄世中找到任何東西。那晚，他甚至放棄了桑雅士。他坐在樹下，沒有靜心、練習奉獻或苦行，或各種念誦。那晚他只是睡著了。

這一覺是非常奇妙的。他從沒有睡過這樣的覺，因為他的頭腦總是會有些慾望和別的東西——有時候是得到財富的慾望、有時候是達成神的慾望、有時候是佔有世界的慾望、有時候是得到真理的慾望……一旦有慾望在那兒，夢也會在那兒，而一旦夢在那兒，緊張就會在那兒。一旦緊張在那兒，要如何入睡，要如何休息？

那晚，他首次睡著了。在這一覺中，真理湧入到他的內在。隔天早上，當他張開雙眼……佛教經典的說法是奇特的，它們說：「隔天早上，雙眼張開了。」它們並不是說隔天早上，他張開了雙眼，因為現在在他裡面，沒有人來張開雙眼。當睡眠結束了，雙眼張開了。就像花朵在早上綻放，雙眼張開了，而佛陀張開的雙眼看著最後一顆星星漸漸下沉。**這個世界就像最後的晨星**。最後一顆星星快要下沉了。當閃閃發光的星星開始消失，他最後的一點點自己(self)，和自我的最後聯繫也一邊閃爍一邊消失了。就在那一瞬間，成道發生了。

後來每當人們問佛陀，問他是如何成道的，他會說：「這是很難回答的問題，因為我不是因為自己的作為而成道。成道的那一天，我什麼事都沒做。但是沒有錯，如果我沒有做了這一切，這個什麼事都沒做的狀態就不會出現。」

要了解，他並沒有因為六年嚴厲的苦行而得到真理。但是如果沒有那六年的苦行，只是坐在樹下，也就不可能會有那個放鬆的片刻。你可以去那兒坐著——那棵樹還在菩提迦耶——你可能會決定不做那六年的苦功，因為那沒有意義，什麼都沒達成……佛陀透過靜坐而成道。他坐著。外在而言，你也可以像佛陀一樣的坐著：靜止不動。但是內在？——你就不會擁有花了六年苦行但什麼都沒得到的經驗，你不會了解到：透過作為不會有任何事達成，做任何事都是沒有意義的。你缺少那個經驗。即使你真的躺在那棵菩提樹下，那棵樹也不再是佛陀成道時的那棵樹。

所以我們能說什麼？佛陀是因為作為還是無為而成道的？我們必須回答：兩者。他是因為作為和無為而達成的——兩者都有。透過作為，他達到了無為的狀態，透過無為，他得到了真理。因此第一步是「那些尋找的人將會找到」。花了佛陀六年的時間。有時候，當我說：「不要尋找，否則你會錯過，」我是在談論最後一步——所以你不是只有尋找，從六年變成六十年和六世——因為如果你只是不斷尋找，你也永遠不會抵達。

你必須奔跑著抵達目的地，但是之後你也必須停下——因為如果你跑上癮了，即使你接近目的地，你也會錯過它。你即使抵達了也不會停下來！只有當你停下來，你才能抵達目的地。如果你是一個熟練的跑者，好的跑者，但卻忘記如何停下來——如果你只是不斷的奔跑了很多世，即使當你抵達目的地，你也不會知道如何停下來。你會繼續一邊奔跑一邊經過它。只有當你停下來，你才會碰到你的目的地。但是只有那個全心全意奔跑的人，全然奔跑的人，才知道如何停下來；只有全神貫注在奔跑的人，徹底奔跑的人，才會知道。

所以這兩句話同時是正確的。很多次，似乎對你而言，我的話語中有很多矛盾，每當情況如此，要知道你在某個地方搞錯了。無論我的話語看起來有多麼矛盾，它們永遠都不是真的有任何矛盾。在某處有條線同時連接著它們。在某處有一座你看不見的橋，有一個你看不見的連結。每當你發現我的話語是彼此矛盾的——你會在我的講道中找到數千個矛盾的陳述——如果你仔細尋找，你總會發現似乎只有矛盾，事實上沒有任何矛盾。兩者可以同時存在。我也要告訴你，只有當兩者同時存在，某件事才有可能發生。

奧修，你要我們不要認同頭腦，過著自然的生活。它們有可能同時做到嗎？或者它們是各別的行為？請解釋。

你問：「它們有可能同時做到嗎？」只有同時做它們才可能做到。如果把它們分開來，就永遠不可能做到。因為它們並不是分開的兩件事，它們是一：同一枚硬幣的兩面。某一次我談論這一面，另一次則談論另一面。

要了解：「你要我們不要認同頭腦，過著自然的生活」——這兩者創造了同一枚硬幣的兩面。頭腦是不自然的。頭腦是什麼？每當你違反你的本性，它就會產生。頭腦透過努力而被創造出來。那就是為什麼動物沒有頭腦——因為牠們無法違反本性。牠們永遠不會迷路。牠們的狀態一直和大自然創造出牠們時的狀態一樣。因此牠們不需要頭腦。人類有頭腦：那是人的光榮，也是他的困難——兩者都有。擁有頭腦使人是自豪的，而這也是他的問題，他唯一的混亂。頭腦的意思是，如果人想要，他可以違反自己的本性。這是人的自由。

你是否看過動物在倒立？我不是指馬戲團，因為馬戲團的動物已經被人類腐化了。我不談論牠們。你是否看過叢林裡的動物在倒立？動物甚至無法有任何倒立的想法。當牠們看到你倒立，牠們一定會嘲笑你：「這些人怎麼回事？他們用腳站著好好的，現在卻用頭站著！」

人尋找各種超越自然的方法、凌駕於自然的方法、與眾不同的方法。當性慾出現，人試著強迫自己禁慾。當憤怒出現，人試著壓抑自己並面露微笑。這也是人的光榮，人的美。但是每當他違反本性，煩惱、緊張和焦躁也產生了。每當你遵循本性，生命就會是放鬆的、悠閒的。

所以頭腦是你創造出來的某個東西。這就是為什麼年紀很小的孩子沒有頭腦。創造出頭腦是需要時間的。頭腦是被家庭和社會透過教育、集體制約、文化和教養所創造出來的。你是否試過回想你的童年？如果你試過，你可以想起三、四歲發生的事，但是在那之前就不行了。為什麼？——因為那時候你還沒有頭腦，所以你無法想起任何事。你的記憶回溯到某個地方就會卡住。你需要頭腦才能記住，只有當你開始有了頭腦，你才能記住。如果你回顧過去，你可以想起四、五歲的事。在那之前，一切都是黑暗的，那段時間是空白的。頭腦還沒被創造出來，那個機制還沒準備好。

所以頭腦只有到了四、五歲才可以適當的運作。然後它會變得越來越熟練。所以年老的人會有年老的頭腦。而小孩犯錯，我們會原諒他們：「他們只是小孩。」什麼意思？我們是在說：「這些可憐的傢伙還沒有頭腦。他們還是小孩。他們的頭腦還沒有形成，還沒有受到制約。需要一點時間；現在他們是可以被原諒的。」我們也會原諒瘋狂的人，因為他是瘋狂的。當醉漢造成麻煩，我們也會原諒他，因為他喝醉了。我們為什麼這麼做？當他喝醉了，那表示他的頭腦是無意識的。現在那個控制的機制是無意識的，所以他會像個小孩。

曾經有個人辱罵了阿克巴皇帝。當阿克巴騎大象出巡時，醉漢爬到他的房子屋頂上對著皇帝破口大罵。阿克巴驚訝的看著這個虛弱、骨瘦如柴的男人大膽的、滔滔不絕的辱罵著。

他下令逮捕了這個人並把他帶到皇宮。待在牢房一整晚後，男人在早上被召見了，皇帝問他為何破口大罵。

他跪在皇帝的面前說：「我沒有罵你。罵你的不是我。」

阿克巴說：「你在指責我是騙子嗎？一切都是我親眼所見。不需要其他證人。就是你，你在辱罵我。」

男人回答：「我不是說那個人不是我。我喝醉了。是酒精在辱罵你。請原諒我。那不是我的錯。如果有任何錯，那就是我喝了酒。請就那部份懲罰我，而不是懲罰辱罵你的部份。」

阿克巴感覺那個男人說的話是合理的。懲罰醉漢有什麼意義？他應該被原諒。瘋子也可以被原諒。如果瘋子殺了人，在法院可以證明他是瘋子，那整件事就結束了——因為你怎麼能要求某個沒有頭腦的人對他的行為負責？所以小孩、瘋子和醉漢都可以被原諒，因為他們還沒有頭腦、或者情況是頭腦停止運作了、或者那時候的頭腦失去了意識、或者頭腦是有缺陷的。

全人類的文化和教養都根基於頭腦。頭腦是人類的基礎。有件事要了解。動物沒有頭腦，成道者也沒有頭腦。兩者有些類似的地方——一些。兩者有很大的差異，也有一些相似性。成道者已經超越了頭腦，而動物還沒有頭腦。成道者就像小孩一樣。小孩還沒有頭腦，而成道者則是把頭腦放到一邊。這是一個偉大的革命——把頭腦放到一邊——因為如果你的善良根基於你的頭腦，那這是什麼樣的善良？當你喝了一點酒，它就消失了。如果你的美德根基於你的頭腦，它將不會非常深厚。真正的美德必須是自然的。那就是所謂的善人和成道者的差別。善人的善良來自於不斷的努力。成道者的善良是自然的、沒有任何努力的。善人有可能變成惡人，而成道者永遠不會變成惡人——沒有辦法。但是在某些狀況下，善人會變成惡人。

用這個方式來了解。有個好人說他從未偷過東西。你問他：「如果你發現路邊有十萬盧比，你會怎麼做？你會把它們撿起來嗎？沒有什麼好怕的，沒有人會看到你，附近沒有警察。你會把錢撿起來嗎？」

那個人可能會說：「不，我不是小偷。」

但是如果你接著說：「如果是一千萬盧比呢？」那個人可能會開始考慮。總會有一個極限。對於十萬盧比，他可能可以控制自己，因為他的頭腦會告訴他，相較於十萬盧比，不當一個小偷是比較重要的。但如果是一千萬盧比或一億盧比，他的意志可能會開始動搖。

有一天，穆拉那斯魯丁正搭著電梯，電梯裡面還有一個女人，一個美女。這是個不容錯過的好機會。他說：「如果我給妳一千盧比，妳今晚願意和我睡嗎？」

女人很生氣。她說：「你把我當成什麼？」

那斯魯丁回答：「如果我給妳一萬盧比呢？」

女人牽了他的手說：「那就可以。」

那斯魯丁又問：「如果我給妳十盧比呢？」

她說：「你把我當成什麼？」

他說：「現在我知道了！我們只是在談判。如果妳可以接受一萬盧比，那只是價錢的問題。我知道妳是什麼，我了解妳的美德極限。現在我們只是在談判⋯因為這也是一個我能負擔多少的問題。我要從哪兒拿到一萬盧比？」

善人有其極限，成道者沒有極限——因為頭腦設定了界線，而靜心不會設定界線。善人的善良來自於他的頭腦；成道者的善良來自於他的靜心——自然的、自發的。這是行為和意識之間的差別。行為仰賴頭腦，而意識是自由，最終的自由。依循內在的意識而生活的人是宗教性的人，依照行為準則而生活的人是道德主義者。

現在來了解你的問題：「你要我們不要認同頭腦，過著自然的生活。」自然的意思是你了解到你做的一切都是來自你的頭腦。例如，你可能是一個易怒的人，但是你利用頭腦壓抑你的憤怒。現在這樣的慈悲是不真實的——那是強加的、表面上的、粉飾過的。你的外在表現出慈悲，而內心裡你是憤怒的。現在這個狀態無法改變你的生命。你會和現在一樣的空虛，一如往常的虛偽。我說不要壓抑憤怒，而是了解憤怒。因為一旦了解它，會有一個片刻來到，一個時機來到，當你不再被憤怒束縛，不強迫自己是慈悲的。當你不再被憤怒束縛，你內在的慈悲會自行出現，我將這稱為自然。

很多次，你把自己的定義強加到我使用的「自然」這個字上。我也很清楚。這是危險的：當我要你成為自然的，你以為你必須成為動物。我了解你的困難。你從不知道如何成為自然的。對你而言，「自然」只有一個意思：當你去除了頭腦，你掉到最底層，某些問題會產生。你一直想辦法控制自己——否則你早就和鄰居的妻子跑了。「現在他卻要我成為自然的！」

你聽過這個故事嗎？

一個非常富有的人去諮詢心理醫生。他說：「我很難進去辦公室，因為沒有員工想工作。他們整天坐著，把腳放在桌上。有些人在看報紙；每個人都在聊天。當我到了那兒，他們會假裝在工作，但事實上他們什麼事都沒做。有一天我甚至問他們：「

弟兄，每當我到了這兒，你們受到驚嚇並開始工作，但是只要我一離開，你們就停下來了。為什麼要一直這樣下去？你們想要我整天騷擾你們嗎？我一次能騷擾多少人？這是個很大的辦公室！」所以你認為我該怎麼辦？」

心理醫生說：「做一件事。在辦公室設置一些告示。它們會有很大的效果。那些告示上要寫：今天可以完成的事，不要拖到明天，因為明天永遠不會來到。現在就去做！」

富人設置了那些告示。過了幾天，心理醫生去那兒確認那些告示是否已經見效了。那個富人一邊打著自己的頭一邊說：「效果？非常大！出納帶著我的錢跑了，辦事員和打字員私奔了，工讀生恐嚇我不准離開辦公室，否則要用鞋子打我。他一直想這麼做，但是從未有機會實現這個想法：我明天就要這麼做。現在我不敢離開我的辦公室。看看你建議的告示！它們確實見效了！」

我也知道當你聽到我要你成為自然的，總會有一個問題出現：那我該做什麼？我是一間公司的出納，我該帶著錢跑掉嗎？或者，我一直想殺了某個人，我還沒有做，心想這是非常不好的事。現在我必須成為自然的，我感到好奇——我該去殺了那個人嗎？我該偷東西嗎？我該出軌嗎？我該做什麼？

每當我要你成為自然的，試著了解你腦中發生的一切。這些都是你的頭腦所壓抑的。

當我要你成為自然的，你應該坐個一小時，冥想如果你是自然的，那你要做什麼。列一張清單，把一切寫下來。在這個過程中，你會發現很多關於頭腦的怪現象。如果你是自然的，所有你想要做的一切都被壓抑在你裡面。它們就像膿汁，它們是你的傷口。

我不是要你變成動物。當我說成為自然的，我的意思是不要壓抑，而是了解。如果憤怒被壓抑在你裡面，那就了解你的憤怒，觀照憤怒。不要把它藏在你裡面的黑暗角落。不要把它放到地下室，把它放在燈光下——因為當光照著你的憤怒，它會消失。當你的憤怒消失，連結著它的能量將會轉變成慈悲。而這個慈悲會是自然的、自發的。

對動物而言，野蠻是自然的；對聖人而言，神聖是自然的。但是神聖來自於靜心，它永遠不會來自於壓抑。壓抑可以使你成為一個好人，但是你坐在那兒，疾病在你裡面惡化。你裡面會是一個十足的地獄。表面上你可能在微笑，但是你的內在充滿了淚水。不會使你有任何改變。你可能會成為一個更好的公民，社會可能會把很多獎項頒發給你——但這些都是外在的。內心裡，你不會感到任何光榮、得到任何尊敬。你會責備自己、憎恨自己、譴責自己——因為雖然你可能可以欺騙全世界，但你要如何欺騙自己？我也了解你的理解只能在你可以接受的範圍之內。

一隻洗衣工的驢子掉到卡車下面而被輾死了。卡車司機試著安慰主人。他說：「不用擔心——相信我。我可以取代牠。」

「不，不，」洗衣工雙眼充滿了淚水：「你無法取代牠。」

司機說：「我為什麼不能取代牠？」

洗衣工回答：「你沒有跟牠一樣強壯。牠常常從我家馱著沉重的待洗衣物到河邊——來回不斷的。你沒有強壯到可以從我家背著這些衣物到河邊後再背回去。」

當洗衣工的驢子死了，只有一件事是主人在考慮的——他的驢子。沒有驢子，他什麼事都不能做。卡車司機願意取代牠。洗衣工一定有仔細打量司機後才認為他完全無法取代牠；他沒有像驢子一樣強壯。洗衣工有自己的理解、自己的慾望。那隻剛死的驢子會完全同意他。

我聽說有個村民買了一個時鐘。有一天時鐘停了。村民把時鐘拆開後發現了一隻死掉的蚊子。他開始大哭。某個人問他：「弟兄，你為什麼嚎啕大哭？怎麼回事？誰死了？你哭得這麼傷心。」

他回答：「是的，弟兄。牠死了。負責我的時鐘的驅動器死了。」

村民不知道時鐘運作的原理。可憐的傢伙拆開時鐘後發現一隻死蚊子。他說：「這解釋了一切。那就是為什麼時鐘停了。」

每個人有不同的理解能力。如果某件事超越了你的理解能力，你會用自己所能理解的字詞來解釋它。你在這兒也做著一樣的事。我說了一件事，你把它解釋成另一件事。我說：「成為自然的，」然後你開始認為這是一件困難的事：「我是否應該變成惡人、罪人或罪犯？」你一直壓抑你想要犯罪和邪惡的一面：你翹著腿坐在它們上面。一旦你稍微移開，它們就會像蛇一樣的露出頭。你不敢移動，因為你可能會犯罪。但這是什麼樣的生命？這是痛苦的生命。無論你壓抑了什麼，你必須每天持續壓抑它們，無論你壓抑了什麼，它都在等待報復的時機，它會在你虛弱的時候爆發。

所以好人也會殺人，雖然你從未想過他會做出這樣的事。你甚至無法想像他會謀殺任何人。他似乎是一個正直善良的人。但是外在並不代表一個真正的人。在他的內心裡，還有別的東西在那兒。

你朋友騙了你很多次。你甚至無法想像他們會欺騙你。或者你無法證明他們欺騙了你。在內在裡，人是某個東西，而外在上，人又是另一個東西。由於你的頭腦，外在上，你似乎是某個東西，但是內在裡，你又是另一個東西。當我說成為自然的，我是在說：再次檢查你一直在壓抑的，由於壓抑存在著，所以就不會有自由、轉變和革命。如果你想要改變你的生命，那就觀察每一件你壓抑的事。透過不斷的觀察，不斷的看，對於憤怒、貪婪和性慾的認知將會使你免於它的束縛。

我甚至不會建議你要立下禁慾的誓言，因為那會是錯誤的。如果你去找所謂的聖人和修士，他們會要你立誓或做某些事，特別是禁慾的誓言。我不對你談論禁慾的誓言。我會說：用具有洞察力的雙眼看著你的性慾，將你全部的覺知聚焦在你的性慾。完全的認知它。在那個認知中，你將不再受到它的束縛。知道就是解脫，無知就是束縛。如果你用充滿洞察力的雙眼看著你的性慾，你將不再受到它的束縛。而禁慾就是那個自由的果實。

禁慾不是某個要立誓的事件。依據誓言而做的禁慾是虛假的、無意義的、強加的。立誓禁慾的人總會害怕和緊張：「我希望不會看到女人！」現在你能逃去哪兒？——到處都是女人！而且你怎麼逃得掉？因為女人也在你的內在裡。你有一半是來自於女人——你能逃去哪兒？你的母親創造了一半的你，你的父親則創造了另一半：你是一半的男人和一半的女人。女人就活在你裡面。你要如何逃離她？你可以逃到森林，你可以躲到山洞裡坐著，但是你裡面的女人，一半的你，會在你的夢中出現。

你看過很多故事，關於先知和那些所謂的聖人，被飛天圍繞著——來自於因陀羅神的宮殿的跳舞女孩。現在這些飛天在哪兒？她們為什麼會在意？她們對先知和聖人有什麼興趣？只要想想——這些飛天不能去找些健康的年輕人嗎？這些乾瘦的先知和聖人，垂死的，接近死亡的——他們所能做的就是虔誠的轉動念珠，沒別的了——他們沒有力氣做別的事！什麼樣的飛天會注意這些坐在山洞裡面的可憐傢伙？你可以自己去試試。你以為坐在喜馬拉雅山的山洞裡，女舞神就會來找你嗎？沒有人會來！繼續坐在那兒，一邊等待一邊想像飛天將會來到⋯⋯沒有人會來。我告訴你們，即使這些先知和聖人去敲飛天的門，那些門也不會打開。警察會出現，把這些神聖的人帶走。

但這些故事指出了一個真理，它們不會是作假的，因為它們是好幾世紀以來的經驗所創造出來的。這些飛天不是外在的——她們是你強大的想像力所塑造出來的內在的女人。她不是外在的，她是你的想像力的一部份。當一個男人餓了很多天後，他的想像力會讓他看到到處都是食物。

我聽說：

著名的德國詩人海涅，在日記中提到他曾經在森林裡迷路。他三天沒吃任何東西。他一直徘徊著、迷路的。然後，一個滿月的夜晚，他在日記中說：「我很驚訝。它看起來就像掛在天空的一條麵包。我以前從未有過這樣的感受。我寫了一輩子的詩。常常透過月亮的外貌而看到美麗的臉、美麗的女人，但是那晚，它看起來就像一條麵包。我很驚訝。我用手揉了揉眼睛，以便確認我所看見的⋯⋯」

當你是饑餓的，連月亮也會變成麵包。如果你的胃是空的，你會看到到處都是食物。你一直壓抑性慾⋯⋯現在你能在山洞裡坐多久？因為它將會升起它的蛇頭。這個性慾將會出現，它是如此強大以致於你會以為女人就站在那兒，在你面前。她可能看起來會非常真實，以致於你可以觸摸她、擁抱她。所謂的先知和聖人會被欺騙。有個女人在那兒，但那只是他們一個強大想像力塑造出來的影像，一個投射。

所以你不會只是因為立下禁慾的誓言就成為一個禁慾的人，或因為立下慈悲為懷的誓言就成為一個慈悲的人。你不會因為立下不生氣的誓言就會變成平靜的人。這些事仍會影響你的頭腦。

所以當我說不受到頭腦的束縛，我的意思是要你將覺知帶入到每一個使你不安的過程：你的性慾、貪婪、依戀、嫉妒。了解它們、看清它們、深入它們。如果你可以深入的經歷過它們，它們就再也無法控制你，你也不再會抓著它們不放——因為當你覺知的看著它們，你會發現它們是微不足道的、毫無意義的。了解到它們是沒有意義的，這就是解脫的秘訣。

你生過很多次的氣，但是憤怒有什麼意義？你能從憤怒中得到什麼？無論我說了什麼都無法解決你的問題。你必須完全的進入憤怒的整個過程，看看裡面是否有任何意義。如果你的認同只是因為我這樣說，那會是另一個壓抑。你必須經歷你自己的過程。

你應該以一個從未有人在你之前出生的狀態來進行，彷彿你是第一個人類，彷彿你是亞當。亞當不知道任何經典和聖人。他確實非常幸運。沒有任何傳統存在。沒有任何人留下任何東西給他。無論他發現了什麼，他都是自己發現的。當憤怒出現了，他一定會了解憤怒，直接的看清憤怒。沒有人告訴他憤怒是不好的：停止憤怒，控制憤怒。沒有人告訴他任何事。想像你是地球上的第一個人：在你之前沒有任何聖人的存在，沒有賢者或先知會對你解釋任何事，忘掉他們，想像你是第一個人類，這樣你就能完整的看清楚你的生命過程。如果你懷著偏見，你就永遠無法看清楚——如果你從一開始就認定性慾是不好的，那你就已經認同它了。

人們來找我。我問他們：「如果你們不是靠自己知道的，那憑什麼認為性慾是不好的？」他們說是聖人和先知這樣說的。讓聖人和先知去說他們的——但這是什麼藉口？他們可能是錯的！畢竟，有多少聖人和先知？不是聖人和先知的人數是更多的。

你是否相信民主？是的話就投票決定。大部分的人會贊成性慾。一百個人中會有九十九個人贊成性慾。剩下的一個人可能是被騙了——為什麼如此相信那些聖人說的話？百分之九十九的人會說性是他們的生命，那表示性慾必須有某個深度，某種強大的拉力，某種無法壓抑的吸引力。你無法只是透過立誓或遵守某些規範而不受到這個吸引力的束縛。你必須進入到它深不可測的深度裡。你必須利用靜心的能量進入它。你必須透過毫無偏見的方式進入它。不要說它是好的或壞的。知道它，看清它，透過這個知道和看清的過程做出你的決定。然後這個決定將會使你不再受到它的束縛。

當我要你成為自然的，我的意思是你不應該壓抑你的生命過程，你不應該對它們抱有敵意。它們只是你必須走過的梯階。是因為走過這些梯階而使一個人到達神。你可以把這些梯階變成絆腳石，或者把它們當成階梯。一切由你決定。

發生的情況總是這樣：試著這樣了解。每個人的病是不同的。某個人的生命中可能對性非常熱衷，但是他可能不會非常貪婪。他沒有辦法，因為他的性慾用了所有的能量。所以這個人可以很容易的克服貪婪。他甚至可能會開始對人講道，說貪婪並沒有任何意義：「我已經放下它了！我立了誓，然後事情結束了。」不要被這個故事騙了，因為他的狀況和你不同。每個人的生活狀況就跟他們的指紋一樣，都是不同的。

每當有人去找葛吉夫，他會說：「首先，尋找你生命中最大的混亂，你最嚴重的疾病。其他的一切都是因為它」——因為常發生的情況是，人和非常小的疾病對抗，不斷享受擊敗它們的喜悅，但這些並不是真正的問題。必須要找出真正的問題。有可能性慾才是一個人生命中最無法壓抑的、最強大的慾望。那個人可以很輕易的放棄財富或地位。他可以輕易的放下憤怒。但是你不該依此推論每個人都能輕易的放下憤怒。如果憤怒是你生命中的基本問題，你就能輕易的拋棄性慾。每個人必須依據自己的生活狀況找出基本的問題。

我聽說：

一個女人在玩具店裡買玩具。店主是一個年輕女人。她把一個洋娃娃遞給那個客人：「看看這個洋娃娃。當妳把它放在床上，它會閉上眼睛，像小孩一樣的睡著。」那個女人笑了。她說：「親愛的，妳似乎沒有哄小孩睡覺的經驗。」小孩不會這麼容易就睡著。如果你試著要讓她睡著，她會張著眼睛，保持非常的清醒。你越努力嘗試，她就會吵越大聲。女人這樣說是對的：「親愛的，妳似乎沒有哄小孩睡覺的經驗。」

常發生的情況是，那些把玩偶放在床上讓它們睡覺的人會隨時準備要建議別人：「你也可以讓它們睡著，沒有什麼困難的，這很簡單。」但是不要認為對某人很簡單的事情也會對你很簡單；不要認為對某人很困難的事情也會對你很困難。別人的建議沒有任何幫助。它總是會帶來傷害，沒有任何益處。

那就是為什麼你會認為我的話語中有很多矛盾：因為針對不同的人，我給予不同的建議。我在意的是人，不是建議。我對某個人說了一件事，對另一個人則說了另一件事。有時候我會說出看起來非常矛盾的話語。我注意的是你，不是我說的話。我不在乎原則；它們是不重要的。人不是為了原則而存在，是原則為了人而存在。人不是為了經典而存在，是經典為了人而存在。

我注意的是你。當我看著你，我說出對你似乎是有意義的話語。但是那些話不一定會適用另一個人。

不要被它控制並開始把它用在別人身上。不要認為如果我對你說了些話，然後：現在你知道真理了。真理是因人而異的。

穆拉那斯魯丁的妻子正在廚房工作，他在客廳大喊：「嘿，廚房有東西燒起來了。是什麼東西？」

「我的頭，」他的妻子憤怒的回答。

穆拉回答：「那就好。我以為是蔬菜或別的食物燒起來了。」

每個人有自己的價值觀。對穆拉而言，蔬菜比妻子重要。如果她的頭燒起來了，那就不用擔心了。

在心裡記住：觀照對你而言最重要的東西。首先，找出經典中提到的六種敵人——性慾、憤怒、貪婪、依戀、驕傲、嫉妒——哪一個是你的主要敵人。從它開始。一旦它被解決了，其他的五個就能很容易的去除掉。一旦你擺脫了根本的疾病——如果你可以征服最大的敵人——其他的敵人會跟著被征服。聚焦在你主要的敵人。而且不要急：每天觀照它。不要試著避開它；試著成為自然的。如果你感覺外在的自然是危險的，後果會不堪設想⋯⋯

例如，如果憤怒是你主要的敵人。當它出現，如果你自發性的表達它，你可能會失去工作，你的妻子可能會和你離婚，你的父母可能會把你趕出家門，可能有各種問題⋯⋯那就獨自坐在你的房間，在那兒憤怒。關上所有門窗。完全的憤怒。找一個讓你憤怒的客體，就如同你把一個雕像當作神的象徵。如果你對老闆憤怒，放一張他的照片，用你的鞋子盡情的打它。一開始你會驚訝：你在做什麼？這是什麼樣的瘋狂？但是很快，幾分鐘後，你發現你開始非常投入並感到有趣。

在日本，他們大力的推廣這些實驗。一些大型企業聽從心理醫生的建議置放了主管的肖像。員工怨恨主管是自然的，所以當某個員工心情不好，他可以到一個有主管肖像的房間——主席、經理或老闆的肖像——然後打它們。當他回來，他感到快樂、容光煥發。他的工作速度變快，對工作更有興趣。漸漸的，他感到抱歉：「噢，我沒有必要打那個可憐的傢伙！」他的內心甚至對那個人開始感到友善。

你應該試試。西方正在進行這類的實驗，結果證明很有效。不用打你的妻子，拿一個繡著她的名字的枕頭，或者她的照片，然後打它們。透過這個方式，不會有任何暴力事件發生，但是你的憤怒可以完全釋放。過一會兒，你發現全身因為憤怒發抖著：你的手腳在抖動，雙眼發紅，緊咬著牙齒。當你的憤怒來到這個狀態，你開始被它的火焰燃燒著，閉上雙眼坐著，看著這個燃燒——因為你只有這時才能看到你的憤怒。當事情還處於種子的狀態，你無法看見它，只有當它們完全的綻放，你才能看見它們。在這個狀態下觀照你的憤怒。

馬哈維亞是第一個提出將憤怒以及悲傷列為四種靜心方法的印度神秘家。馬哈維亞解釋了現在西方所進行的。觀照憤怒，他稱為raudra，觀照悲傷，他稱為aart。如果你是悲傷的，不要壓抑你的悲傷：到你的房間，搥胸打滾，完全的經歷你的悲傷。當悲傷之雲從四面八方圍繞著你，安靜的坐在它們裡面，變成一個觀照。你會驚訝。鑰匙落到你的手上。透過這個方式，漸漸的，有一天你會發現你變成自然的——不是像隻動物，而是像個聖人。你將會超越頭腦。

奧修，喜悅、愛、靜心、了解、臣服——似乎這些都無法幫助我。然而你接受了我：這已經是你非常大的慈悲。我把一切留給你決定。

如果你能做到這樣，每件事都能發生。如果你能只是接受、放下，一切都會發生。如果你能有這樣的信任，這樣的信賴，一切都會發生。因為信任是偉大的煉金術，它是偉大的革命。

不要只是得到愛就結束了故事，
用到來的潮水增加它的情節。
曾經起航的愛之船，現在淹沒了，
延長記住和淹沒的生命。
在第一次的探險中，
即使你找到了目的地，又能有什麼幫助？
如果沒有誤入歧途和迷失方向，
怎麼能說你行走過？
走過那條路，
使你的終點能夠使你驕傲，
使你的足跡如同點燃的燈一樣的被尊崇。

面對暴風和巨大的海浪，
受過的傷已經夠了，
用腳踝的鈴鐺裝飾那條小溪，在它裡面淹沒。
創造一個最終的暴風，淹沒在它裡面。
我要如何告訴你？你的淹沒就是你的融合。
為了別人而失去那條路，這就是你的勝利。
埋葬你的心而保護別人的心之安逸。
奉獻你的生命，
以便別人的聖火儀式可以完成。

聽！再聽一次：

我要如何告訴你？你的淹沒就是你的融合。

如果你能漸漸增加在我裡面淹沒的能力，如果你可以做到這樣——開始放下、完全的放下、全然的放下——那麼在這個臣服中，你將發現革命已經發生了。在這個臣服中，你將變成整合的、完整的——因為你已經放下你擁有的一切。你已經完全的、徹底的使自己結晶化；因為這個結晶化，你所有分離的部分結合起來了，變成一個無法看見的整體。在這個不可分性、專一性中，你將首次經驗到你的靈魂。因為臣服就是鑰匙，而信任是一把舉世無雙的鑰匙。

海浪之神要求獻祭，
裝飾你夢想的財富，
獻上你的淚水——和淹沒。
淹沒你的慾望，然後淹沒你自己。
忘掉彼岸，率先跳入每個漩渦，
親吻每個海浪並擁抱它。
你淹沒的地方將會成為光的聖地，
你躺過的地方將會成為廟宇。
讓痛苦存在，但沒有淚水，噢，我的朋友，
過著這樣的生活。
喚醒你心裡的人，淹沒吧。
幫助新的太陽升起，淹沒吧。
不要掙扎：一切終將離去。
有一天，你必須淹沒，無論你是否願意。
生命是一個不會停留太久的客人，
有一天，你必須用歌聲向它告別。
呼吸是一場你注定會輸掉的棋局，
喝下毒藥將使你發現永恆——試試看！
看著人類目前的黑暗狀態。

蔑視時間而淹沒吧。
用歌聲的王冠裝飾，淹沒吧。
喚醒你心裡的人，淹沒吧。
幫助新的太陽升起，淹沒吧。

臣服的意思是你已經試了一切，盡你所能的；在各種情況下你都失敗了……這就是我在佛陀的故事中提到的。六年來，他試了各種可能的方法，但是沒有任何事發生。他放棄了，只是坐了下來。這就是信任的意思，這就是臣服的意思：「這不是我能控制的——所以還能做什麼？我已經做了一切，是該停止的時候了。」但是不要一再的回頭。一旦你停止了，留在那個狀態。將一切留給存在，然後依據存在的意志而活。它要你怎麼行為，你就怎麼行為。如果這個行為是好的，沒關係；如果是不好的，沒關係。如果它使你成為好人、善人，那就成為好人、善人；如果它使你成為壞人，那就成為壞人，無條件的放開來。不要批判、思考：「如果它讓我變好，那就很好，但是如果它讓我變壞，那我就要阻止它。」這樣的態度不會有幫助。

臣服的意思是無論發生什麼事，無論它是好的或壞的，都隨著它。

喚醒你心裡的人，淹沒吧。
幫助新的太陽升起，淹沒吧。

在這個淹沒中，不會有任何損失。

不要掙扎：一切終將離去。

有一天，你必須淹沒，無論你是否願意。

遲早死亡會來到，你將會被死亡淹沒。成為弟子的意思是你在死亡來到前就已經在師父裡面淹沒。古代的經典說：「師父就是死亡。」有時候古代的經典會有些令人驚奇的話語——「師父就是死亡」！師父的意思就是你在師父裡面死亡，你在師父裡面淹沒。你不再存在。然後該發生的就會發生。你不再存在。現在你不再掌控一切。

我只會對你說：淹沒吧。

奧修，我是單獨一人的，我在尋找一個旅伴，我日夜尋找著祢。進入我的心，停留在我的雙眼。進入我多采多姿的愛之夜。這個甜蜜的夜晚是多麼的美。但是祢卻不在我的身邊。

這是重要的，值得了解。只要你還認為你是單獨一人的，你就會繼續尋找——但是你不會找到。因為你的尋找起因於你的孤獨，你會找到錯誤的東西。你對神沒興趣，你只是試著滿足你的孤獨。你對尋找神沒興趣；你是單獨一人的，你只是想要一個伴侶，一個旅途上的同伴。你是重要的。你不想成為神的旅伴，你想要神成為你的旅伴。

我常說這個世界有兩種人。第一種是隨時準備追隨真理的人。第二種是要真理跟隨他們的人。兩者有很大的不同。你想要成為神的同伴還是要神成為你的同伴？這個差異是非常大的。不要認為這只是改變立場的問題，並沒有什麼不同。如果你想要神成為你的同伴，表示你想要利用神。

你是單獨一人的。有時候你試著透過妻子滿足你的心，但卻從未成功。有時候，你試著透過朋友滿足你的心，但仍未成功。有時候你試著透過地位和名譽滿足它，然而仍然沒有任何事發生。在俱樂部、在群眾中、在市集中、在商店裡，你試著用一千零一種方式來滿足你的心，每次你都失敗了，你的心從未滿足。所以現在你說你想要用神滿足它。「我是單獨一人的，我在尋找一個旅伴……」

但這不是奉獻者的態度。奉獻者的態度是與此完全不同的。而且單獨和孤獨有很大的不同。當你是充滿喜樂的，單獨發生了。單獨的意思是你自己的存在就滿足了。你全神貫注在覺知自己，單獨的。我們稱為寂靜。然而當你因為別人不在而苦惱，他的不在像荊棘一樣的刺痛著你。孤獨和寂靜、單獨有很大的不同。在孤獨中，人哭泣著。坐在單獨中，你是喜樂的、愉悅的、歡欣的。

你寫的歌是一首孤獨的歌。「我是單獨一人的，我在尋找一個旅伴。」裡面有著悲嘆、淚水和空虛。

我日夜尋找著祢。
進入我的心，停留在我的雙眼。
進入我多采多姿的愛之夜。

你仍然用對待妻子和愛人的方式對待神。沒有任何改變。你將舊有的慾望、依戀、性慾強加到神上面。

這個甜蜜的夜晚是多麼的美。
但是祢卻不在我的身邊。

你是悲傷的——因為夜晚是如此美麗，生命是如此快樂……但你是悲傷的，因為你的愛人不在你身邊。

我是單獨一人的，我在尋找一個旅伴，
我日夜尋找著祢。

你可以繼續尋找，但是你永遠不會找到。有件事可以確定，即使你永遠不斷的尋找，你也不會找到。你可以從早到晚一直尋找，每天不斷尋找。你可以不停的尋找。這就是你累世以來一直在做的事：你還沒放棄這個習慣，這個舊有的癮。你持續的尋找，但是你的尋找中有某個基本上的錯誤。

我要對你說，你應該在你的單獨中感到喜樂，你應該在你的寂靜中感到喜悅。將你的寂靜變成三摩地，變成超意識。不要哭泣。不要當個乞丐。不要向神乞求任何東西。乞求的人將會錯過。每當你乞求，你就破壞、玷汙了你的祈禱。

我要對你說，當你坐在至高的喜樂上，像朵蓮花的綻放，芳香四溢的，神將會來尋找你。那一天，神將會找到你，穿過你的喜樂之門——不是穿過你充滿淚水的雙眼，而是你的歌，穿過你濃厚的芳香。

你在尋找神，但是因為你在尋找，所以你不會找到祂。做些事而使祂來尋找你；只有那時你才能找到祂。你能在哪兒找到祂？想想看！你知道祂在哪兒嗎？你可以從早到晚的尋找，但是你要去哪兒尋找？可以確定你尋找的地方都是錯誤的，因為你不知道祂的地址，你甚至不知道祂的長相。

即使你遇到祂，你要如何認出祂？只要想想：即使神在今天出現並站在你家門前，你能認出祂嗎？不，你不行。你沒有辦法，因為你以前從未看過祂，所以你現在要如何認出祂？到目前為止，沒有人向你介紹過祂，你從未遇過祂。如果祂今天突然出現在你家門前，你仍會再次關上門。你會說：「走開。祢在這兒做什麼？有什麼重要的事嗎？祢為什麼要站在這兒？」

你無法認出神，你也無法尋找祂。你要去哪兒尋找祂？你要如何認出祂？不，你應該做些事以便祂會來尋找你。

這就是不同的地方。行走在知識之路的人是在尋找神，但是神會自行尋找奉獻者。奉獻者全神貫注在他的喜樂中。他跳著舞，在狂喜中使他感到快樂。還有記住：即使有時候奉獻者在哭泣，他的淚水會是喜悅的淚水，不會是痛苦、苦惱、悲傷、或抱怨的淚水。它們是感激的淚水，從他的充滿(fullness)中流出。他知道如果他不能流淚，就沒有別的事是他能做的。他沒有其他流動的方式。他透過聲音流動、他透過舞蹈流動、他透過淚水流動。有時候他笑，有時候他哭…你還記得嗎？達雅說過：**他笑…他哭，他上升和下降…這是非常矛盾的…他想將雙腳放到某個地方，但是它們卻降落**

在別的地方……這是非常矛盾的。

奉獻者處於酣醉的欣喜中。他活在狂喜中。他喝了自己的喜樂之酒。神找到他了。奉獻者的感受不會是「我是單獨一人的。」奉獻者的感受是不同的。

從黎明的第一道曙光到夜晚最後的碰觸，
一股輕柔四溢的芳香待在我的身旁。
我永遠不再是單獨的。

了解這個不同，仔細的深思。你的問題是：「我是單獨一人的，我在尋找一個旅伴，我日夜尋找著祢。」這是愛人之間的對話，不是奉獻者的對話。奉獻者會說得更多，就像這樣：

從黎明的第一道曙光到夜晚最後的碰觸，
一股輕柔四溢的芳香待在我的身旁。
我永遠不再是單獨的。
我的雙眼是時間的三種測量方式，
星辰是我高聳前額上的寶石，
時間的統治者一邊將我乘坐的轎子放在祂的肩膀上一邊行進。
我是黑暗的最後邊緣，接受我的光，
用祢的小手擁抱我。

我是超越一切爭論、不為動搖的真理，
接受我——單純的、自然的。
從問題的深思熟慮到謙虛的問候和愛的奉獻，
祢終於承諾和我走在一起，我永遠不再是單獨的。
我的雙腳觸碰到每個方向和每個方向之外的極限，
生和死永遠的在我的呼吸中保持平衡，
夢想如同陸地上的花朵綻放開來，
我的幻想就是地平線的遮掩。
輕柔的、芳香的微風沿著小路吹過，
返回的，因而迷路的，
當我在暴風的過境下安靜的睡著，
它的香味再次弄髒我那被潮水洗淨的身體。
從再次發生的、刺穿的痛苦到大量落下的淚水，
一些記住，粉碎了所有障礙，
和我走在一起——我永遠不再是單獨的。
奉獻者會感到：「我永遠不再是單獨的。」奉獻者會感到：「我全身上下都充滿了神性。」

從黎明的第一道曙光到夜晚最後的碰觸，

一股輕柔四溢的芳香待在我的身旁⋯⋯

這個「我永遠不再是單獨的」了解是從哪兒來的？它來自於淹沒在自己裡面，來自於深深的沉到自己裡面。

有個關於穆罕默德的故事。他和一個同伴，巴卡，被敵人追殺。敵人有數千個，而巴卡和穆罕默德只有二個人。當敵人在找尋他們時，他們躲在山洞裡。到處都是奔馳的馬兒。穆罕默德坐著，完全漠不關心的，而巴卡則害怕的顫抖著。最後他說：「我的主，你是如此鎮靜。情況很危險。有很多敵人。我們能躲多久？我們活著的時間不多了。隨著每一個片刻的逝去，馬蹄聲越來越接近。我們只有兩個人，而他們有數千人。」

穆罕默德笑了：「你這個笨蛋！」他說：「兩個？我們有三個。敵人可能有數千個，但是我們有三個。」

巴卡看看四周。他說：「你是什麼意思？你在開玩笑嗎？這兒只有你和我。我沒看到其他人。」

穆罕默德說：「再看一次，仔細的看。我們有三個。你沒有把神算進去。」

從黎明的第一道曙光到夜晚最後的碰觸⋯⋯

我永遠不再是單獨的。

在聖女特蕾莎的生平中也發生過一個類似的事件。她想要蓋一個教堂——一個大教堂。所以有一天，她找來了全部的村民。她是一個貧窮的苦行者，身無分文的女人。她說：「我們必須蓋一個大教堂，這個地球上從未有過的大教堂。」但人們說：「你瘋了！我們怎能做到？妳有多少錢？」

她身上有的錢幣大約一派士。她拿出來說：「這是我身上有的錢。教堂將會蓋起來。它必須蓋起來。我會投入我所有的錢。」

人們開始笑了。他們說：「你瘋了！你只有一派士，你以為你可以用它蓋一個教堂嗎？」

她回答：「你們只有看到我的手和手上的一派士。你沒有看到站在我後面的神。來自於特蕾莎的一派士和來自於神的無窮財富…這個教堂的規模將是前所未有的。」

從黎明的第一道曙光到夜晚最後的碰觸…

我永遠不再是單獨的。

教堂蓋起來了——它今天還存在著。人們說全世界都找不到這樣的教堂。它是因為這個奉獻者的信任而蓋起來的。它是因為「我不是單獨一人的」感覺而蓋起來的。

不要再談論孤獨。否則你會永遠不斷的流浪。如果你喜歡哭泣，那是另一回事。如果你喜歡跑來跑去，那是另一回事——但是你將無法用這個方式找到神。

找到神的第一步是無論你在哪兒，靜下來，如同你所是的；保持喜樂的、愉悅的、狂喜的。你的芬芳將會把祂引來。祂會來，被你微弱的芬芳引來。你的噪音無法聯繫到祂，但是你生命的芬芳可以。神會來到，就像蜜蜂會來到花朵那兒。你只需要讓自己是值得的。

奧修，是我在靜心中跳舞還是我的身體必須跳舞？

現在你不存在。所以只有你的身體可以跳舞。有一天，當你到達了，你也可以跳舞。至於現在，你不存在；只有你的身體存在。

你為什麼在這時候提出這個問題？你雖然聽人談到過靈魂，但是你還不了解它。雖然你透過書籍而知道了靈魂，但是你還沒經驗過它。現在你還只是身體。現在靈魂還只是一個夢。你無法使夢跳舞。你要如何使某個不存在的東西跳舞？現在如果你能讓身體跳舞就夠了。讓你所擁有的東西可以跳舞。從身體開始。

人們來找我，說他們想成為桑雅士，但是他們想要「內在的桑雅士。」他們說：「外在的桑雅士有什麼意義？」我告訴他們：「你們為什麼感到自卑？我準備好了，我會讓你成為內在的桑雅士，但是你為什麼自卑？現在你除了外在什麼都沒有，你的內在在哪兒？我可以為它們上色——如果它們存在的話！但是現在沒有任何內在，所以我先為你的衣服上色。至少那是個象徵，一個開始。」

當外在已經上好色了，漸漸的，我們將能為內在上色。我們必須從某處開始，必須從你所在的地方開始。無法從你不存在的地方開始。你談論內在，但是什麼東西在你的內在？你是否曾經閉起雙眼，看看什麼東西在你的內在？你即使閉上雙眼，也只能看到外在的事物。你閉上雙眼，然後你會看到商店、市集、朋友、家庭——但是這些都是屬於外在，你還沒有看到過內在。你閉上雙眼，然後思想開始運作。所有看到的一切都是外在的。

思想對你而言就如同外在的客體。只有當內在不再記得任何客體，不再有思想的流動，你才能知道內在；只有當你存在才行，只有當意識存在時才行。

然後你就會知道你的內在。如果你知道這些，你就已經是一個桑雅士了。現在你完全不知道內在。但人是非常不誠實的；他不想行動，所以他開始談論他沒有達到的狀態。他說：「內在的桑雅士。」

現在你問：「是我在靜心中跳舞還是我的身體必須跳舞？」你已經相信你和身體是分開的。如果你了解這點，是不是你在跳舞都無所謂。但是想想：你真的了解嗎？就某種意義而言，你在這兒跳舞的原因是，你發現到你缺少的。跳舞只是一個起點。一旦你發現到自己缺少的，接下來就由你決定。會發生兩種情況：有些人跳舞，有些人沒有跳舞。蜜拉跳舞、達雅跳舞、莎訶若跳舞、柴坦亞跳舞。佛陀沒有跳舞、馬哈維亞沒有跳舞。一旦它在你裡面發生了，你甚至不會問。然後無論任何從你裡面自然發生的……如果是跳舞，那就跳舞；如果不是，那就不要跳舞。但是這些問題只有當你進入你的內在後才會出現。你提出的問題是理論的、假設的。

有一天，穆拉那斯魯丁趕到醫院，停了摩托車後進入醫院。他問醫生是否還有空床，他的妻子快要生了。醫生說：「你不能直接進來詢問，你要先通知我們。幸好這裡還有一張空床。把你妻子帶來，她在哪兒？」

穆拉那斯魯丁回答：「不用擔心。我只是先來確認空床。當時間到了，我要確保有空床可用。」

然後醫生問：「你的妻子何時會生？」

穆拉那斯魯丁說：「你在說什麼？我連妻子都沒有。我正在考慮結婚。」

精明的人會事先做好所有安排。雖然還沒結婚，他已經開始準備接生了。

不要急。先舉行婚禮。迎接靈魂的時機將會來到，但是現在先和身體跳舞。我知道你的意思。你不想用身體跳舞。你在尋找藉口，心想：「讓我的身體持續坐著，而我的靈魂可以跳舞。」你的靈魂要在哪兒跳舞？如果你有靈魂，就不會有這個問題。你並不是沒有靈魂，你只是還不知道它。

隨時記著：從你所在的狀態下開始。不要找藉口來中止旅程。

成為一朵花，你就會有了芬芳。
釋放芬芳，成為多采多姿的。
唱啊，為世界上色，
裝飾你愛人的頭髮——
因為祂已經來找你，如此的盛裝打扮。
成為一朵花，噢，成為一朵花，
成為一朵花，
你將變成美麗的，
你將會露出笑容。
散發它、看著它，
天堂和塵世將變成美麗的。
貧瘠的心將會充滿喜悅，

你將成為許多詩的歸宿，
你將會是塵世中神聖壯麗的太陽。
成為一朵花，
你將會得到祝福。
神甚至會在和奉獻者會合前和你會合。

人如何變成花？實際上是不可能的。人不是植物。但是當一個人充滿喜悅，他就變成了一朵花。他散發著喜悅，就像綻放的花朵。當你是喜樂的，你就變成了花；當你是悲傷的，你的花瓣是閉合的。因此我強調跳舞——因為當你全心全意的跳舞，你所有的花瓣將會綻放。

成為一朵花，你就會有了芬芳。
釋放芬芳，成為多采多姿的。
唱啊，為世界上色…
成為一朵花，
你將變成美麗的，
你將會露出笑容。
散發它、看著它，
天堂和塵世將變成美麗的…
你將成為許多詩的歸宿，

你將會是塵世中的神聖壯麗的太陽。
成為一朵花，
你將會得到祝福。
神甚至會在和奉獻者會合前和你會合。

跳舞吧，不要害羞。不要因為小小的害羞而退讓。如果你為身體帶來喜悅，那麼喜樂的影子將會墜入身體之後的心。漸漸的，它也會變成喜樂的，它也會開始搖曳。當心開始搖曳，它的影子將會墜入到藏在心後面的靈魂，然後靈魂也會搖曳，靈魂也將跳起舞。

奧修，你在這兒是為了你的弟子嗎？這是否就是我無法見到你的原因？

弟子的意思是一個來學習的人。只有想學習的人可以被教導。不是來學習的人將會浪費我的時間和他的時間。我們不需要相見。如果你是來學習的，大門是為你敞開的。

但是發生過很多次，人們為了想要教人而來這兒。發問的人是布拉瑪查提。我看過他的信和他的照片。他似乎是個學者，一個相當博學的人。他是一個練習禁慾的宗教人士。他似乎非常了解經典。

請不要因為拉克斯米不讓你見我就對她生氣。是我不打算見你。我對知識沒興趣。我沒興趣談論沒有用的理論或進行沒有意義的談話。如果你知道，你就知道了。何心浪費你和我的時間？如果你不知道，那就過來。但是懷著你不知道的心情來到。

很難點醒自以為知道的人。很難喚醒自認為清醒的人。這個世界上最狡猾的自我就是充滿學識的自我、博學的自我、熟稔經典的自我。我對這些狡猾的自我主義者沒興趣。如果你知道，那你就是被祝福的。何必來這兒？你要在這兒找什麼？你已經知道了，事情結束了。但是如果你不知道，當你來到這兒，把你所有的垃圾留在門外。準備學習的意思是，接受你是不知道的，你是無知的，以這樣的態度來這兒。那麼我的門將為你敞開。

一個著名的俄國數學家奧斯賓斯基去拜訪葛吉夫。他是一個聞名世界的數學家。他的書「第三工具」是聞名世界的。但是沒有人知道葛吉夫；他只是一個神秘家，一個小人物。

當奧斯賓斯基去見葛吉夫，就像一個名人去拜訪一個小人物。奧斯賓斯基非常傲慢。葛吉夫從頭到腳打量了他一番，拿了一張白紙給他。要他去隔壁的房間，在紙的一面寫下所有他知道的事情，另一面則寫下所有他不知道的事情。奧斯賓斯基不了解葛吉夫的意思。葛吉夫說：「我們不會談論你已經知道的事。那是在浪費時間。我們只會處理你不知道的事情。所以去隔壁的房間——因為你看起來是博學多聞的，所以我們直接講清楚。」

那是一個寒冷的夜晚，下著雪——一個俄國的夜晚！當奧斯賓斯基到了隔壁的房間，他開始流汗。拿著紙張發抖著。他努力的嘗試要寫出他知道的事。但他一定是一個非常誠實的人。他想不出一件他可以說他知道的事。「靈魂、宇宙的靈魂、解脫……我知道什麼？」他寫過書，但是那些書都是根據別人的資料寫出來的；寫書並不需要知道任何事。大部分的書不是來自於知道，而是來自淵博的知識。他全身發抖著。

一小時後，他回來了，將空白的紙張遞給葛吉夫：「我什麼都不知道。請說任何你必須說的。」

葛吉夫回答：「我們可以開始了，那就是接下來要做的事。」

每天都有人來到這兒——所謂的桑雅士、梵學家和研究經典的學者。我對他們沒有任何興趣，我甚至不會留任何時間給他們。他們應該要很清楚。如果他們知道，事情就結束了——願神保佑他們。但是如果你不知道，那就像張白紙一樣的來到。只有這樣，事情才能進行。

有一點可以確定：知道的人為什麼還要來這兒？有什麼意義？我不去任何地方。你來找我，所以很明顯，你不知道。你只是落入虛假的幻象中，以為你知道，但那只是幻象：沒有任何事發生在你身上，沒有任何喜樂灑落在你身上，沒有任何歌聲來到你這兒，沒有升起的月亮。你一直尋找的光還沒有出現；你仍然是充滿黑暗的。那就是為什麼你在尋找。但你是一個偉大的自我主義者，所以你無法接受那還沒有發生在你身上。

很多次，人們來找我。有一次，一個當了三十年桑雅士的紳士來找我。我有很長的一段時間一直在避開他，因為沒有意義。他來找我。因為他持續不斷的來找我，所以我說：「好吧，我會見他。」

我直接問他是否找到了。

他回答：「這是什麼樣的問題啊！在一開始，你問我的第一件事就是我是否找到了。」

我說：「我要一開始就弄清楚。如果你找到了，事情就結束了；如果沒有，我們就能夠一起做些事。」

他說還沒，他還沒有找到；也許只找到一點點……

我說：「從沒有任何人只找到一點點的神。這聽起來像是手術：你擁有祂的手或腳，如果都不是，或許是祂的盲腸！神是不可分的。真理是不可分的。你不能將它分成好幾片。你說你只有找到一點點……你在說什麼？你是偷了神的內衣褲嗎？還是別的東西？怎麼回事？」

「不，」他說：「我還沒找到祂，我只有幾次瞥見。」

我說：「誠實點。如果你有過瞥見，朝著同樣的方向繼續前進。為什麼把時間浪費在這兒？如果你有過瞥見，事情結束了。朝著同樣的方向繼續前進，不要把時間浪費在別的地方，也不要浪費在我身上。你有過瞥見——繼續前進。」

最後他說：「你何必如此堅持？我沒有任何瞥見。我準備要聆聽你說的話。」

我說：「現在我們可以談話了。現在弄清楚了——否則我們只會爭辯。」

人們來找我：「你說的是這樣，但是別的經典說的是那樣。」我能對他們說什麼？我要為他們的經典寫的東西負責嗎？如果我說的話對你而言是對的，那就修正你的經典。如果我說的話對你而言是錯的，那就由你和你的經典決定。我不會感到困擾，一點都不會。你和你的經典！——你可以收好它們。如果你已經從它們那兒得到些東西，那何必還來找我？你沒有從它們裡面得到任何東西，但是你不打算接受事實。如果我和你的經典不一致，但是你被我的話所吸引，那就修改它們。世界上有很多經典。我在這兒不是要和那些經典保持一致。

提出這個問題的朋友表現出富有學識的樣子，也表示他擁有一個隨時要爭辯的頭腦：「經典是這樣說的，經典沒有那樣說。」他是奇瑪阿南達的弟子。這是自然的，他是學者的弟子，他達到了和師父一樣的高度！所以對於他，我的門是關上的。無憂無慮的來到這兒，當你來到這兒，把你的學識放到一旁。然後你會發現我的門是敞開的。

所以你的問題已經回答了。你問：「**你在這兒是為了你的弟子嗎？**」水在這兒是為了解渴，師父在這兒是為了他的弟子。如果你是弟子，我在這兒就是為了你。如果你不是弟子，那麼你不是為了我而在這兒，我也不是為了你而在這兒。事情結束了。沒有任何連結的可能——沒有連結，就不可能發生任何事。

我要給你一些話：

有些地方的高度比最高的地方還要高，
你的野心像老鷹一樣的在那兒盤旋著。
你擁有聲稱知道一切的自我，
但是真理是它碰觸不到的。
確實，你越過了一些深淵，
但這還不是終點，
有些地方的深度超越了那些深淵。
你所認為的目的地，
只不過是用來休息一晚的地方。
就像剝洋蔥，一層裡面還有一層。

一開始做的事是為了接下來的事所做的準備。

一開始做的事是為了接下來的事所做的準備。

一個人必須把一開始做的事當成接下來的事的墊腳石。確實，一開始會先接觸到學者，因為不可能直接和知道的人有所聯繫。對於接下來的事而言，一開始做的事是必須的。首先，會先接觸到經典，然後才會接觸到真正的師父。一開始做的事是為了接下來的事所做的準備。但是記住：

有些地方的高度比最高的地方還要高，

你的野心像老鷹一樣的在那兒盤旋著。

如果你在尋找那些地方，如果那是你渴望的，那麼我的門是對你敞開的。我的門只為那些真正在尋找的人敞開。如果你的內在有一個渴望，一個呼喚，那麼我準備要灑落在你身上。否則你的衣服會無緣無故的濕掉；你會生我的氣。你會說：「沒來由的下了這場雨。現在我必須回家把衣服晾乾。」我不想使你感到不舒服。

一再又一再的敞開，

雲朵填滿了大地的心，

從這片森林到另一片森林，鳥兒持續鳴叫著：

「噢，愛人，噢，我的愛人。」

愛因為一顆敞開的心而無止盡的灑落著，

渴望仍然持續著，沉默的，

大地一直是安靜的、緩慢的、接受的，
路上充滿了散沫花的香味。
「噢，愛人，噢，我的愛人。」——
從這片森林到另一片森林，鳥兒持續鳴叫著。
它們不斷的流動——
頭上盛著山頂的水，
得到了片刻間的一場雨和香味，
時間被弄溼了。
當地平線的鐮刀劃過，水稻跳起了舞。
「噢，愛人，噢，我的愛人！」——
從這片森林到另一片森林，鳥兒持續鳴叫著。

當你開始像隻流浪的小鳥，從這個森林到另一個森林，呼喚著：「噢，愛人，噢，我的愛人！」那時你才是一個弟子。

弟子的意思是什麼？弟子是一個渴望學習的人，如此的渴望以致於他願意失去一切——他的學識，他的自我……到目前為止所做的一切。如果你放下你的負擔，我將會牽著你的手。否則，我擁有的時間這麼少，請允許我在這麼少的時間裡灑落在那些口渴的人身上。不要來這兒浪費我的時間。我只對那些準備要接受的人有興趣。

奧修，以前的我變成了現在的我，我甚至沒發覺到：將你的目光固定在我身上，你偷走我的生命。我的心弦唱著胡里節的歌，你已經使我浸沒在色彩中。

如果你以這樣的狀態來到，某些事將會發生。以這樣的狀態來到——準備被擦掉的、被淹沒的。如果你來到這兒，準備一死，你將會得到一個新生命。

我沒有興趣去增加你的知識，我的興趣是給你一個新生命。除此之外，其他的一切都是毫無意義的。但是要重生，你必須先經歷過十字架刑。

小船在湖上航行著，
因為長生不老藥而酣醉，
春天踩著喜悅的步伐來到。
風是藍色的，花是紅色和黃色的，
半醒的夢展翅高飛，
泰蘇樹的雙手舉著閃爍的火炬，
小船在湖上航行著，
金黃色的花粉灑落在每個地方。
蜜月撫弄著蝴蝶的翅膀，
銀色的雪巾自山頂上落下，
小船在湖上航行著。

在這兒，我就是航行的小船。如果你想要旅行，上船吧。我對辯論或爭吵沒有興趣。在這兒，我們準備要邁向彼岸。如果你有那樣的勇氣：你無法從這兒看到彼岸，所以你只能信任我。而我可能只是個瘋子──誰知道？我可能會使你離開此岸，而且沒有其他岸邊的存在，你可能會和我在海裡面淹沒。會有這些危險。

這就是為什麼狡猾的人無法和我在一起。不要以算計的心態來到，而是天真的來到。除非你是一個賭徒，否則你無法和我在一起。你必須放棄你很熟悉的此岸。你印度教的岸邊、回教的岸邊、耆那教的岸邊、基督教的岸邊──你很熟悉它們。還有經典的岸邊：吠陀、可蘭經、聖經，你很熟悉它們。各種主義的岸邊、社會的岸邊，你很熟悉它們。你已經把根部蔓延開來，你已經把樁子深深的固定在地上，而我要告訴你，我已經把船索鬆開了──已經啓航了，旅程開始了。來這兒，和我坐在一起。

我沒有興趣討論或證明彼岸是否存在，因為那無法證明。和我一起前往，我會證明給你看。我看過它了，我會帶你到那兒。你的興趣是討論彼岸是否存在，如果它存在，那它會是什麼顏色──黃的、綠的、紅的或黑的：我對這些沒有興趣。彼岸的顏色會是你不知道的顏色。你知道的顏色是屬於此岸的，你知道的外形會是屬於此岸的，它們和彼岸完全無關。我們的語言是此岸的語言，彼岸沒有語言。寧靜是彼岸的語言。如果你準備前往，讓我們立刻出發。

它是危險的，但是準備經歷危險的人才是我所謂的桑雅士。那個危險是此岸將會被拋到腦後，但是你不知道是否會到達彼岸。你只能信任一個瘋子。

除非擁有極大的愛才有可能。只有非比尋常的愛才會產生這樣的信任。弟子是一個愛上我的人，準備和我一起淹沒的人──不只是進入水中，而且要和我一起淹沒。如果我說我要去地獄，弟子也會跟著去。如果他可以上天堂，但是沒有我的陪伴，他不會去那兒。和我在一起，他會是快樂的——即使是下地獄。成為一個弟子需要極大的勇氣，前所未有的勇氣。

你問：「以前的我變成了現在的我，我甚至沒發覺到……」你不會發覺，一個人不會發覺到。這個革命如此安靜的發生，以致於連它的腳步聲都沒聽見。如果你願意敞開自己，它會在寧靜中發生。完全無聲的。

「奧修，以前的我變成了現在的我，我甚至沒發覺到……將你的目光固定在我身上，你偷走我的生命。我的心弦唱著胡里節的歌，你已經使我浸沒在色彩中。」

弟子是一個渴望深入看著我的雙眼的人，他會說：「將你倒入到我裡面。我是空無的，各方面都是空無的。倒滿我。」這個準備好的狀態就是弟子的狀態。

現在，事情很簡單。我關注的是這種空無的容器，我關注的是弟子。如果你跟發問者一樣，那就來這兒。如果不是，無論你在哪兒，願神祝福你，無論你處於什麼樣的狀態，願神祝福你。

第九章
珍貴的煉金術

主啊，我要如何取悅祢？
我要如何呼喚祢？
當祢慈悲的浪潮流過我，
我將得到庇護。
這條驚人的存在之河是令人恐懼的，
要如何越過它？
噢，我的主，再次聽我說，
這是我永恆的請求。
祢是三界的統治者，
而我的身體是這些盜賊的俘虜。
聆聽達雅的請求，
我是祢的僕人，祢卑微的臣民。
我沒有任何禁慾的戒律和靈修，
沒有朝聖過、沒有許下任何誓言、沒有捐過錢。
就像倚賴母親的天真小孩，
我完全地倚賴祢。

小孩可能會犯百萬次的錯，
但是母親永遠不會拋棄他。
她會將他放在膝上，愛撫他，養育他，
隨著每天的度過而加倍愛他。
當查克伏鳥喜樂的嚐到第一道日光時，
寧靜降臨到牠的身上
達雅是祢的奴隸，噢，克理虛納，噢，布拉吉的月亮，
永遠不要讓她有片刻見不到祢。
祢已經成為我的副歌，
如同迦克爾鳥凝視著月光。
除了祢，沒有人可以讓我抱怨，
噢，莫亨，噢，年幼的南達之子。
祢名字的光芒是無限的，
即使是渺小的火花也能燒掉最遼闊的森林。

我所在的地方，
清晨是淡紅色的，
而夜晚是白皙的
我所在的地方，
陽光的步伐是跌跌撞撞的，
只有持續不斷的雨。
我所在的地方，
每朵芳香的花都被囚禁了，
只有鋼鐵不受拘束的漫步著。
我所在的地方，
只有無盡的污泥，只有沼澤，
但是沒有蓮花。
我所在的地方，
人們不大願意敞開心胸，
沒有人聽說過愛。
我所在的地方，
所有的一切都在避免他們將目光放在鏡子上，
一切都是謊言。
我所在的地方，
沒有任何乾皺的雙唇會唱出內在的歌，

這就是我所在的地方。

這就是人的狀況：虛假的變成真實的，毫無意義的變成有意義的，原本應該是蓮花綻放的地方，卻只有污泥和沼澤。這就是人的狀態。活在黑暗中，我們已經把黑暗當成光。畢竟，人需要一些慰藉才能活下去。如果你能把黑暗當成黑暗，你會焦躁不安。但如果你相信黑暗就是光，雖然黑暗不會因此變成光，但是你的頭腦將能得到些許寧靜。

人發明了這麼多的謊言。大多時候，人透過謊言活下去。真理是困難的。尋找真理是困難的，真理的道路上佈滿了荊棘。這不是因為真理必須是困難的，而是因為我們已經很習慣謊言。一個累世以來只知道污泥的人，他甚至很難想像蓮花可以從污泥中長出來。一個一直活在黑暗中的人，活在夜晚裡的人——雙眼已經很習慣這個黑暗——當光來到，他甚至無法張開雙眼。他會眼花目眩；光會因此感到難過。

這就是為什麼我們會聽到很多尋找神的談論，但卻沒有人去尋找。我們聽到很多向內看的談論，但是沒有人向內看。成道者對我們大喊，要喚醒我們，但是我們從未甦醒。我們反而玩著虛假的遊戲。我們說：「我們會醒來，是的，我們必須醒來，但怎麼可能是現在？怎麼可能是今天？」我們甚至創造出虛假的偉大哲學。我們說：「累世以來的行為所編織成的巨大羅網，需要時間打破它。我們必須努力遵守戒律，我們必須學著自我控制，我們必須許下宗教的誓言，我們必須去朝聖，我們必須禁食。如果我們掙得足夠的功德，我們的罪行將會因此消滅。然後，只有那時，它才會發生。」

這些都是人的詭計，這樣他就不用改變。事實是，如果你想改變，你在當下就能得到神的祝福。

當光進入黑暗中，黑暗要如何反對？它是否能說：「我已經好幾千歲了，好幾百萬歲了，我怎麼能這樣就消失——只是因為光出現了？我不是才剛出現的黑暗，我不是小孩；我很老了，古老的，我是屬於永恆的！讓光過來，讓它撞擊我，它會需要好幾世才能摧毀我。」不，黑暗不會說出這樣的話，它不會做這樣的事。黑暗能擁有什麼力量？這是奉獻者的方法。這就是關鍵，奉獻者的本質：「我就是黑暗，我已經犯了很多錯——那是肯定的。很多次我都是跌跌撞撞的，是的，我就是黑暗——這就是我的身分，我的自我。如果祢的光能夠降臨到我身上，黑暗將會在當下消失。因為祢的恩典，它會立刻發生。」

「奉獻者不會想要改變行為。相反的，他祈求神的恩典。」

今天的經文是關於乞求神的恩典。它們是獨一無二的。但是你必須先記住，奉獻者的基礎就是恩典，不是努力。努力屬於人類，恩典屬於神。努力是你所做的一切，努力使你成功或失敗。恩典是你不存在，只有神存在，透過恩典，你無法是失敗的。

用這樣的方式來了解。我所看到的，你的世界就是你的努力所形成的，它就是努力。你蓋了一棟房子，一個商店；你營造了地位和聲望——這都是你的努力。除非你做了某件事，否則它不會發生——而你也做了。

世界是人的努力所形成的，因為它是透過人的自我所發展出來的。那宗教呢？宗教不是人的努力而形成的。宗教的意思是人對努力感到厭倦；因為它們而感到煩惱。即使你成功了，你的成功仍舊是塵土。如果你蓋了一棟房子，它仍舊是間旅館。即使你完成了你的房子，你仍舊找不到你的家。它只是用來過夜，隔天早上，你仍舊會離開。在這兒，即使成功也是失敗，財富只會使你破產。在這兒，沒有任何名聲、威望或地位可以填滿你內在的心、可以使你淹沒在喜悅中。在這兒，一切都是欺騙。

人透過努力所做的一切被稱為maya，幻象。不是透過人的努力所做的一切就是神。所以這就是奉獻者基本的態度：它會透過祈禱、渴望和膜拜而發生。但是你不能將祈禱和膜拜當成努力。人已經把它們變成努力。他們說：「我們在祈禱。」這是錯誤的。怎麼會有人在祈禱？人可以處於祈禱的狀態，但是他無法祈禱。如果你在祈禱，你會錯過它。在作為中，「你」進入了。那是完全不同的。

所以祈禱沒有任何形式上的規則或話語。祈禱不是形式上的。它只會在某種感覺的狀態下發生。有時候它會透過淚水和沉默而發生。有時候它的發生不是透過淚水而是跳舞；有時候是因為微笑，有時候是因為哼著一首歌。它不是固定的，那首歌不會每天都一樣。如果你每天哼著同一首歌，它會變成虛假的。它只會自然的發生、自然的來到、自然的顯現：你坐著一會兒，無論發生什麼，就讓它發生。有時候你會哭泣、有時候你會唱歌、有時候你會笑、有時候你會跳舞，有時候你什麼事都不做，只是靜靜的坐著。這就是達雅說的：有時候奉獻者會笑、有時候他會哭、有時候他唱著歌——多麼的矛盾！有時候他站著、有時候他坐著、有時候他跌倒了——他一再的跌倒。多麼的矛盾！

據說當摩西在西奈山上看到神，他跌倒了七次。那個景象是如此的巨大、前所未有的——一個人除了發抖還能做什麼？他整個存在都在發抖著。他跌倒了七次，跌倒後又站起來，跌倒後又站起來。直到第八次，他才能站穩身子——即便如此，他的腳仍在發抖。

神性是如此巨大廣闊的經驗以致於你會發瘋。你會像個醉漢。而且這種酒不是一般的酒，酣醉會慢慢消失。用葡萄做的酒是虛假的酒，因為它造成的酣醉在一段時間後就消退了。快速褪逝的顏色並不是固色。我們所謂的固色是永不褪逝的，不是嗎？神性才是真正的酒。當我們用葡萄製酒，我們是在欺騙自己。

你會驚訝的知道發現酒的人是一個品行非常高尚的人。他的名字是戴奧尼夏，一個希臘人。是他發現酒的。這很奇怪，酒是被一個聖人發現的。即使到現在，希臘修道院仍將其製造的酒取名為戴奧尼夏。西方思想家沒有提到這部分，因為這使他們感到不太習慣，酒居然是一個聖人發現的——但是這對我而言是合理的。只有聖人才會發現酒，只有知道實相的人可以製作出複製品。除非你已經知道原本的事物，否則你無法做出它的複製品。除非你看過錢，否則你無法製造偽幣——否則你要怎麼知道它的外形？這對我而言是合理的。酒必須是聖人發現的。他一定有看過真實的東西，為那些可能永遠都不會知道的人感到遺憾，所以製作出它的複製品。我不認為這很難理解，這對我而言似乎是非常合乎邏輯的。

只有成道的神秘家才會發現酒。一個已經嚐過它的神秘家，一定會認為應該透過某種形式讓其他人嚐到它。這是正確的：今天他只能知道複製品，但明天他可能會開始尋找原本真實的。一個人能喝多久虛假的酒？有一天他會開始想尋找可以讓他永遠酣醉的酒。那天，他到達神的旅程將會開始。如果這輩子無法發現神性的酒，就不可能有任何喜樂。

不安就潛藏在這個黑暗的某處，
無法在夜晚入睡的我。
如此無助，如此悲傷，
世界上沒有人像我一樣。
也許沒有人想要過著和我一樣的生活。
也許沒有人和我一樣，用無止盡的淚水洗淨笑聲的腳。

這就是每個人的狀態。有時候你感覺沒有人像你一樣悲傷，沒有人像你一樣可憐和沮喪。並非如此，每個人都在受苦。每個人都以為沒有人像他一樣可憐。但是我們看不到別人的痛苦；別人的痛苦就藏在他最深處的存在裡。我們只會看到表面的裝飾，而不是內在的傷口、內在的痛楚。但是我們看得見自己的痛楚。

即使沒有笑的原因，人們也會笑。他們會微笑。他們還能怎麼辦？如果他們不微笑，他們就會一直哭。所以他們在自己臉上強加了一個虛假的微笑。

一九二零年，偉大的俄國思想家馬克西姆來到了美國。無論他到了哪兒，他都會發現美國人發明了很多娛樂自己的方式。帶他參觀的人認為他一定會印象深刻，他看起來也確實感到印象深刻。在參觀了一切後，他急切的期待馬克西姆發言。然而，馬克西姆流下了淚水。他問馬克西姆：「怎麼回事，你為什麼如此悲傷？」

馬克西姆回答：「需要這麼多東西來娛樂自己以便活下去的人一定是非常悲傷的。他們怎麼可能不是悲傷的？」悲傷的人會去電影院、去酒吧、去馬戲團、看板球賽。他們都是悲傷的人。悲傷的人需要某個方式分散自己的注意力。他稱為娛樂。他的頭腦是非常疲倦的、一直追逐著。一個悲傷的人發明了一千種方式使自己擁有短暫的歡笑。

一個快樂的人淹沒在自己裡面。只有悲傷的人需要娛樂。快樂的人是超越頭腦的；沒有必要娛樂它。當你沒有頭腦，還有什麼娛樂的需要？快樂的人如此全神貫注在自己身上，如此的專注在自己身上，因為自己的存在而如此的狂喜，對他而言，他自己的存在就夠了，不需要其他東西。他活在至高無上的滿足和滿意中。

尋找神的意思就是：「我要某個使我永遠不用再從外在尋求快樂的東西，使我可以在自己裡面就能找到快樂，讓快樂的源頭從我裡面迸發出來。」

當這一刻來到，露珠立刻變成了海洋，所有的界線會立刻溶解掉。那時，你不會是身體或頭腦，而是宇宙本身。當神降臨於奉獻者時，奉獻者變成了神。

隨時記住，關於奉獻者，最基本的一點是他永遠不會說：「我做了這個，我立了誓，我遵守了宗教的戒律，我禁食——因為祢必須降臨於我。」不，這不會是奉獻者的話語。這是商店主人的論調。「祢必須降臨於我，因為我為了祢做了這些事。」這不是愛人的語言，這是交易的語言。就好像你說：「如果祢不降臨於我，我會把祢告上法院。我已經禁食了這麼多天，但是到目前為止，什麼都沒有發生。」

你所謂的禁慾主義者在試著透過自己的力量找到神，而他們的力量只是在宣稱他們的自我。所以你會在所謂的瑜珈行者、修士和聖雄的臉上，看到得意洋洋的巨大自我——一個極大的自豪。自我的燈在那兒燃燒著。

奉獻者會是謙虛的。他說：「透過我的作為不會有任何事發生。無論發生了什麼，都是因為神。」這裡面怎會有任何可以容納傲慢和自負的空間？奉獻者會說：「我無法宣稱我是有資格得到的。」他只會說：「我知道我是沒有資格得到的。」每天他都會在神的面前表現出他是沒有資格的：「我是沒有資格的，但是請來這兒——因為如果祢要我成為有資格的，那會超出我的能力範圍。如果祢要求我是有資格的，那祢的慈悲心在那兒？這就是我——無論好壞，這就是我。接受我，擁有我。」

奉獻者的祈禱來自於他的謙遜。自我會傲慢的說：「我已經做了這麼多，我做了這個和那個。」奉獻者會說：「我只有這個優點——祢造就了我。我唯一的優點是：「祢不會忘記我，即使我非常容易就忘了祢。我的優點只有這個——祢是我的源頭。我來自於祢，所以我可以呼喚祢。祢造就了我，無論我是什麼樣的人。」

如果你可以了解奉獻者的態度，那達雅的這些經文對你而言會是獨一無二的。

當祢和我在一起，
我以一千種方式和世界連結著。
當祢沒有和我在一起，
我對世界一無所知。

奉獻者說：

當祢和我在一起，
我以一千種方式和世界連結著。
當祢沒有和我在一起，

我對世界一無所知。
一千個暴風聚在一起，
我的船無助的翻來覆去，
我仍能憑著信任的力量划行著，
但是當我抵達岸邊時，
如果祢不在船上，
觸碰到陸地對我還有什麼意義？

奉獻者會說：「即使我得到了莫克夏、救贖，如果祢不在那兒，這個救贖有什麼用？即使我到達了彼岸，如果祢不在那兒，這個彼岸有什麼用？如果我划著船，而祢不在船上，那我為什麼還要划船？有什麼意義？」

但是當我抵達岸邊時，
如果祢不在船上，
觸碰到陸地對我還有什麼意義？
祢是我的太陽，我的月亮，
我的早晨和傍晚，
我的北極星。
如果祢不在那兒，誰能摧毀我生命中的黑暗？
當祢在那兒，一切都是光明的，

如果祢不在那兒，
那個光明對我沒有意義。

所以奉獻者不會等待亢達里尼的覺醒，也不會等他的頂輪，等他的第七個脈輪開啓。他不會等待光明照亮他的內在。他只會說：「來吧，噢，主啊，隨著祢的覺醒所到來的一切都是正確的。除了祢，我別無所求。即使我必須和祢活在黑暗中也沒問題。沒有祢，我甚至無法活在光明中。」

春天因為祢而到來，
月亮因為祢而明亮，
因為祢才有了美的存在，
因為祢的話語才有了彈奏的音樂，
大地因為祢而增色。
如果祢不在那兒，
我的裝飾品還有什麼用處？
在祢煉金術的觸碰下，
我鐵製的心變成了黃金。
絆倒在祢的門前，
我的罪行變成了善行。
祢的門是我的朝聖地，

卡西和哈里瓦對我還有什麼意義？
奉獻者會說：「改變罪行和累積善行的困難不是我能控制的。我無法應付它們。
我能做的只是臣服在祢的門前。」

在祢煉金術的觸碰下，
我鐵製的心變成了黃金。

奉獻者對神說：「祢就是珍貴的煉金術。如果祢觸碰了我，我就會變成黃金。我無法靠自己的努力而變成黃金。我已經因為自己的努力而失去方向，我所做的一切使我迷了路。因為我以為我就是門，我已經失去了方向。」

絆倒在祢的門前，
我的罪行變成了善行。
祢的門是我的朝聖地，
卡西和哈里瓦對我還有什麼意義？
祢就是成功和成就，
祢就是吉兆和所有幸運的跡象。
任何祢定居的地方都變成了神的城市，
每個片刻都像待在許願樹下乘涼。

但是當祢沒有和我在一起，
即使我擁有所有天堂的權力，
那對我仍是毫無意義的。

奉獻者不會欲求天堂、救贖、伊甸園、喜樂、長生不老藥或真理。奉獻者的慾望是讓心中的愛人登上王位。奉獻者的作法是聰明的，因為其他的一切都會跟著來到。耶穌有一句著名的格言：「先尋找神的王國，然後其他的一切就會給予你們。」先尋找神，剩餘的會自行來到。如果你持續尋找其他的一切，你將無法得到它，而且你同時會錯過神。

奉獻者是大智若愚的，而所謂博學的人——學者和教士，瑜珈行者和聖雄——則是大愚若智的。他們尋找微不足道的東西，毫無意義的東西。奉獻者則是深入到根源。他邀請皇帝到他的家中，大臣和其他官員自然會跟著。他不會浪費時間邀請每個人——大臣、首相、官員、守衛和司令官！他不擔心他們，他會直接邀請神。他找來最重要的人，其他人會自行來到。那就是為什麼我說奉獻者是大智若愚的。

聆聽達雅的話語：

主啊，我要如何取悅祢？
我要如何呼喚祢？
當祢慈悲的浪潮流過我，
我將得到庇護。

主啊，我要如何取悅祢……？奉獻者說：「我想要取悅祢。但是要怎麼取悅祢？把方法告訴我——因為我完全一無所知。告訴我：該如何呼喚祢、祢的名字、祢住在哪兒——因為如果我試著尋找祢的名字和地址，我一定會弄錯。任何我做的一切都會是錯誤的。我只會犯錯。我只會犯錯。即使我試著取悅祢，結果只會使祢不悅。我沒有辦法把事情做好，我只會犯錯。我是一個犯錯的專家。累世以來，我一直提供養份給那些錯誤的、無意義的一切。我要如何把養份給祢？我要如何呼喚祢？」達雅說：「告訴我要如何贏得祢的心。」你能聽出這些話有多麼美嗎？

主啊，我要如何取悅祢？
我要如何呼喚祢？

「我不知道祢的名字，祢住在哪兒。我知道的名字都是學術相關的——都是經典裡面的話語。把祢的行蹤告訴我，這樣我才能呼喚祢。」

當祢慈悲的浪潮流過我，
我將得到庇護。

「當祢對我展現了祢的仁慈，**當祢慈悲的浪潮流過我**……當祢慈悲的浪潮朝著我滾滾而來，使我淹沒在浪濤中；當祢的恩典，祢的慈悲淹沒了我，直到那時……**我將得到**

庇護。沒有祢，我就只是個孤兒；一個迷失的旅者，不知道該去哪兒，不知道路，只熟悉那些錯誤的路。」

關注這段話，觀照這段話。到目前為止，你做的一切都是錯誤的。了解這段話。你已經累積了財富，錯誤產生了，即使你現在放棄這些財富，那也會是錯誤的。

因為你就是錯誤的，無論你觸碰了什麼東西，它都會出錯。就如同煉金石觸碰了鐵器後，鐵器會變成黃金；無論你觸碰了什麼，它們都會從黃金變成鐵器。無論你觸碰了什麼都會變成灰塵。

你的自我使你累積了財富。你想要向世界炫耀自己，炫耀你多麼富有。現在財富的毫無意義已經開始顯現：累積了財富後，現在你知道它是毫無意義的，所以現在你想要向世界證明某些東西。你的疾病仍然一樣。現在你說：「我將放棄一切，向世界展現真正的我。」你可以放棄財富，你可以放棄一切，赤裸的站在街上，但是你舊有的疾病仍然存在。疾病的名字改變了，但是疾病沒有改變。外表改變了，但本質沒有變。而這個新的疾病會是更危險的，因為它是更精微的。

每個人都能看見富人的疾病，每個盲人都會發現他是瘋狂的，但是只有一個擁有非常深入的洞察力的人可以看出這放棄一切的疾病——否則它是無法看見的。同樣的瘋狂只是換了一個新的方向。

到目前為止，無論你做了什麼⋯過去你執著於性慾，現在你許下禁慾的誓言，開始從各方面壓抑自己。這不會造成任何不同。就你目前的領悟而言，無論你做了什麼，只會是錯誤的。

我聽說：

某天晚上，穆拉那斯魯丁和朋友醉醺醺的離開了酒吧。那時候是午夜，路上沒有任何人。但是當他們走到十字路口，他們突然停下來。穆拉的朋友指著紅綠燈說：「多麼美的女人啊！」

穆拉仔細觀察後說：「她真的是個尤物。非常美。她是仙女，不是人。看她臉上發的光。令我為之驚嘆——這樣的美女是如何一直躲在普那而不讓人發現的？你待在這兒。我要去贏得她的青睞。」

他走過去對那個美女天南地北的聊了起來，十分鐘後他回來了，另一個醉漢問他：「如何？有任何進展嗎？」

穆拉說：「還不賴。一切都不錯，她真的非常美，但她似乎是啞巴。一句話都沒說。但是別擔心，她已經同意和我們一起走，因為我看到她眨眼了。」

當一個人喝醉了，神智不清的。無論他下了什麼結論，都會是來自於他的無意識。他所有的解讀都是從那兒來的。如果你是無意識的，無論你累積財富或放棄財富，創造出家庭或逃到叢林，都不會造成任何差別。你的無意識不會如此容易的被打破。因此奉獻者說：「這是超出我能力所及的，我是無能為力的。」

主啊，我要如何取悅祢？
我要如何呼喚祢？
當祢慈悲的浪潮流過我，
我將得到庇護。

「我無法做任何事，我是個孤兒，也會一直是孤兒。祢必須做點事。」

所以奉獻者只會祈求和臣服。他將自我放在神的腳下。這需要很大的勇氣，非凡的勇氣——因為頭腦通常會說如果他做了正確的事，做了這個或那個，如果用不同的算計方式，如果用另一個方法，某件事就能達成，某件事就會發生。試著仔細的了解這個不同。你可以改變你的方法、算計的方式，但是那些怎麼會使你有所改變？你才是需要改變的，而你卻想要造成這個改變——你要如何改變？這就像你拉起自己的鞋帶，想要把自己舉起來。

奉獻者說的話是強而有力的。奉獻者說：「除非祢把我舉起來，我才能被舉起來。**當祢慈悲的浪潮流過我：**緊抓著鞋帶，想要把自己舉起來是不可能的。我無法同時舉起自己和被舉起來。那是不可能的。不可能發生。祢必須舉起我。」

好幾世紀以來，奉獻者的經驗一直是，如果你全然的將一切交給神，祂將會舉起你。但必須是全然的。不能有任何這樣的想法：「如果存在能舉起我，那很好，但如果它沒有，那我就會拉起自己的鞋帶，試著把自己舉起來。如果它無法幫助我，我不會只是永遠的坐在那兒等待。我會找到辦法舉起自己。」

如果你的想法是這樣，你將會不斷的注意存在是否會舉起你，或者你是否要為自己做什麼，是否要自己拯救自己。如果存在不保護你，那你就得保護自己。只要有一點點這樣的慾望，就不可能和神有所聯繫。如果你錯過神，那不會是因為神，而會是因為你不誠實的心。那個感覺藏在你內在的某處，如果沒有任何事發生，那麼「我」會在那兒。你一直保有對自己的依賴——但是只有當你完全放下對自己的依賴，對神的依賴才會出現——只有那樣才行。但是你仍然依賴自己。雖然你已經受了好幾世的苦，你仍然沒有放棄對自己的依賴。人們來找我。他們說他們沒有足夠的自信去學習奉獻。只有對自己沒有任何自信的人才能學習奉獻。自信的意思是：「我靠自己就夠了，不需要別人。」如果你發現你真的缺乏對自己的信心，你就來到了一扇神奇之門的面前。現在打開那扇門，跪在地上說：「我對自己沒有任何信心，我不信任自己。我已經試了很多次要舉起自己，但每次都失敗了——一再的失敗！所以我怎麼還會是有信心的？無論我走到哪兒都會碰壁。到目前為止，我還沒找到遇見祢的門——所以我怎麼還會相信自己？」

注意這個。禁慾主義者的一舉一動來自於對自己的信心，瑜珈行者的一舉一動來自於對自己的信心，博學的人也憑恃著他的自信。他們依賴sankalpa，自己的意志和決心。奉獻者則臣服一切。他會說：「如果我不存在，如果沒有我，我怎麼還能對自己有信心？我只是一個shunya，一個零，什麼都不是。當祢以一個形態、一個數字來到我身旁，我才有了價值。沒有祢，我是毫無價值的。」

當祢慈悲的浪潮流過我，
我將得到庇護。

「沒有祢，我只是零，沒有任何價值。」當你在零前面加個一，零就變成了十。如果你再加一個零，它就變成一百，然後是一千。你發現了嗎？——如果你在零前面加個一或是在一後面加個零，它的數值就成長了十倍，所以零就等於九！一還是一，但是當你加個零，它就變成十。所以零等於九。如果你將神加到你的零，你就會變成無價的、珍貴的。你的價值將會無法計算。帳簿和收銀機將無法定義你，因為你的價值將會是無法估計的。當一個人和神結合，當一個人把他的零放在神的後面，事情結束了。現在你是無可計量的，你已經觸碰了煉金石。

這條驚人的存在之河是令人恐懼的，
要如何越過它？
噢，我的主，再次聽我說，
這是我永恆的請求。

奉獻者說：「我懇求祢、我乞求祢、我哀求祢、我呼喚祢。我的雙眼充滿淚水：我什麼都看不見，我擁有的只有淚水，我跪在祢的面前獻上我的淚水。我用我的淚水清洗祢的腳。」

這條驚人的存在之河是令人恐懼的……

這個世界是令人懼怕的，因為我們只知道我們一直在錯過，我們只知道我們如何一直錯過、跌倒、墮落，沒別的了。我們徘徊過、跌倒過、墮落過。我們從未能把自己舉起來。一再的不幸，一再的傷痛——但我們仍未放棄我們的夢。

我聽說穆拉那斯魯丁曾經對他的心理醫生說：「醫生，我每晚都在做一樣的夢。我夢到我在捕魚——小魚、大魚、不同顏色的魚、各式各樣的魚——但是總是魚。一直這樣，一整晚，每一晚。這令我擔心。」

醫生說：「是的，這是要擔心的。那斯魯丁，但原因也是因為你整天都想著魚。而且日有所思，夜有所夢。做一件事：在你上床睡覺前，開始想著美麗的女人。如果你可以被很多美麗的女人包圍著，何必還浪費時間想著魚？改變你的夢，夢到那些美麗的天女，而不是魚。」

那斯魯丁聽到這些話時很生氣。「什麼？」他大喊：「要失去那些魚？」

那些魚是個夢，但是他仍然害怕失去牠們──「要失去那些魚？」你所擁有的只有那些夢。

人們問我：「你為什麼不要求你的桑雅士棄世？」

我說：「你擁有的這些魚都是夢。即使你放棄了它們，那又能使你得到什麼？這個世界上有任何值得放棄的東西嗎？如果有值得放棄的某些東西，那也表示有某些值得得到的東西。了解這個：如果世界上有某些值得放棄的東西，如果世界上真的有某些值得放棄的東西，那也證明世界上有某些值得得到的東西。我問你：要放棄什麼？世界上有什麼是真正存在的？──想法，只有想法和依照你自己的想像力創造出來的東西。」

看看穆拉有多麼生氣！他立刻準備離開醫師的辦公室。所以醫生說：「弟兄，至少在離去前支付諮詢的費用。」

穆拉說：「誰要接受你的建議？除非我接受，我才需要支付。」

我們是如此固執以致於無法放棄我們的夢。仔細的看著你的內在。你的世界只不過是個夢。你認為某人是你的丈夫或妻子。那只是一個相信的問題。只要你相信，它就存在。

這兒有一位紳士對他的妻子非常困擾。但誰不會困擾？然而這個紳士是非常單純的，所以他提了出來。他每次來見我只是在哭訴一件事——他的妻子！所以我告訴他：「現在改變抱怨的對象。停止哭訴你的妻子，現在開始哭訴神。」他有很多錢，擁有一個人所需要的一切。我告訴他：「如果這就是你的感受，把一半的財產給她，就不會受到她的束縛。」

他說：「我怎麼可能不受到她的束縛？你在說什麼？你支持離婚嗎？這是終生的關係。」

於是我問他：「你是和她一起出生的嗎？一個超越終生的關係？你們是雙胞胎嗎？怎麼回事？」

他說：「不，我和她並非雙胞胎。但是我們結婚時，繞著聖火走了七圈。」

我告訴他：「把你的妻子帶來，我可以解除那七次的繞行。只要走相反的方向。我已經認識你二十年，你做的只是哭泣和訴苦。一定有些其他可以讓你哭的事。你的雙眼都哭腫了——『我的妻子！我的妻子！』透過這些哭泣和訴苦，什麼都沒得到。你要是也能為神這樣哭，你老早就發現祂了。」

我不會要你棄世和逃避。要放棄什麼？只要了解世界上的一切都只是你的想法。你的妻子是個想法，妳的丈夫是個想法，兄妹的關係是個想法，父子是個想法——一切都是想法。如果你相信，那就沒問題，但它們只是想法，沒有別的意義。店鋪、市集、名聲、地位和威望——一切都是你的想法。它們都是夢。世界是一個你張著眼睛做的夢。不要賦予它任何更高的意義。不要把它當成真的。它既不值得追求也不值得放棄。因為它並不存在，你能追求什麼？你能放棄什麼？世界只是用來喚醒你。注意這句話。

你要如何醒來？你只知道沉睡。累世以來，你只是把自己投入到睡眠中。所以達雅這樣說是正確的：**這條驚人的存在之河是令人恐懼的**。「我已經受了這麼多苦。到處都是恐懼。無論我去了哪兒，我都是墮落的。到處都是陷阱和羅網。」如果你討厭某人，那是陷阱；如果你愛某人，那是陷阱。如果你生氣，那是陷阱，如果你憐憫，那也是陷阱。如果你開了間商店，那是陷阱；如果你坐在修道院，那是陷阱。一切都是陷阱，沒別的了。

這條驚人的存在之河是令人恐懼的，要如何越過它？

達雅說：「我想不到任何可以越過這條河的辦法。我的能力已經消耗殆盡。我不再信任自己。到目前為止，我一直依賴對自己的信任，以為某天我將能找到路，找到門。但是我做不到。」

當你深深的相信你做不到，你無法做到，這個領悟將會像隻箭，穿透你的存在，在那個瞬間所產生的感覺就叫祈禱。那時，無論你是說阿拉、羅摩還是克理虛納，都不會有任何差別；所有的名字都屬於它。無論你是否說出任何名字、是否低下你的頭，你都是彎下身向神頂禮。那時無論你坐在哪兒，那兒都會是朝聖地。

噢，我的主，再次聽我說⋯

達雅說：「我只能向祢祈求，我向祢送出我的請求。如果祢聽到我說的，那很好，否則我只能不斷的說，一世又一世——要求祢聽見我的請求」：

噢，我的主，再次聽我說，
這是我永恆的請求。

奉獻者，成道的神祕家，使用了這個字sahib，主，這是非常親暱的。他們把神稱為「主」。

噢，我的主，再次聽我說，
這是我永恆的請求。
祢是三界的統治者，
而我的身體是這些盜賊的俘虜。
聆聽達雅的請求，
我是祢的僕人，祢卑微的臣民。

「祢是我的thakur，全宇宙的師父，祢是主，而我變成了盜賊的家⋯**而我的身體是這些盜賊的俘虜**。住在我身體裡的只有盜賊、騙子和敵人。我只是在養育敵人。我只是在餵食那些摧毀我的。到目前為止，我只是在喝毒藥。我在自殺。」

祢是三界的統治者，
而我的身體是這些盜賊的俘虜。

「我在這兒，我的內在只有這些盜賊，沒別的了。性慾、貪婪、憤怒、幻象、對虛假事物的迷戀、嫉妒……這一切都潛伏在裡面。這是我的財富。即使我想要邀請祢，如果它們還在這兒，我又怎麼能做到？我只能宣稱我不是有資格的。我只能相信祢的慈悲。我是沒有資格的。就各方面來看，我都是沒有資格的。我沒有知識、沒有在靜心，什麼都沒有。我擁有的只是內在的這些盜賊。請了解我的痛苦，不要審視我是否有資格。」

聆聽達雅的請求，
我是祢的僕人，祢卑微的臣民。

「我只能提出卑微的請求。我是祢的奴隸，祢卑微的臣民。但無論我是誰，無論我是好是壞，我都是祢的。請聆聽我卑微的請求。」

我沒有任何禁慾的戒律和靈修，
沒有朝聖過、沒有許下任何誓言、沒有捐過錢。

就像倚賴母親的天真小孩，
我完全地倚賴祢。

奉獻的精髓就在這兩句話裡面。納拉達的奉愛經中有很多詩句——他寫了很多。但是這兩句話就包含了那些經文的所有精髓：

我沒有任何禁慾的戒律和靈修…

達雅說：「我不知道sanyam，自我控制，禁慾主義。我只知道無戒律。我不知道yoga和bhoga，愉悅。我知道如何迷路，但是我不知道如何到達。**我沒有任何禁慾的戒律和靈修…**我無法透過靈修而有所達成。我努力過，但是每次都會出錯。我嘗試過很多次，我做不到。**我沒有任何禁慾的戒律和靈修…**所以我無法誇耀自己做了什麼靈修或遵守多少戒律。」

沒有朝聖過、沒有許下任何誓言、沒有捐過錢…

我沒有捐過任何巨大的財富——因為我什麼都沒有。我只有一些毫無價值的硬幣，它們能有什麼用？這些錢幣是如此毫無價值；一個人只能將它們捐出去。

捐獻很少發生——只有某些時候，只有一個佛、一個馬哈維亞、一個克理虛納或一個耶穌能捐獻。那些你所謂的「慈善贊助者」並非真的是這樣的人，但是就你的角度來看，他們是這樣的人。某個人捐了十萬盧比，你把他稱為慈善贊助者——因為十萬盧比對你而言是價值匪淺的。對你而言，盧比是有價值的，所以他似乎是個英雄。如果盧比對你而言只是瓦片，你還會這樣想嗎？這會是什麼樣的捐獻？你可以把垃圾拿去捐獻嗎？你要如何捐獻原本在一開始就不屬於你的東西？

有個富人帶著裝滿一千枚金幣的袋子去找一個禪師。「我帶了一千枚金幣給您，」他說。

師父說：「好，」然後就沒再說話。當某個人拿了一千枚金幣給你，他會希望你向他道謝：「請接受我最誠摯的感謝。你是一個非常仁慈的人，如此大方……」但師父什麼都沒說，彷彿沒有得到任何東西。他甚至沒看袋子一眼。

富人說：「先生，你了解一千枚金幣的價值嗎？要賺這麼多錢並不是很容易。」

師父說：「你是什麼意思？你要我感謝你嗎？如果是的話，把袋子拿回家吧，因為任何想要得到感謝的人表示他還不了解財富是沒有用的。我不能拿這種人的錢。把它拿走！」

富人開始擔心：「不，不，」他說：「完全沒有這個意思。我已經把它們給了你。」

師父說：「把那句話收回！你把它們給了我？你要怎麼給予不屬於你的東西？給予的意思是：『這是我的。』黃金在你出生前就存在了；你死後它仍會在這兒。你無法帶著它，也無法帶走它。它怎麼會是你的？把袋子拿走，停止胡說八道。黃金不是你的，它屬於發現它的人。」

世界屬於真正擁有它的人。我們空著手來到，也空著手離去。這個狀態是非常奇怪的。有句諺語說，我們握著拳頭來到這個世界，張開拳頭的離開世界。當一個嬰兒出生，他的拳頭是緊握的。當一個老人死了，他的拳頭是張開的。當我們離去時，甚至連這個差異也沒了。

什麼東西是你的？你怎麼能給予？奉獻者會了解這個問題：「我有什麼可以給予？我如何能許下任何誓言？」——因為誓言表示自我的傲慢。你的傲慢誇耀著：「我已經許下禁慾的誓言、非暴力的誓言、不說謊的誓言。」你因為許了很多誓言而變得傲慢。你以為你的誓言使你成為宗教性的，但是你的傲慢會是你和神之間的障礙。

我沒有任何禁慾的戒律和靈修，
沒有朝聖過、沒有許下任何誓言、沒有捐過錢。
就像倚賴母親的天真小孩，
我完全地倚賴祢。

達雅說：「就像倚賴母親的小孩，我倚賴祢。除非祢願意，某件事才會發生；但如果祢不願意，那也會是祢的決定。我會繼續不斷的懇求祢，那是我唯一能做的。我只能做到這樣——我將繼續呼喚，有一天祢一定會聽見。有一天祢將憐憫我。有一天祢慈悲的浪潮將會流經我。」

奉獻者的渴望說：「在我死前給我另一個生命，因為現在的生命不算是真正的生命。祢對我開了一個大玩笑，祢把我騙到這個身體裡面。」

就像是拿玩具給小孩。小孩說要車子，我們就用一個玩具車滿足他。那使他很快樂。他會將鑰匙插入，讓車子移動。

如果你以為這個生命是真實的生命，你就是把玩具車當成一部真的車子。你無法開著它到任何地方。

在我死前給我另一個生命，
努力過活的這個生命，
直到目前，並不算真正活過，
反覆不斷的思考無法滿足我的意圖。
日復一日，我已經破碎了，
有時候是因為當下的情況，
有時候是因為頭腦的狀態。
為了方便自己，
我常常別過頭，避開沉默的真理。
我所有的個體性都消失了，
並不是頭腦創造了我。
把這些絲綢、寶石和衣物拿回去，
給我一面鏡子。

你看到了嗎？

把這些絲綢、寶石和衣物拿回去，
給我一面鏡子。
在我死前給我另一個生命，
給我一面鏡子，
這樣我就能沒有任何遮掩的看著自己。
賜給我勇氣，這樣我就能正確的寫下我看見的，
而不只是用露水洗過的詞句來編寫生命的史詩。
每當遇上了煉鐵般的艱難，
我決不能退卻和躲藏。
賜給我說出來的勇氣，
賜給我知道的勇氣，
賜給我去經歷的勇氣。
受夠謊言了！
把這些絲綢、寶石和衣物拿回去。
給我一面鏡子，讓我能看見自己，
這樣我就無法為了保有自己而退卻和躲避，
這樣我就無法逃走。
我已經寫了許多虛假的詩，但我不該再寫下去了。
我不再用露水洗過的詞句來編寫生命的史詩。

「已經做了夠多的夢。當我寫下生命的詩，讓我是完全誠實的。」

每當遇上了煉鐵般的艱難，
我決不能退卻和躲藏。
我無法享受光榮的喜悅。
願我達成的希望能被實現，
願我不會在成為種子前失去生氣，
這個，噢，這個我請求祢給予的承諾——
在我死前給我另一個生命。
把這些絲綢、寶石和衣物拿回去，
給我一面鏡子。

奉獻者說：「我需要一面能看見自己的鏡子。成為我的鏡子，這樣我就能在祢裡面看見我自己。我會持續的乞求，直到祢答應。就像個天真的小孩⋯⋯」

⋯就像倚賴母親的天真小孩，
我完全地倚賴祢。

試著了解小孩的情況。小孩有九個月的時間都活在母親的子宮裡——他不知道自己，不擔心飢餓或口渴，不用承擔任何責任；他是完全無憂無慮的，一切都會為他準備好。這就是奉獻者如何開始生活的方式。

對奉獻者而言，整個存在都變成了母親的子宮。他說：「我活在存在裡面，現在還有什麼好擔心的？存在從四面八方圍繞著我——我為什麼要擔心？它從每個方向圍繞著我——透過風、透過月亮和星星、透過太陽、透過樹、透過人們、透過大地、透過天空。它到處圍繞著我。」存在變成了子宮，奉獻者非常心甘情願的在它裡面消失，不會有任何憂慮。

……就像倚賴母親的天真小孩，
我完全地倚賴祢。
小孩可能會犯百萬次的錯，
但是母親永遠不會拋棄他。

無論小孩犯了多少錯，母親都不會因此拋棄他。

小孩可能會犯百萬次的錯，
但是母親永遠不會拋棄他。
她會將他放在膝上，愛撫他，養育他，
隨著每天的度過而加倍愛他。

每當小孩犯錯，母親會把他叫來，讓他靠在膝上，親吻他，寵愛他。

耶穌說過：「神就像在傍晚時和羊群返家的牧羊人。在路上，他突然發現九十九隻羊都到家了，但是有一隻還迷失在森林裡的某處。他把那九十九隻羊留在那兒，趕到森林裡。他在黑暗中尋找，在遙遠的村莊裡呼喚著那隻迷失的羊，甚至冒著生命危險。最後他找到那隻羊，把牠帶回家。當他找到牠時，你知道他如何把牠帶回家嗎？他會把牠扛在肩上，帶牠回家。」所以耶穌說：「神是牧羊人。」

小孩可能會犯百萬次的錯，
但是母親永遠不會拋棄他。

小孩可能會犯很多錯，但是母親永遠都會原諒他。

她會將他放在膝上，愛撫他，養育他，
隨著每天的度過而加倍愛他。

你有注意到嗎？母親特別喜歡愛搗蛋的小孩，那些惹了麻煩後才回家的小孩，那些在鄰居那兒搗亂的小孩。他犯的錯越大，母親流向他的愛就更多。

在蘇菲托缽僧拜亞齊德的修行所裡有數百個求道者。有個求道者剛來到就惹了很多麻煩。他常常喝酒和偷竊。還有其他的惡習：例如，他也是個賭徒。所有的門徒都不斷的抱怨他。連拜亞齊德自己的東西也開始不見。但是拜亞齊德只是聆聽著無數的抱怨並說：「好，我們會確認，我們會確認。」

最後，已經太過份了。門徒聚在一起對拜亞齊德說：「這簡直不可能。怎麼回事？你為什麼讓他留在這兒？你為什麼不把他趕出去？」

拜亞齊德說：「聽著，你們都是好人，即使你們離開這兒，你們終將找到神。但如果這個人失去我，如果我把他趕出去，沒有地方會收留他。所以做一件事：如果他這麼困擾你們，你們可以離開。但是他和我注定會在一起，我必須和他住在一起。」

「想想看，除了我之外，沒有人會接受他。我同意他是一個賊、一個酒鬼和賭徒。他也偷我的東西——他甚至沒有放過我，他的導師。但如果存在能容忍他，而我卻無法容忍他，存在將不會原諒我。存在還沒有讓他停止呼吸。太陽一如往常的照著他。存在還沒有讓月亮和星星遠離他。如果它準備去容忍他，我憑什麼干涉？這是神的願望，神的世界。有什麼東西是屬於我們的？他能從我們這兒偷走什麼？」

「如果你願意的話，你可以離開，但是我不能讓他離開。如果我讓你們離開，我可以回覆神：「他們都是好人，他們終究會找到祢。」但是如果我把這個人打發掉，我要如何面對神？當祂問我：「你把他趕去哪兒？他在哪兒？你怎麼能放棄他？」我要如何回答祂？」

小孩可能會犯百萬次的錯，
但是母親永遠不會拋棄他。

所以達雅說：「祢是源頭。我們來自於祢。我們是祢的孩子。我們確實犯了很多錯。我們所做的一切都是錯誤的，我們承認。但是那不能當作放棄我們的理由。母親不會因為這樣而不再是個母親。所以我們懇求祢，請聆聽我們的請求。」**噢，我的主，再次聽我說，這是我永恆的請求。**

永遠不要讓她有片刻見不到祢。
達雅是祢的奴隸，噢，克理虛納，噢，布拉吉的月亮，
寧靜降臨到牠的身上，
當查克伏鳥喜樂的嚐到第一道日光時，

這是她的祈求；她要求的並不多。就如同迦克爾鳥不斷的凝視著月亮，達雅要求的並不多。**達雅是祢的奴隸，噢，克理虛納，噢，布拉吉的月亮，永遠不要讓她有片刻見不到祢。**她只是要求不要有任何片刻見不到祂。這是她唯一的請求。這不是一個過分的請求：她不是在要求巨大的財富、解脫或天堂。

奉獻者從未要求任何事。他只是說：「我只有這點要求：我不會忘記祢，祢不會忽略我，我會不斷的憶念著祢。」

試著了解這個差別。走在知識之路的人在這方面的差距是相當大的，因為他只想要某個東西。他要喜樂、解脫、功德、永恆——他的一生都充滿了需要。奉獻者說：「我什麼都不要。只要不讓我忘掉祢。即使我在地獄，沒關係，只要讓我憶念著祢。如果祢能接受我的祈禱，那就夠了。」

達雅是祢的奴隸，噢，克理虛納，噢，布拉吉的月亮，

永遠不要讓她有片刻見不到祢。

祢已經成為我的副歌：我的雙眼盼著祢。祢是我的光，我的生命，我的解脫。

祢已經成為我的副歌，
如同迦克爾鳥凝視著月光。
除了祢，沒有人可以讓我抱怨，
噢，莫亨，噢，年幼的南達之子。

「現在我只能抱怨祢。只有祢是存在的，除了祢之外，沒別的了。如果什麼都沒發生，那麼我會抱怨祢，我會和祢爭吵，我會質問祢。」

了解這個差別。你抱怨，奉獻者也會抱怨，但是你的抱怨中沒有任何祈禱。奉獻者的抱怨中存在著祈禱。你向神要求某個東西，你抱怨說事情應該是這樣和那樣：一個偉大的西方思想家愛默生說過，人類所有祈禱的本質在於，當人向神要求了二，二就不該是四。你偷了東西，但是不想要被懲罰。你犯了罪，但是不想受苦。人類所有的祈禱就是那些必須發生的事，不該讓它們發生。相反的，某些應該發生的事，你想要發生的事，應該讓它們發生。你想要宇宙因為你而有所不同，你想要宇宙因為你而改變。

你的祈禱是你的欲望。你的抱怨充滿了憤怒。奉獻者有時候也會抱怨，但是那些抱怨充滿了巨大的愛。看看這句話：

沒有人可以讓我抱怨……

「現在我要抱怨誰？除了祢，沒有任何人為了我而存在。如果我必須抱怨，我應該抱怨祢；如果我要愛，我應該使祢迷上我。如果我要迷戀，那應該是迷戀祢；如果我要生氣，那應該是對祢生氣。」

祢已經成為我的副歌，

「現在一切的注意力都放在祢身上。就如同迦克爾鳥的目光放在月亮上，我的目光則放在祢身上。不要對我感到厭煩。」

還有一段詩句。它是獨一無二的。我不知道為什麼麥特雅吉沒有把它和其他詩句放在一起。也許他認為這段詩句是有問題的，所以把它放到一邊。麥特雅吉選了這些詩句：他可能認為那段詩句是有問題的。但是我不能略過那段詩句。我喜歡問題。那段詩句是：

拯救十惡不赦的人，惡人中的惡人，
不會浪費祢任何時間。
南達會因此失去任何財富嗎？噢，主啊，
現在輪到我了嗎？

你看到了嗎？它是非常有趣的！

拯救十惡不赦的人，惡人中的惡人，
不會浪費祢任何時間。

即使十惡不赦的人也到了彼岸，完全不會用到任何時間。**南達會因此失去任何財富嗎？**「如果我也到了彼岸，你的神會因此而失去任何東西嗎？」這個行為是非常有勇氣的：「祢的父親，南達，會因此失去任何東西嗎？」

南達會因此失去任何財富嗎？噢，主啊，
現在輪到我了嗎？

「祢只是阻撓我——比我犯更多罪的人也到了彼岸！」只有一個奉獻者會這樣說話。只有一個內心只有愛的人會這樣說話。只有一個奉獻者有這樣的勇氣。

還有一段詩句被麥特雅吉略過：

長久以來呼喚著祢，我變成不幸的人，
而祢，噢，主啊，沒有任何回應。

「我已經呼喚了這麼長的一段時間，但是祢從未聆聽我。祢聽力有問題嗎？祢無法聽到任何聲音嗎？」

祢聾了嗎？

或者祢只是忘了祢過去的榮耀？

「祢忘了過去的承諾嗎？——Sambhavami yuge yugel Yada yada hi dharmasya…「在每個時代，一旦宗教性開始衰敗，我將會來到——不斷的來到。」祢忘了這些話嗎？我得獨自面對這個艱難的局勢嗎？」

祢聾了嗎？「祢的耳朵出問題了嗎？祢聾了嗎？」只有奉獻者會這樣說話。這些話是如此親暱…**或者祢只是忘了祢過去的榮耀？**她說的「榮耀」的意思是：「祢素來以實現承諾而著名，而現在祢完全忘了它們。祢已經決定要讓祢的聲望和名譽受損嗎？祢曾經以幫助罪人到達彼岸而著名。祢是那個帶領他們越過生死之海的人，祢著名之處在於引領罪人得到解脫。所以我對祢會有什麼困難？比我犯了更重的罪的人已經到了彼岸。」**南達會因此失去任何財富嗎？噢，主啊，現在輪到我了嗎？**

祢已經成為我的副歌，
如同迦克爾鳥凝視著月光。
除了祢，沒有人可以讓我抱怨，
噢，莫亨，噢，年幼的南達之子。

這是她要嘮叨的、她要駕馭的、她要爭執的——愛的爭執。你注意到愛人們是如何常常爭吵的嗎？當他們爭吵，在他們的愛裡面的喜悅也隨之增加，它不會減少。心理學家甚至說當男人和女人、丈夫和妻子、愛人和被愛的人，停止了爭吵，那表示他們的愛結束了，因為和平在最後才會來到。

只要他們還在爭吵，他們就還愛著對方。你只能和你關心的人爭吵。如果還有關心，爭吵就會進入。如果你不關心，那怎麼還會有爭吵？你不會隨便和任何人爭吵。如果你的妻子嘮叨著要你戒菸或戒酒，那是因為她在乎，她愛你。所以你們會持續為了小事爭吵，但是每次爭吵只會加深你們的愛。這些爭吵只是證明了一件事：對方仍然希望你應該是怎麼樣的人；會有一個想要使你變得更優雅的欲望，想要使你變得更美。

爭吵不一定是敵意的表現。朋友也會爭吵。而且爭吵中有種喜悅。達雅的這種愛是最終的愛，沒有比這更偉大的愛了。奉獻是最終的愛，所以奉獻者會和神爭吵。只有奉獻者敢爭吵。那些走在知識之路的人會害怕，因為他們的關係是經過討價還價的。這些所謂的智者害怕神會生氣。但是奉獻者會說：「如果祂要生氣，就讓祂生氣！」——因為奉獻者相信神會了解。如果存在不能了解，還有誰會了解？奉獻者知道他說的一切都是出於他的愛。這樣的爭吵沒有敵意，只有一個深深的友誼，一個深深的愛。

祢已經成為我的副歌，

如同迦克爾鳥凝視著月光。
除了祢，沒有人可以讓我抱怨，
噢，莫亨，噢，年幼的南達之子。

雖然我們在這一世已經分別了很多次，
停留在我眼中的畫面尚未變成塵土。
我所有的自我開始融化，向祢流去。
我知道的每個快樂都是和祢相關的。
在無數的陌生人中，
只有我們一起想像的夢是屬於我的。
當所有的喧鬧結束後，
那時我才能聽見祢的聲音。
我選擇的是祢喜愛的顏色。
無論祢的雙眼在哪兒停留——即使只有一次，
黃昏時，我一再的在那些路上徘徊。
祢的形象出現在每個我看到的畫面中，出現在任何地方。
祢的名字浮現在每句我聽見的話語中。
祢身體的芬芳留在我的氣息中，
留在我心中的火花，
噢，我的生命，我的愛！

我的每個毛孔都對祢充滿了感激。

奉獻者說：「祢的形象出現在每個我看到的畫面中，出現在任何地方。祢的名字浮現在每句我聽見的話語中。」所有的名字都變成了祂的名字，所有的外形都是祂的外形。整個存在都被祂的存在之海填滿了。然後奉獻者開始活在一個獨一無二的世界：一個祈禱、愛和抱怨的世界——甚至爭吵——在那兒，一個人可以隨意的生氣、哄騙、發怒、試著贏得對方。

從表面上來看，奉獻者似乎是瘋狂的。那些只從表面上來看的人將永遠無法了解奉獻者。只有一個方式可以了解奉獻者：一個人必須變成奉獻者。沒有別的方式。這個體驗是屬於內在的；如果它擄獲了你，它就是擄獲了你，但是你無法從表面上了解他。那些只是從表面上研究奉獻的人，從未有過經驗——他們任何對於奉獻者的談論都是完全錯誤的。如果你向心理學家詢問關於蜜拉、達雅或莎訶若的問題，他會說這些女人都是神智不清的、有病的。

但是我要對你說，如果這些女人是有病的，那她們的病也勝過你的健康。如果這些女人是瘋狂的，她們的瘋狂也勝過你的學識十萬倍。拋棄你的學識，去獲得這樣的瘋狂。因為這個說她們是瘋子的心理學家⋯只要看看他——他的生命不會有任何活力、光、寧靜和音樂。他的生命會是無趣的、乾涸的、像個沙漠；沒有任何綠洲。而在這些奉獻者的生命中，只會有花朵、綠色的植物和泉水。所以如果成為一個奉獻者意味著成為瘋狂的，那好吧——瘋狂吧！

奉獻已經慢慢的從世界上消失了，因為人們越來越相信關於表面上的談論。愛也從這個世界消失了。這個世界上任何超群出眾的一切似乎正在消失，只有那些膚淺的、表面上的一切繼續留下。如果你的生命失去了所有意義，裡面還會有什麼令人驚訝的？人們似乎決定要拿走你的一切。邏輯的羅網正在摧毀所有生命中重要的一切。

最重要的就是奉獻；其他的一切都在它之下，因為奉獻意味著你和神的關係，意味著你對於神的愛，只有愛可以讓你的生命是多彩多姿的。愛的意思是多彩多姿。只有愛可以讓你的生命翩翩起舞，可以讓你生命中的花朵綻放。

祢名字的光芒是無限的，

即使是渺小的火花也能燒掉最遼闊的森林。

達雅說：「我知道祢的名字的光芒是無邊無際的。**祢名字的光芒是無限的，即使是渺小的火花也能燒掉最遼闊的森林**。就像小小的火花可以燒掉最巨大的森林——整個森林——同樣的，即使祢最小的火花，如此渺小，但當它落入我的內在，將能燒毀我全部的黑暗，我的整片森林。我累世以來所有的罪、過去所有的業和犯下的錯誤——一切都將被燒毀。願祢一小塊慈悲的餘燼落入我裡面。」

所以奉獻者會等待。奉獻是愛。只是了解達雅的話不會有任何事發生。除非當你聽到這些話語，使你的生命被喚起一個小小的渴望，那是所能發生的最偉大的事。朝著這個方向走幾步，鼓起勇氣成為瘋狂的。如果你無法為神瘋狂，那你永遠都無法找到祂。成為瘋狂的，意思是我們準備放棄一切，甚至我們的學識。

我所謂的桑雅士就是這種瘋狂和狂喜的狀態。我的桑雅士不是過去傳統的桑雅士。它不會讓你遠離生命，而是讓你更徹底的經歷生命。它不是屬於依戀的桑雅士，而是屬於愛的桑雅士。它不是教導逃避主義的桑雅士，而是堅強面對的桑雅士，深深的根植於生命的桑雅士。生命屬於存在，所以你能跑去哪兒？如果你避開這個神的創作，你就是間接的避開神。感謝神的創作就是感謝神。感謝一首歌就是感謝它的作者。感謝一座雕像就是感謝它的雕刻家。譴責雕像就是譴責雕刻家。

因此我堅持這就是神的世界。祂出現在世界的每根纖維裡。跳點舞、成為狂喜的、敞開自己。試著越過你智力的界線，你會突然驚訝的了解到，一直以來你是怎麼錯過神的。你已經錯過那個如此接近的、如此親近的⋯這就是令人驚訝的地方，這就是奇蹟！尋找神的過程中不會發生任何奇蹟，唯一的奇蹟是長久以來你一直錯過祂。這是不該發生的。如同卡比兒說：「當我發現海裡的魚是口渴的，我不禁大笑。」當你了解到我們遨游在存在的海洋卻仍然口渴，那時你將會大笑。我們是它的波浪卻仍然感到口渴。魚兒在海中出生，生活在海中，最後又消失回到海中——牠是海洋的一個波浪。牠怎麼會口渴？這個想法是荒謬的。但我們就是活在海中的魚，卻仍然感到口渴。

有一個古老的印度故事：

曾經有條魚聽到海洋這個字，牠感到好奇，開始想知道海洋是什麼。牠四處尋找，詢問海洋是什麼。每當牠問其他的魚，牠們都回答：「親愛的，我們都聽過它。往世書、各種經典、我們的導師，都在談論海洋，但我們只是普通的魚，我們不知道它到底在哪兒！或者也許它存在於古代，現在已經消失了。誰知道，它可能只是一首詩，某個想像出來的東西。我們從未看過海洋。」

這條魚開始感到焦慮：牠一直活在海中，牠所詢問的魚也都活在海中，但是牠怎麼會知道？某個非常接近的東西被錯過了。

你需要一些距離才能知道。對牠而言只有一個方法可以知道海洋：必須有某個漁夫把牠捉起來，把牠放在岸邊。只有當牠痛苦的在海灘上翻滾著，牠才會知道什麼是海洋。

現在任何漁夫都能捕到魚，並把牠丟到岸上，但是存在沒有界線、沒有岸邊，所以我們沒有辦法被扔到在它之外的地方。無論我們在哪兒，都是神的一部份。那就是為什麼我們會一直錯過祂。

你無法透過邏輯、思想和探尋而找到神。只有當你消失了，你才能發現祂。奉獻就是消失的方法。

我希望我不是一隻麝香鹿，
這樣我的腳就不用日夜徘徊著。

麝香鹿的麝腺位於牠的肚臍，但是牠持續的尋找那個香味。如同卡比兒說的：「麝香存在於肚臍。」麝腺就在鹿的身上，但是那個香味似乎來自於外在的某個地方。鹿怎麼會知道那個香味來自牠的身上？牠的鼻子是對外敞開的，那個香味從牠的身體散發出來，再回到牠的鼻子，充滿了牠的鼻子。麝香鹿瘋狂的追逐這個香味。

我希望我不是一隻麝香鹿，

這樣我的腳就不用日夜徘徊著。
如果我只是一朵花，
我就能在某處綻放，
不用忍受這個令人厭惡的乾渴。
我的身上也散發著香味，但是沒有用——
它使我像風一樣，永遠焦慮不安。
陶醉在自戀的咒語中，
我追逐著自己。
我往返了多少地方？
但是這個沙漠是沒有盡頭的，
看不到任何水源的痕跡，
而太陽是永不落下的。
我要如何忍受這加倍的苦惱？
我還要多久才不用再要求遮蔭的庇護？
這種計時方式——多麼的無助、多麼的無能為力。
受到夢想的傷害，我的意識瀕臨死亡。
有毒的挫折像隻雌蛇一樣的咬住我，
纏繞著我，將我壓碎。
舔著自我的露珠，
我能在這樣的情況下活多久？

噢，突然發生在我身上的是什麼？
是什麼樣看不見的手在觸摸我？
我返回的氣息又離去了，
還是那些聚在一起的雲在叫我離開？
是否有人可以告訴我，
這是我的新生命還是死亡？

麝香鹿一邊徘徊一邊尋找著藏在牠裡面的香味。牠不斷的追逐著；牠的旅程是不會結束的——不可能。最後，鹿將會過度疲憊而倒下。

噢，突然發生在我身上的是什麼？
是什麼樣看不見的手在觸摸我？
我返回的氣息又離去了，
還是那些聚在一起的雲在叫我離開？
是否有人可以告訴我，
這是我的新生命還是死亡？

不斷的徘徊流浪，越來越接近死亡——誰會知道死亡是死亡還是新生命的開始？如果我們無法知道生命，又如何能知道死亡？如果我們錯過了生命，可以確定我們將會錯過死亡。生命持續了七十年，而你仍無法甦醒。但死亡在瞬間就會發生；那你又怎麼會甦醒？這就是你為什麼會一再的出生，卻又一再的錯過——你錯過生命，你錯過死亡。但是你一直在尋找的——「我希望我不是一隻麝香鹿，這樣我的腳就不用日夜徘徊著。」——那個麝香味就在你裡面。

神不可能在你的外面。神是內在和外在的總和。藏在求道者裡面的神就和求道者向外尋找的神是一樣的。無論是到岡仁波齊峰或卡巴天房、吉爾納爾丘陵或耶路撒冷，都不會使你有任何收穫，因為你一直在尋找的，那個意識之光，就在你裡面。從那兒尋找它。

有兩個方式。一個是辛勤的下工夫，努力。有少數人可以走這條路。你很有可能做不到——只有偶爾，某個人透過努力而達成，一百個人裡面只有一個人透過努力而達成。只有知道如何下功夫的人，透過努力而不讓任何自我形成，透過那條路而抵達。這是少見的、艱難的——只是偶爾，一個馬哈維亞、一個佛陀，做到了。危險在於你的努力幾乎總是會加強你的自我。只有非常熟練的人可以不讓自我在他的努力中出現。沒有自我的努力…只有那時，一個人才會抵達。但這就是問題所在。首先很難付出努力，然後更困難的是使它沒有自我。就像是試著把毒藥變成長生不老藥。加入到自我裡的努力就像苦瓜——而且是長在苦楝樹上，它只會變得更苦。

大部分的人透過恩典而領悟真理。走在恩典之路的人有個優勢，就是不會產生自我。你不會是做者，神才是做者，因此不會有努力的問題。所以努力之路會遇到的危險不會發生在恩典之路上。

達雅談論的是恩典之路。將自己交給神。願它達成——你只是變成一個工具，一個手段。

祢名字的光芒是無限的，
即使是渺小的火花也能燒掉最遼闊的森林。

「即使小小的火花落到我身上，噢，主啊，我將如同燃燒的森林，變成灰燼。」當奉獻者被燒成灰燼，什麼都沒留下，當他被抹除了，他就變成了神。奉獻者的死亡會是他內在的神的誕生。奉獻者的死亡會是神性的到來。奉獻是死亡的一課，因為愛是死亡的一課。只有那些能夠死的人才會知道愛，只有那些決定偉大的死去的人才會知道奉獻。

下定決心：它就會發生。在那之前，你仍會是個跟現在一樣的孤兒。它會發生，它是非常接近你的。如果你能把門窗打開，即使只是打開一點，神也會進來裡面；就如同你一打開房子的門，陽光和新鮮的空氣就會立刻湧進來。不要坐在家裡，緊閉門窗。搖擺、跳舞、唱歌、感謝生命。如果你可以感謝生命，你會知道無論你得到了什麼，那些就夠了。你所擁有的就足夠了。如果你可以為此而感激，你將會得到更多。你的感激將會帶來更多。你的感激越多，就越會有更多的收穫。你的感激越多，你就會是越有價值的，你就會被更多神的祝福填滿。

奉獻者的路是心的路。只有瘋子可以到達，只有那些可以全心全意的哭和笑的人，那些不怕喝下神性之酒的人可以抵達——因為當你喝下那個酒，你將會失去所有的知覺，你將會失去對自己的控制。然後當祂要你走路，你才會走路，當祂要你站著，你才會站著。雖然是祂在使你走路，使你站著，你的生活仍會非常美麗的、喜樂的持續下去。過去你的生命只有痛苦。現在則是只有喜樂。但是這只有當你的生命不再受到你的控制時才會發生。而那正是恐懼的原因。

唯一阻止你走向奉獻的原因是，你害怕失去對自己的控制，害怕不再是你自己的主人。如果你要神成為你的主人，你就不能是自己的主人。**主啊……這是我永恆的請求……**如果要神成為你的主，你就得放棄對自己的支配。如果你要神成為你的主人，你就得離開王座。放棄王座！當你這麼做，你會發現祂一直坐在那兒。你看不見祂是因為你坐在那兒。從王座上下來，跪在王座前，你將會發現祂無盡的光輝，祂無限的光，祂的恩典，已經從四面八方填滿了你。

拉瑪克理虛納說過：「你一直沒必要的在划船，揚起你的帆，放下你的槳。祂的風正吹動著。祂會帶著你的船到達彼岸。」

奉獻就是隨風而行，知識之路則是用槳划船。在划船的過程中，自然會是你在划船。但是當船帆已經充滿了神的風，當船已經啓航了——那你就不用再做任何事。臣服，揚起你的帆！到目前為止，你靠自己所做的任何事都沒有成功過。不要再靠自己。用祂的腳行走，用祂的眼睛看，根據祂的意志而活。讓你的心跟著祂的心跳動。

達雅的這些詩句是獨一無二的。它們可以為你的生命帶來革命。

……即使是渺小的火花也能燒掉最遼闊的森林。

只要這些詩句的渺小火花落入到你裡面，你的黑暗將會完全被摧毀。

每當我喜歡上自己，
我想到的只有祢。
每當我因為鏡子裡的我而感到快樂，
出現在我興奮的眼中的，是祢的形象。
每當我渴望得到快樂，
我想到的只有祢。
每當一首歌來到我的唇邊，
出現在我的記憶的，是祢的聲音。
每當我偷了月亮，
我想到的只有祢。
祢見證了我的夜晚和充滿創造性的焦躁，
祢是我充滿創造力的雙手的力量。
每當我打敗時間，
我想起的只有祢。
每當我喜歡上自己，
我想到的只有祢。

如果你可以放棄你的自我，只要一次，你將會感到驚訝。當你看著鏡中的自己，你只會看到神。更別說別人了——你也會在他們裡面看到神，但是當你看著鏡中的自己，你也只會看到神。當你閉上雙眼向內看，你就會看見祂。當你在走路，你的腳步聲會變成祂的腳步聲。當你在唱歌，真正在唱歌的會是祂。當你在跳舞，真正在跳舞的會是祂。一旦你的自我離去，祂的能量會變成你的能量。一旦你的自我消失了，祂的生命會變成你的生命。

第十章 完成那個圓

奧修，為什麼愛裡面會有嫉妒？

如果愛裡面有嫉妒，那你的愛就不是愛。是某種疾病偽裝成愛。嫉妒顯示出愛的不在。

這就如同說燈被點燃了，但週遭仍然一片黑暗。如果燈被點燃了，不應該還是黑暗的。黑暗的不在表示燈被點燃了。愛的存在表示不再有嫉妒。嫉妒就像黑暗，愛就像光。把這當成你的標準：只要還有嫉妒，你的愛就不是愛。是某種以愛之名而進行的把戲，你的自我邁向了一個新旅程：以愛之名而佔有別人的喜悅，以愛之名而剝削別人的喜悅，把別人當成工具的喜悅⋯把別人當成工具是世界上最大的不道德，因為每個人都是神。每個人都是他自己的目標──不是工具。所以永遠不要把任何人當成工具──即使是不小心的。如果你可以對別人有幫助，那很好，但是永遠不要為了自己的目的利用別人。沒有比這更大的侮辱了。這表示你把神變成你的僕人。你可以變成僕人，但是永遠不要把別人變成僕人。

只有當你了解神是無處不在的，真正的愛才會出現。然後你能做的只有給予幫助。愛是幫助，不是嫉妒。愛是臣服，不是佔有。

你問：「為什麼愛裡面會有嫉妒？」我可以理解你遇到的困難。我們所知的愛，百分之九十九只是嫉妒的另一個名字。我們是非常精明的。我們非常懂得在它上面噴灑香水以掩蓋它的惡臭。我們非常懂得用花朵覆蓋住傷口。我們是偉大的藝術家，善於讓虛假看起來像是真實。所以我們把嫉妒稱為愛。所以嫉妒以愛之名存在著。事實上裡面只有恨，但是我們稱為愛。在那兒是完全不同的東西。

某位「令人尊敬的女士」提了一個問題。她問：「我無法做蘇菲靜心，我也不讓我丈夫做，因為在蘇菲靜心中，必須凝視著對方。那兒有很多女人，如果我的丈夫看著別的女人，那會產生不一樣的結果，那時我要怎麼辦？我將無法和我的丈夫和睦相處。」

我們繼續假裝我們在愛，即使我們相處得不是很好。我們假裝愛，即使是那些我們從不喜歡的事。與其說我們的愛，還不如說是我們的策略——為了保障、為了經濟上的安定，為了使生活更便利。因為妳可能會失去丈夫，所以會有隱憂。嫁了一個男人可能使妳得到一間房子，使妳得到財富：妳的生命已經建立在某種架構下。那由妳決定，如果妳喜歡這樣的架構，很好，但是妳會因為這個架構而錯過神——因為只能透過愛而得到神。除了愛之門以外，沒有其他的門可以使妳碰到神。錯過愛的人將會錯過神。

恐懼和愛怎麼會同時存在？如果妳這麼害怕妳的丈夫看著別的女人，那麼妳們之間還沒有愛。妳的丈夫從未看著妳，妳也從未看著他。妳沒有在妳的丈夫裡面看到神，他也沒有在妳裡面看到神。妳會把這種關係稱為愛嗎？

一旦愛發生了，恐懼就消失了。然後，即使妳的丈夫看了全世界的女人，也不會有任何影響。他只會在每個女人裡面看到妳。他會從每個女人的雙眼中看到妳的雙眼

——因為每個女人都將映現著妳。無論看到哪個女人都會使他想起妳。

但愛從未發生，我們繼續用某種方式掌握彼此，這樣我們就不會分開。我聽說：

穆拉那斯魯丁進了電梯。那棟大樓有二十七層。當穆拉和妻子在二樓進了電梯時，裡面擠滿了人，到了四樓有個非常美麗的女人要搭電梯，但電梯已經沒有空間了。

那個女人終於想辦法進了電梯，擠在穆拉和他妻子的中間。然後電梯緩慢的朝著二十七樓上升。穆拉的妻子變得越來越焦慮。穆拉靠在那個女人身上，那個女人也靠在他身上。他們都不能說什麼，因為電梯太擠了。

穆拉的喜悅讓妻子更加的憂慮。穆拉非常喜悅…彷彿在天堂一樣！他一邊看著那個女人一邊流口水。然後那個女人突然尖叫，賞了穆拉一巴掌。「你這死老頭！你好大膽，竟然偷捏我？」

電梯裡面一片寂靜。穆拉一邊摸著臉一邊和妻子出了電梯。他終於說話了：「我不知道發生了什麼事。」他說：「我沒有捏她。」

「我知道，」他妻子愉悅的說：「是我捏的。」

這就是你們的愛。你們持續監視對方。那是一種敵意——愛在哪兒？你們怎麼會在愛裡面提防對方？愛裡面只會有信任、信心和前所未有的信賴。這些都是愛的花朵——信任、信心和信賴。如果一個愛人沒有這些，那愛還沒有綻放。嫉妒、敵意、羨慕、怨懟、憤怒——這些是恨的花朵。你攜帶著恨的花朵卻以為自己種的是愛之樹。你拿著苦楝樹的果實卻以為自己種的是芒果樹。趕快脫離這個幻象。

所以當我對你說，愛是使你到達神的路，你只是聽我說，但是你不相信，因為你知道你的愛。因為那種愛使你的生命是個地獄。如果我是在談論那種愛，那我的談論一定是錯誤的。但是我談論的是另一種愛——那個你一直在尋找但還沒找到的。你可以找到它——那是你的潛力——但是在你找到前，你會哭泣、悲傷、極度的苦惱、一直痛苦不堪。在你的生命之花綻放前，在愛的芬芳從你的生命之花散播出來之前，你會一直焦慮、不滿足。在那之前，無論你做了什麼，你仍會是不滿足的，你仍會是焦慮的。直到你開花之前，你都會是不完整的。

愛是一朵花。

愛是一個偉大的宗教性現象。它和嫉妒是對立的。愛非常接近祈禱。一旦愛發生了，下一步就是祈禱。一旦愛發生了，下一步就是神。愛、祈禱、神…這就是成為一個廟的三個步驟。

奧修，我是誰？我生命的目的是什麼？

你問我？先生，你不知道你是誰嗎？有誰的答案會對你是有幫助的嗎？那將會是借來的。無論我給了你什麼答案，那都不會是你的答案。你必須找到你自己的答案。問題是你的，只有你的答案可以解題。如果我對你說，Tattvamasi Svetketu——那個你，Svetketu，就是梵的化身——這能得到什麼？我可以說你是靈魂、永恆、不死的化身——那能得到什麼？你已經聽過這些答案很多次。你熟記著它們。你把這些答案給予別人。當你的孩子問你，你會說他是靈魂、觀照、sachchidananda，最終的喜樂。

其他人的答案不會對你有幫助。至少就「我是誰？」而言，這個問題會需要你進入你的自己。自己(self)這口井是非常深的，你只有到了底部才會發現井水的源頭。那是一口非常深的井，而且你必須獨自到那兒。沒有人會和你一起去。誰能在你裡面旅行？——沒有。你必須靠自己進入這段旅程。這是單獨一個人的飛行。

所有的宗教都要你享受單獨——因為除非你能享受單獨，否則你要如何進入自己？你必須獨自到達那兒。這就是為什麼所有的宗教都要你點燃靜心的燈。只有那個燈可以陪著你，沒別的了——不會是財富、地位和聲望。只有靜心的燈會和你一起到達那兒，只有你和靜心的燈。然後你就能進入到井的最深處。而這口井是非常深的。你的深度是無法測量的。你的深度就和存在一樣的深，所以這口井怎麼可能是不深的？怎麼可能是淺的？當你往井裡看，你不會看到水——它太深了。這個旅程是漫長的。這個進入一個人裡面的旅程是最漫長的旅程。

這似乎是矛盾的，因為我們總以為：「我自己？我已經在這兒了。我要做的就只是閉上眼睛，找到自己。」如果有這麼簡單的話。確實藉由閉上眼睛，一個人到達了。但只是閉上眼睛，你的眼睛並不會真的閉上：你閉上它們，但是你對於外在世界的夢想仍繼續著，外在的交易仍繼續著。你閉上眼睛，但是別人的影像仍會出現——朋友、你愛的人、你的親戚。你閉上眼睛，但是你從來就不是單獨的。如果你可以是單獨的，你甚至可以在張著眼睛的狀態下進入自己。

問題在於如何移走群眾。你必須把所有的經典和教條放到一邊——因為你永遠不可能在背著這些負擔的狀態下進入自己。這些負擔會讓你不可能做到。只有當你是毫無重量的，才有可能進入這個旅程。

還有記住：沒有人可以和你一起進入，沒有人可以給你答案。答案通常都是障礙。因為你已經同意這些借來的答案，你不會再進入自己，你不會再去尋找。如果你已經同意靈魂就在你裡面，你何必還要試著去找到它？這些借來的答案，這些信仰，不會讓你去經驗生命。

所以我要告訴你的第一件事是，當你問：「我是誰？」，表示你存在。如果你不存在，你要如何提出這個問題？你一定是某個人。無論你是誰，ABC，無論你叫什麼名字，你都是有意識的——否則怎麼會有這個問題？石頭不會問這樣的問題。你是有意識的。我從你的問題中得到這個結論。我不是在回答你的問題，我只是在釐清它、分析它——因為如果這個問題可以被正確的診斷，就不難找到治療的方法。診斷是重要的，如果診斷正確，就不難找到正確的解藥。如果診斷錯誤，無論你吃了多少藥，它們都不會對你有效；它們甚至會傷害你，因為如果你吃了錯誤的藥，它會對你造成傷害。

我在診斷你的問題，分析它。我要用手為你的問題把脈。

第一件事：你不是石頭。石頭不會發問。我遇過很多石頭。從沒有石頭會問：「我是誰？」你是意識，因此會發問。植物不會發問，樹木不會發問。它們比石頭還要有生氣，但是它們也不會有問題。不是有生命就會發問，需要比那更多。你是某個比生命還要多的。動物和鳥兒不會發問。牠們的進化程度高於植物，牠們會飛，會走；如果受到攻擊，牠們會保護自己。牠們怕死，但是牠們不知道生命。

你的問題和生命有關：「我是什麼？我是誰？我生命的目的是什麼？」你是比鳥兒和動物還要多的。你是有生氣的，有意識的——而意識就是思考的能力，反省的力量。你在捫心自問：「我是誰？」

這是個重要的問題，但是不要問我。把這個問題當成你的靜心。每天，安靜的閉上眼睛，讓「我是誰」這個問題在你裡面迴響著。記住，不要讓答案干涉你的問題。借來的答案會干涉，偷來的答案會擋在路上，你從別人那兒聽到的答案會阻撓你。不要讓它們這麼做。這些答案來自你的頭腦，它們不是你；它們是知識，不是了解。如果你已經知道答案，你還會發問嗎？

所以你顯然不知道答案。把你的知識放到一邊。它只值兩分錢；它沒有價值，它不會帶來了解。你看過奧義書、薄迦梵歌、可蘭經、聖經，它們並沒有解決任何事——否則你早就找到答案。你必須問「我是誰？」不要接受別人給的答案——無論那些答案來自於克理虛納、穆罕默德或馬哈維亞——或是我給你的答案：丟掉它們，全部丟掉。緊握著你的問題。好好琢磨。把所有能量投入到問題「我是誰？」

不會得到答案。完全的寧靜將會支配一切。你越深入問題，那個寧靜就會越深厚。你也許會開始認為沒有答案，因為你會急著尋找答案。答案不會這麼快來到。使用你的問題之劍，你必須先斬斷所有借來的答案。

禪宗師父說如果你在靜心的路上遇到佛陀，用你的劍把他砍成兩半。他們每天膜拜佛陀，但是仍然告訴每個弟子，如果在靜心的路上遇到佛陀，他不需猶豫或感到畏怯，而是立刻拿起劍把佛陀砍成兩半。

在靜心的路上，必須不受到別人的束縛。只有當你不受到別人的束縛時，你才能看見自己，否則你的目光總是放在別人身上。無論別人是誰都一樣——你的兄弟姐妹、妻子、丈夫、佛陀、馬哈維亞、克理虛納。別人就是別人。

在這個探詢中，會有一個片刻來到，只有「我是誰」這個問題留下，然後寂靜將會支配一切。在你的骨肉、骨髓中，只有一個問題會迴響著：「我是誰？」只有這隻箭會穿透你的存在⋯而且它會越來越深入：「我是誰？」你會越來越焦慮不安，因為你無法在任何地方找到答案；海洋圍繞著你，但是卻看不到岸邊。這時候，你需要鼓起所有的勇氣。如果你可以撐過這個片刻，你將會得到答案。

一個人何時會得到答案？——當你不再有任何答案，完全無知的。「當你不再有任何答案」意味著你是全然無知的，就像天真的小孩。你不會知道任何事。你所有的學識、精明和頭腦將會離去。只有一個問題留下：「我是誰？我是誰？」——一個最後的執著。

最後，這個問題不再是文字，而是一個覺知——「我是誰？」不會是你在重複問：「我是誰？」一開始你會重複問，先是用嘴唇、然後是舌頭、然後是喉嚨，然後是你的心。然後你不再重複問。而只是經驗「我是誰？」你的存在中會有一個問號——不再有文字。你會超越文字，只剩下渴望：「我是誰？我是誰？我是誰？」如果你可以忍受那個渴望⋯然後，一旦你所有的答案都消失了，問題也會消失。如果沒有任何答案來到，你能持續問多久？

記住，不要急。不是你拋棄這個問題，否則整件事都會失去效用。不是你拋棄它。不要做任何努力拋棄它，告訴自己，發問就夠了，它需要時間。會需要好幾年。不斷的問，一天一小時。然後有一天，你突然發現一切都停止了——答案消失了，問題也消失了。只有你還在——純粹的你。不會有任何文字或思想出現。那時你會發現你已經找到答案了。答案不會寫在紙上然後出現。不會有人告訴你：「聽著，孩子，這就是答案。」答案不會這樣出現。答案不會是答案，它會是一個經驗。你會知道，你會靈光一現。你將會發現。這就是為什麼我們將這個時刻，darshan，稱為看。你已經了解到你是誰。你的雙眼注視著自己，看著你的自己。你已經和自己會合。你已經和自己面對面。

一旦你知道你是誰，你也會知道你生命的目的。知道生命，就是知道它的目的。知道源頭，就是知道目的地。知道自己，就是知道神——因為你是一道神的光芒。即使只是知道一道光，也足以了解整個太陽的奧秘。即使只知道一滴露珠，也足以了解整個海洋的奧秘。整個海洋就包含在一滴露珠中。整個存在就包含在你裡面。

問題不在於我們對存在的了解，
我們必須避免如此，
我們唯一的選擇是創造一個新的基礎。
我們是誰？我們從哪兒來的？
我們必須成為什麼…？
為了這些問題所做的探詢是在浪費時間。
無論找到什麼答案，都是幻象。
我們的自卑感和毫無意義所帶來的痛，
永遠都不會減少。
我們就是我們必須成為的。

要了解這個：

我們就是我們必須成為的。
我們必須攜帶著別人的負擔。
蝴蝶何時問過：「我的翅膀從哪兒來的？」
荊棘何時問過：「我的刺從哪兒來的？」
我們為何要試著推測真理的謎團？
我們在擔憂什麼？
以致於要日以繼夜和這樣的尋找對抗著？
我們不是一個表達，
只是一個媒介；
不是英雄，
只是故事中的一連串事件。
這些吃人的問題啃咬著我們的身體。
我們想得越多，就浪費更多。
要走哪條路？我們應該去哪兒…？
離開這個進退兩難——
某個殘暴的、危險的動物在追你——跑啊！
方法是不同的，但結果是一樣的，
終點，親愛的弟兄，就是起點。
你問：生命的目的是什麼？「終點，親愛的弟兄，就是起點…我們就是我們必須成為的。」

這些事似乎彼此矛盾：「我們就是我們必須成為的。」就在當下，你已經是你必須成為的。種子就是花朵；那只是不同的表現形式。今天門是關上的，明天它們就會打開。現在花瓣是沉睡中的，明天它們就會綻放。種子已經是它必須成為的。

那就是為什麼你不能用一粒種子生產出各種不同的花朵。蓮屬植物會長出蓮花，玫瑰樹叢會長出玫瑰。無論你多麼努力，蓮屬植物都不會長出玫瑰。我們只會是我們必須成為的。

你的未來已經待在你裡面。你的潛力靜止在你的種子裡。「終點，親愛的弟兄，就是起點。」我們會到達我們的起點。這是生命中其中一個絕對的真理。

恆河起源於喜馬拉雅山的根戈德里，從那兒流向海洋。如果你問：「它要怎麼抵達源頭？它起源於根戈德里，從根戈薩格爾出海，流入海洋。」那表示你不了解整件事。你沒有看到那個循環。恆河會在根戈薩格爾再次變成水汽，上升到天空，它會再次變成雲，然後降雨在喜馬拉雅山上，再次在根戈德里匯集。這個圓完成了。當恆河再次在根戈德里匯集，那個圓完成了，旅程結束了。

「終點，親愛的弟兄，就是起點。」那就是為什麼所有的聖人說當你達到siddhawastha，覺醒的最終狀態，你會再次變成孩子。

「終點，親愛的弟兄，就是起點。」當你達到了聖人的狀態，你會變成單純的——彷彿你是無知的。知道的最終狀態就像無知。

奧義書說：當某個人說「我知道，」那就表示他不知道。當某個人說「我不知道，」那就表示他知道。

蘇格拉底說：「當我年輕時，我以為我知道一切。隨著年紀增加，我驚訝的發現我什麼都不知道！只要能知道一點點，我就滿足了——那就非常足夠了。現在我真的老了，我確定我什麼都不知道。我是完全無知的。」

一個人最終了解到自己的無知，就是最終的知道。為什麼？

「終點，親愛的弟兄，就是起點。」但是不要重複別人的答案。你必須尋找自己的根戈德里。

你為什麼如此悲傷？
你的生命變得像是個服務生。
如果你的思想不是新鮮的，
你的生命會是腐壞的。
打開你的窗户，現在是早晨，
讓大量的陽光進入。
你的心焦躁著想要唱歌，
讓它唱出一些新的曲調。

你為什麼要重複別人說過的話，為什麼不唱自己的歌！為什麼要依賴從別人那兒借來的一切。為什麼不表現你自己的個體性！

不要問你是誰。進入你自己。你存在，那部份是確定的。即使你懷疑其他關於你的一切，至少這部份是確定的——你是存在的。

一個偉大的西方思想家笛卡爾說過，這個世界上只有一件事是不容置疑的——你的存在。你為什麼不能懷疑？因為你即使要懷疑，你也得先存在，然後才能懷疑。否則誰在懷疑？你不能懷疑自己的靈魂。你至少得先同意自己是存在的，你才能說：「我懷疑我存在，我不相信。」但是誰不相信？是誰在懷疑？

這個世界上只有一個事實是不容置疑的——你自己的存在。試著進入這個不容置疑的事實，試著從樓梯往上走一點。

這個「我是誰？」的探詢是令人驚訝的。如果你提了這個問題，它會帶著你深入到你的存在之井。那口井擁有清澈、乾淨的水，一旦你飲用它，你將永遠感到滿足。

奧修，我們為什麼不能直接和神聯繫？我們為什麼需要師父做為媒介？

你真是非常仁慈。你對師父真是非常慈悲。這個想法很好。那就這樣做…那你為什麼來這兒？你為什麼還要問這個問題？——因為你已經開始尋找師父了。你為什麼還要問我？那表示還有詢問某人的需要。

曾經有個年輕人來這兒問我是否應該結婚。我說：「在這個狀況下，你應該結婚。」

他說：「這個狀況？什麼意思？」

我說：「你發問了，所以你應該結婚。」

他說：「但是你從未結過婚。」

我告訴他：「我從不需要問任何人！」

你的問題已經回答了。如果你無法靠自己找到答案，遑論你要如何找到神了。如果你需要在這種小事上依賴別人，那你要如何獨自進入這個無限巨大的旅程？確實，這個旅程要獨自走完。如果你可以靠自己踏上旅程，那很好。但是你做不到。你以為師父會和你一起進入你的旅程嗎？沒有誰可以和誰一起——連師父也不行。那師父的用處是什麼？師父在這兒是為了鼓勵你，只是鼓勵你。

小時候，我被帶去見村裡一個教游泳的人。我想要學游泳。我一直愛著河流。我那時一定很小——大概六、七歲。那個教游泳的人是一個奇特的人。他非常喜愛那條河。他現在很老了，也許八十歲了，但是看這個時間，我認為他現在還待在河邊。早上四點到十點，下午五點到晚上九點，他這兩段時間都待在河邊⋯那條河是他的一切，是他的心。他只有一個興趣：教導任何來找他的人如何游泳。

當我見到他，我問：「我必須自己學游泳嗎？還是你會教我？」

他說：「沒人問過這個問題。事實是，沒有人可以教任何人如何游泳。我會把你丟到水裡。你會害怕，你會用手腳拍打著水。那就是一個人如何開始學游泳的。我會站在岸邊鼓勵你，讓你相信不會溺水。如果有必要，我會救你。但是這個情況從未發生過。」

於是我說：「你這樣做，只要站在岸邊。我會自己跳。你不需要把我丟到水裡。如果沒必要，你不要救我，即使我開始溺水——因為我想要自己學。」

他坐在一旁。我跳進水裡。自然的，我下沉了好幾次。我嘴裡都是水。我用手腳拍打著水。一開始，我的拍打沒有任何用。但我漸漸的掌握到訣竅。我在三天學會游泳。我甚至沒讓他扶著我。

事實是，浸沒在宗教性中就像在游泳。你已經知道游泳：你只需要進入水裡。你會用手腳拍打著水；一開始你的動作會是雜亂無章的、沒有規則的、緊張的。然後漸漸的，你會越來越有自信。為什麼？那個自信一定會出現，因為那條河從未淹死過人。河流會支撐著你。

你注意過嗎？活人會下沉，但死人總是會浮起來。這很奇怪。活人一定知道某些事，因為這些事而使他下沉。死人會浮起來，而活人會下沉。一定是活人使自己下沉的，河流不會使他下沉，因為它甚至無法使死人下沉，死掉的生物總會浮著。水有一個天然的浮力。水是奇特的，它裡面藏著某種奧秘，那是科學家一直在尋找但卻找不到的。這個奧秘裡面還藏有其他很多秘密，包括宗教全部的奧秘。我選擇游泳作為象徵並非偶然。就我的部份而言，我選擇游泳作為象徵是一個有意識的選擇。

三百年前，有個科學家，牛頓，發現了重力。你聽過當牛頓坐在花園裡，有顆蘋果掉下來。他感到好奇，為什麼東西總是往下掉，卻從未往上升。為什麼？為什麼是往下？如果你丟石頭，它最終會掉下來。每個東西都一樣。為什麼？在這背後的秘密是什麼？他一邊思考一邊尋找，終於發現了萬有引力定律：地球會將每樣東西拉向自己。它有一個特別的力量，會將一切往下拉。

從那時起，他的想法被應用在許多理論上。現代科學幾乎奠基於他的發現。沒有它就無法存在。萬有引力變成現代科學的基礎。但是這個定律是不完整的。沒有任何東西可以沒有對立者而獨自存在。

在牛頓那個時代，還有另一個人——一個詩人、一個思想家、一個智者、一個聖人。他開了一個反對牛頓的玩笑，但是那時沒有人注意到他說的話。

他問：「牛頓先生，蘋果確實從樹上落下並掉到地上。但是我想問你一件事。告訴我，一開始，它是如何到樹上的？」

樹木每天向上長。蘋果藏在種子裡；有一天樹開花了，然後在上面長出果實。這個人說，先了解它是怎麼到那兒的。它如何掉下來，那是第二件事。它是怎麼到那兒的？這是很重要的。

在黎巴嫩有五、六百呎的西洋杉，有的甚至七百呎高！即使它有七百呎高，水分仍然會到達最上方的葉子。水分流到那兒。是某個東西使水分到了那麼高的地方。

沒有人在意這個詩人說的話。誰會在乎這個聖人說了什麼？人們忽略詩人是因為他們只不過是詩人——讓他們當他們的詩人！但是我要告訴你，他說了某些比牛頓說的還要重要的事，而且到了未來，科學會更認同他。

這已經發生了。科學界已經開始討論一個新理論：懸浮力。重力是把東西往下拉的力量；懸浮力則是把它們往上拉的力量。確實應該如此，因為生命是平衡的：生和死、白天和夜晚、熱和冷、愛和恨。你有看過任何東西沒有對立物而存在嗎？沒有這種東西。男人和女人、童年和老年、博學和無知、好人和壞人…沒有任何東西是沒有對立物而存在的。電有正極和負極，如果你試著把它們分開，它們將無法獨自存在，兩者都會消失。所以重力怎麼會是例外？它不是例外的。不會有任何例外。一定有一種把東西往上拉的原理。

詩人說的話的背後有一個原理，這是聖人所熟知的。在他們的語言中，這個原理被稱為prasad，恩典。重力相對於恩典，引力相對於恩典。恩典將一切往上拉。水透過恩典的原理把東西撐起來。它從未主動讓任何東西沉沒。

游泳並不難；你只需要信任水。之後就用手腳拍打著水，兩、三天後，你會產生這個信任，了解到沒有什麼好緊張的，水不會淹沒你。當你的懷疑逐漸消失，你開始懂得游泳。信任出現了，然後你會游泳了。你同時獲得信任和游泳的能力。現在你所需要的是更熟悉水，更熟悉水所擁有的這種能力。

當你把水桶放到井裡，它會裝滿水，剛開始感覺還很輕。當你要把它拉出水面，它會變得越來越重。在水中，你可以舉起一個體重是你的兩倍的人。水創造了無重力狀態。

游泳沒有什麼技巧。還有記住：一旦你懂得游泳，你就再也不會忘掉它——無論你多麼努力。你知道任何永遠忘不掉的事嗎？所有學會的事情都可以忘掉，但游泳不會。游泳不是學來的；剛好相反，它是生命的真理。一旦你開始熟悉它，你就不會忘掉。它不是某件不重要的事情而會從你的記憶中溜走。在懂得如何游泳後，某一天你進入河裡，你不會開始大叫：「救命！救命！我以前知道怎麼游泳，但是現在忘了。」這是不可能的。

一旦你知道神，你就永遠無法忘掉祂。一旦你進入靜心，你就無法擾亂它。一旦你經歷過愛，你就不會討厭它。一旦祈禱的光芒籠罩著你，你就無法忘掉它。神不是某個你學習到的東西；它是我們原初的自性。

在游泳的過程中，當你的本性和水的本性進入了某種和諧，你可以只是躺在水上，不用移動手腳，水會撐著你。甚至不用移動身體。和諧發生了，一個完美的音調已經發生了。

當你想要達成神，同樣的情況也發生在師父身上。師父什麼都沒做：他的存在就像催化劑，他的存在給了你勇氣。如果你擁有足夠的勇氣，你就不需要師父。有的人沒有透過師父就知道了神——不是很多，但是有一些。所以不要失去勇氣：如果你想要不透過師父而知道神，那是可以做到的。

但是要警覺到不是你的自我在說：「我將不用透過師父而知道神。」如果這是你的自我，那你就無法知道神。在那個情況下，很遺憾的，你會淹死，你會沉沒。所以要小心的檢視內在。

用這個方式來了解：師父沒有為你做任何事，除了帶走你的自我，除了斬斷你的自我。事實上，你是完全美麗的、完全善良的、完全真實的。Shivam——完全善良的；你是shiva，神性。師父拿走覆蓋著你的自我——而這個自我只不過是一個幻象、一個信念。在師父的陪伴下，這個信念拋棄了，這個幻象被洗掉了。一旦這個發生了，你裡裡外外都將會是美麗的。

如果你可以靠自己做到，那就去做吧。不會有任何問題。我知道這不是一個完全無意義的問題。以師父之名所進行的一切就足以為任何理性的人造成困擾——所有的虛偽、欺騙和謊言都會發生。由於那些宣稱自己是師父的人，你自然會想詢問這樣的問題。

每個人都是病人，
病人是病人，
連醫生也是病人。
因此我們無法互相幫助。

無能為力的，
每個人都病了。
有的是眼睛的病，有的是耳朵的病，
有的是身體的病，有的是頭腦的病。
如此巨大的醫院，
但卻沒有護士——每個人都病了。

有時候似乎這種師父和你坐在同一艘船上，兩者似乎沒有差別。他還沒有達成，所以他要如何幫助你達成？這種人從未瞥見過神，也沒有在生命中感受到神的寧靜；他們的存在中找不到神的芬芳，他們說的話也沒有任何可信度。他們的歌是過時的，那些歌已經被某個人唱過了。他們還沒有唱出自己的歌，所以他們要如何喚醒熟睡在你裡面的歌？

真正的師父是一個他的生命花朵已經綻放的人。那是困難的，那是少見的；不會很容易找到一個師父。你試著要避開師父，但我要告訴你，你甚至無法輕易的找到他。而且即使你找到他，不要理所當然的認為他會接受你！你用同樣的方式尋找真正的師父，所以師父也在尋找真正的弟子。

弟子的意思是他是謙遜的、想要學習的，為了學習，他是臣服的，他可以彎下身。如果你仍然是自大的，那即使你找到真正的師父，他也不會接受你。並不是他不想接受——他想接受——但是沒有入口可以讓他進入。你非常自傲的站在那兒，你無法轉變。沒有你的合作，你就無法轉變。

那師父的意義是什麼？唯一的意義就是：神是看不見的，即使我們想要找到某些方式認出祂，但是要去哪兒找到這些方式？所以如果能在某處看到神的映像，那將會讓人安心。

天上的月亮是遙遠的。你沒注意過嗎——當小孩哭著要月亮，母親會拿個盤子裝滿水後放在房子外面。月亮會反映在盤子裡，然後小孩會高興，因為他得到月亮了。

師父也一樣；他就像盤子裡的月亮。真的月亮是非常遙遠的。也許我們的雙眼還無法看得那麼遠；我們可能無法承受真理的直接顯現。真理是非常巨大明亮的：你是否記得達雅一再的說過，那就像一千個太陽同時升起，那個光芒是令人眼花撩亂的？如果你還沒準備好，你將會驚慌失措。神是巨大的——它無法被塞進你渺小的庭院。如果你還沒把牆壁打碎，你會發抖，你的存在會發生地震。

師父是在有限中反映出的無限。師父就像你，但也同時完全不像你。你可以抓住師父的手，但是你無法抓住神的手。神沒有手。你會持續的摸索，但是你無法抓住祂的手。祂是無形的，祂沒有任何特質。師父是有形的，師父是有特質的。

我是一根渺小、微不足道的竹子，
我知道我是誰。
但是在祢嘴唇的觸碰下，
一首歌從我的喉中爆發出來，
祢的呼吸用音樂填滿了我，
我唱著祢的歌，

我附和著祢的曲調。

師父是什麼？是一根願意成為笛子的竹子，渴望和神的聲音產生共鳴。

我是一根渺小、微不足道的竹子，
我知道我是誰。
但是在祢嘴唇的觸碰下，
一首歌從我的喉中爆發出來，
祢的呼吸用音樂填滿了我，
我唱著祢的歌，
我附和著祢的曲調。

靠近師父，你會開始學習神的語言。用人類的語言來說，在人類受到的限制下，神的意思只是：一個對於神的瞥見。

師父是一道門。你可以不透過門而進入——那也是可能的。由你決定。有的人以客人的身份來到，有的人以小偷的身份來到。客人會從大門進入，站在大門的主人是歡迎他的，他會邀請客人進來，找個地方讓他坐下。另一方面，小偷則是在晚上進入，在黑暗中進入，並把房子的牆壁打破。

小偷也會見到神——那不是什麼大問題。把神偷走並沒有什麼不對。如果不把神偷走，那我們要偷什麼？祂自己就是小偷！那就是為什麼印度教徒把祂稱為hari，一個把東西偷走的人，一個小偷，一個綁匪。祂是一個小偷；祂偷走人們的心。所以如果你想要偷祂的東西、翻祂的口袋，那是沒問題的。那是你的選擇：如果你想要挖洞，闖進祂的房子，那就去做。如果你想要從窗户跳進去，那就跳。如果你想要跨過柵欄，那就跨過。做你想要做的。但是你也可以從前門進入。師父是前門。你可以用簡單的、容易的方式進入。記住一件事：

即使豐沛的海洋驅走了我的口渴，
在這個廉價的世界中，我能在哪兒找到水？
我曾認為海洋是永不吝嗇的，
因為無論水在哪兒，那都是海洋的禮物。
但是它如此的忽略我，
以致於向河流要水讓我感到不太自在。
我曾聽天空說這個世界是個可愛的地方，
我們在這兒找到的愛，
止住了千世以來的傷痛。
但同樣的，這個世界的愛深深的傷害了我，
我不想要這兒的任何憐憫。

我知道你的困難。你在生命裡建立了很多關係，而且一直被欺騙，所以你害怕，現在是否要進入這個和師父的新關係。

但同樣的，這個世界的愛深深的傷害了我，

我不想要這兒的任何憐憫。

你是害怕的。和師父在一起，除了他的憐憫和慈悲，不會有其他形式的關係。你見過很多種慈悲，但你每次都被欺騙。你試過很多道門，但發現的總是牆壁。你經歷過很多段愛情，但卻發現它們都是毒藥。唯一的結果只是地獄。現在你感到恐懼——即使是師父的愛。

「…我不想要這兒的任何憐憫。」海洋是巨大的，你可以進入它，但是你能喝它的水嗎？不能。

即使豐沛的海洋驅走了我的口渴，

在這個廉價的世界中，我能在哪兒找到水？

一個人會開始以為：「如果連海洋都沒有留給我任何東西，沒有任何東西給我飲用，那我還能去哪兒？」

我曾認為海洋是永不吝嗇的，

因為無論水在哪兒，那都是海洋的禮物。

但是它如此的忽略我，

以致於向河流要水讓我感到不太自在。

但是在心裡記住，河水是可以喝的。雖然河裡面有海水，但只有在河裡的水是可以喝的。河流流入海洋，但是它的水是甘甜的。

神就像海洋，師父就像河流。師父是一個小湖泊。無論師父得到什麼，那都是來自於神。你不能直接飲用神——沒有人可以直接喝海水——但是當神透過師父來到你身旁，水變成可飲用的。

師父是一種煉金術。你不能吃泥土——還是你可以？只有小孩試過。你不能吃泥土。但是你吃的一切都是來自於泥土。小麥、稻米、葡萄、蘋果、梨子——一切都是從泥土中長出來的。但是你不能直接吃泥土。

樹木做了一個偉大的工作——它轉變了泥土，使你可以吸收它。樹是兩者間的媒介。它處理了泥土，使你的胃能接受它。

師父也是一樣。

你不能直接吸收神——透過師父這個媒介使祂變成可吸收的。如果你決定不透過師父而進入，那就快樂的去吧；但是你要去哪兒？你要走哪個方向？你要找誰？無論你要找誰，無論你要找什麼，都已經被某個師父說過了。你在尋找神嗎？那你已經接受了某個師父說過的話。你將會接受奧義書、吠陀或可蘭經說過的話。你在尋找靈魂嗎？那你已經接受了某個師父的話語，接受馬哈維亞或克理虛納說過的話。你在尋找莫克夏或涅槃嗎？那你已經接受了某個師父說過的話。你在尋找什麼？無論你在尋找什麼，你都是在接受某個師父說過的話。如果你要接受某個師父說過的話，那就接受活著的師父說過的話——因為對死去的師父做些膜拜是好的，但是他們沒有別的用處了。

人是精明的：他們只想要膜拜，他們不想要轉變。如果是這樣，那沒問題，那就找一個死去的師父。但是如果你能透過活著的師父的雙眼看，你將會直接的認出真理。如果你在活著的師父的心裡悸動著…這就是satsang的意思——你和師父坐在一起，將你的歌加入到他的歌裡面，將你的波浪沉入到他的波浪裡，試著和他的心一起悸動，試著和他走在一起，和他的水流一起流動，在他的溪流中游泳…

師父的意思是什麼？只是這個：一個讓你使用的望遠鏡。

靠近我的雙眼。試著用我的雙眼看。當你這樣做，你將會了解你的雙眼應該是怎樣的雙眼。試著加入到我的慶祝中，你會學到你的生命應該是怎麼樣的慶祝。不然還會是什麼原因需要接受一個師父？

奧修，過去三年來，我一直想成為桑雅士，但一直無法做到。原因是什麼？

有個笑話：某個晚上，皎潔的月光照耀著，一個相當害羞的年輕人和他的愛人坐在樹下。那是秋天的滿月，一切是那麼的寂靜。年輕人很害羞。非常的矜持和羞怯。沉默的氣氛漸漸變得令人感到壓抑。年輕人什麼話都沒說。最後，鼓足所有的勇氣，他結巴的說：「我…我…我可以親妳嗎？」

年輕女人提起了雙眼看著他。那雙眼睛送出了一個邀請，一個感激。但是年輕人看著地上。沉默的氣氛再次出現，甚至變得更嚴重。半小時後，年輕人又問：「我…

我…我可以親妳嗎？」

年輕女人再次看著他，但這次年輕人又看著天上的星星和月亮，為了避開她的目光。然後又一個冗長的沉默。最後，又經過了半小時，當氣氛變得非常沉重，年輕人問：「你突然聾了嗎？還是啞了？」

女人說：「不，都沒有。但是你癱瘓了嗎？」

這就是我能對你說的。「過去三年來，我一直想成為桑雅士…」你癱瘓了嗎？你在等什麼？你的名字是Gobardhandas，意思是克理虛納的僕人——那個常常關心母牛的人…多麼好的名字！小心，不要變成「Gobardas」——牛糞的奴隸！三年…你還要考慮多久？你的生命快消逝了！這是一個非常甜美的名字，Gobardhandas。勇敢點，否則我告訴你，當你臨死時，你只會是Gobardas。

現在你問我：「過去三年來，我一直想成為桑雅士，但一直無法做到。原因是什麼？」沒有原因。一定是你缺乏勇氣。一定是這樣。桑雅士的意思是勇氣、膽量。你必須準備發瘋。達雅不是一再的說嗎？奉獻者有時候哭，有時候笑，有時候唱歌——那就是奉獻者。他的腳應該放在那兒，但卻放在這兒，這是非常矛盾的！

桑雅士是一種不同的生活方式。有一種生活方式是屬於世界的：店鋪和辦公室、你的妻兒、財富、地位和名望——這是世界的生活方式。將桑雅士的光帶入到這個生活方式的意思是，你已經開始改變它的根基。現在靜心變得比金錢更重要。現在神變得比你的妻子或妳的丈夫更重要。莫克夏、解脫和救贖變得比地位或名望更重要。你生命的根基已經改變了。現在一切都會處於混亂。混亂將會支配一切，一切都需要重新安排。

所以桑雅士不是一件小事；它是重要的。所以一個人會感到恐懼。所以一個人會讓生命維持不變。你可以讓生命維持不變，但是有一天死亡會來到，將一切奪走。

桑雅士的意思是你決定掙得某個死亡無法從你這兒帶走的東西。掙得某個東西，同時又使你的死亡只是外在的，這就是桑雅士。Samsara的意思是忘掉死亡並掙得某個東西。但死亡會帶走你已經掙得的一切，將它們貶成你從未掙得的東西。無論你掙得某個東西或失去某個東西，意思都是一樣的。無論它是diwali，財富的慶典，或是diwala，破產，意思都是一樣的。對死亡都沒有差別。

在完全覺知死亡的狀態下過生活的人就是桑雅士。忘掉死亡或過著忘掉死亡的生活的人，都是世俗之人。很難一邊活著，一邊將死亡擺在面前。即使只是想到人終究會死就令人相當心煩。頭腦會說：「我會死？別人一定會死，但不是我。別人會死，但是我可以避開死亡。」忽略死亡就是世俗之人的方式。不斷的覺知死亡，隨時看著它，和死亡保持一致所形成的生活方式就是桑雅士。一旦你將死亡納入考量，你所有的價值觀都會改變。

有一個年輕人常常去拜訪艾內斯。他一再問同樣的問題：「你總是看起來很安詳、很喜悅、很喜樂。你怎麼做到的？」艾內斯聽著他說話，但從未回答。

有一天年輕人又問了：「我無法相信。有時候我在家裡，我認為雖然你和人們在一起總是面帶笑容，但是當你獨自一人，你可能是沒笑容的。到了晚上，你可能跟我們一樣。誰知道，這一切可能都是假裝的——因為這怎麼可能？我無法做到，其他我認識的人也無法做到。這樣的喜樂怎麼會灑落在你身上？我看不出有任何東西會帶給你這樣的喜樂：你沒有財富、地位、名聲、威望。你有什麼？你只是一個赤裸的苦行者。你只有一條腰布，但卻如此快樂。」

那天，艾內斯知道適合的時刻來到了。他對年輕人說：「讓我看你的掌紋。」艾內斯把他的手拿了起來，並立刻變得很悲傷。

年輕人很擔憂。他問：「你為什麼表情變了？怎麼回事？你從我的掌紋中看到什麼？」

艾內斯說：「我看到你的生命線有一個地方斷掉。再七天⋯你只剩下七天可活。七天後，當星期日的太陽在傍晚沉落，你的生命也將跟著沉落。」

年輕人站了起來。艾內斯說：「嘿，你要去哪兒？我還得回答你的問題。」

「去它的問題！」年輕人說。「榮耀歸於羅摩，再見！還有什麼必要討論哲學？」

他全身是汗。當他第一個到達這兒時，他踩著堅定威嚴的步伐走上樓梯。但當他離開，他必須扶著牆壁走路。他突然變老了。他全部的生命都被動搖了。因為他已經和死亡打過照面。他做了那麼多計畫——他想要做什麼，不想要做什麼。現在它們都消失了。就好像他用紙牌蓋了一間房子，突然一陣風把它吹散了。

他回了家，直接躺在床上。他的妻兒開始哭泣。消息在全村傳了開來，鄰居聚在一起。如果艾內斯這樣說，那一定是真的。艾內斯不會說謊。他的死亡是確定的。

到了第三天還是第四天，年輕人已經處於半死的狀態。他無法下床。沒有任何力氣，也不想吃東西。每當有人談到食物，他就會說：「誰在乎？」他要求每個敵人的原諒。他對每個在法院對他提訟的人說：「弟兄，請原諒我，這一切都是誤會。」他放棄所有的抗辯，承認所有他犯下的詐欺罪。死亡要來了——還有什麼意義去欺騙和爭辯？何必再繼續這些生命中的娛樂和消遣？畢竟，哪些是我的？什麼是我的？哪些是別人的？什麼是別人的？甚至當他的妻子坐在他旁邊時，她似乎也跟其他人一樣。連他的兒子看起來也像個陌生人。親友和陌生人都一樣。不再有任何關係是重要的。當死亡接近時，一切似乎都在崩塌。只有一件事是他在意的：第七天越來越接近，死亡快要到了。現在什麼是該做的？什麼是不該做的？

到了第七天，他無法從床上起來，無法說話，臉上有很大的黑眼圈。他不斷的問還有多少時間太陽就沉落了。

正當太陽就要沉落時，艾內斯到了他家的門前。他的妻子傷心的跪倒在艾內斯的腳旁。孩子們開始哭泣。艾內斯說：「不要難過。沒有什麼要擔心的。帶我進去。」他進去後問：「我的弟兄，過去這七天你是否犯了任何罪？」

年輕人好不容易才睜開眼睛：「犯罪？」他說：「你瘋了嗎？死亡一直站在我面前，哪來的時間犯罪？」

艾內斯說：「你的死亡還沒來到。我回答的是你常問我的那個問題。死亡也以同樣的方式，一直站在我旁邊，站在我眼前。我怎麼會有時間去犯罪？如果沒有犯罪，就不會有悲傷。如果沒有犯罪，就不會擔憂。如果沒有犯罪，就不會不安。如果沒有犯罪，善行的芬芳會自行出現。起床！死亡還不會來到。」

年輕人很快起身。他的眼神立刻變得不一樣。他拍著兒子的背。「你已經修正我了。」他對艾內斯說。「我一生中所有與之爭執的人，我已經要求他們的原諒。現在我還會見到他們⋯等到明天！我試著將所有的訴訟進行和解。「事情結束了，」我告訴他們：「你想拿多少土地就拿吧，住在那兒⋯無論你想要多少田地。沒有必要再爭執了。」你已經修正我了！但這算回答我的問題嗎？我只是問了你一個簡易、單純的問題，而你卻讓每個人哭了七天——而且我幾乎快死掉。」

在接下來的日子，年輕人再次變回以前的他。

當死亡進入你的生命，那就是桑雅士。如果你接受死亡，那就是桑雅士。你可能沒有勇氣，然而你必須學著勇敢。無論你是否接受死亡，它都會來到。它將會來到。七天後、七年後、七十年後——那有什麼不同？死亡一定會來到，那是可以確定的。死亡是唯一可以確定的。如果你能了解死亡，那就鼓起勇氣。桑雅士就是尋找那個死亡無法從你身上帶走的財富。

奧修，奉獻不也是一種想像出來的東西嗎？那不也是一個夢嗎？

如果你依賴理智，奉獻似乎看起來會像是個夢。現在是什麼造成了這個狀況：當達雅對克理虛納說話，她不只是和祂說話，她會和祂爭執。她會撫慰祂、安慰祂。有時侯則是生氣。

對全世界的思考型的人而言，常常會出現一個問題：「生命的意義是什麼？」這個問題的答案從來沒有被發現過，因為無論生命有什麼意義，那都會是來自於心，而不是理智。心了解夢的語言，而不是算數的語言。心了解詩、愛、美。心的方式是不同的，它的世界是另一個世界。

奉獻屬於心的世界。如果你問奉獻者，整件事會是完全不同的。奉獻者會說：不是因為那些路，而是因為那兒的地平線是朦朧的。

無論那兒有什麼目的地，
都已經變得毫無意義。
如果所有的意義都失去了，
文字怎麼還會出錯？
我們的夢可能會帶我們回家，
是真理使我們迷了路。

「我們的夢可能會帶我們回家，是真理使我們迷了路。」教條、邏輯、算計……如果你問奉獻者，他會說是因為這些東西使人們迷了路。沒有這些東西，人會是充滿活力的瀑布，充滿著歌聲。他會跳舞、充滿喜悅的；他的生命會是一個慶祝，神會在那兒出現。

當所有的騷動都沉睡了，
如果你願意，就去聆聽那些令人甦醒的話語。
一段輕柔的音樂慢慢響起，掩蓋了寂靜，
神秘的藍色在湖泊的純淨之鏡裡顫動著。
在所有的真理消失後，
如果你願意，就去編織令人甦醒的夢。
每個行進隊伍的後方都跟隨著零星的吶喊，

群眾沒有任何個性。
最常聽到的話語都是謠言，
真理不存在於多數的一方。
一旦高聳的浪潮開始後退，
如果你願意，選擇那些還留在岸邊的。
噢，雕刻家，不要如此辛勤的雕刻，
天然的美會隨著精細的雕琢而死去。
這個不美麗的、令人沮喪的、悲傷的不完整，
使青春變成永恆的藝術品。
只有那個不完整的才有未來，
它的每個片刻都會是一個新的感受，
如果你願意，就去思量這個狀態。
在所有的真理消失後，
如果你願意，就去編織令人甦醒的夢。

在理智的語言中，奉獻是一個夢。在心的語言中，奉獻是真實的、更真實的、最真實的。奉獻是最偉大的真理。

現在是你要決定你是什麼樣的人。如果你是理智型的人，那奉獻不會吸引你，不要管它。不用去擔心那些不吸引你的。然後，你的路會是不同的。走在知識和靜心的路上，你將會穿越精雕細琢過的理智。但如果你喜歡奉獻的路，如果它是吸引你的，

如果聽著奉獻者的話語使你感到愉悅，如果你的心因為聽到奉獻的語言而開始運作，那就不要擔心理智型的人說了什麼，不要聆聽理智型的人說過的話。

在所有的真理消失後，
如果你願意，就去編織令人甦醒的夢。

然後放下所有關於教條、真理等等的談論。將注意力放在如何讓所有奉獻的線一起運作，你將會發現一個人甚至可以透過夢而達成神。但是你得學著去夢見神。夢也是一種力量。如同邏輯也是一種力量，夢也是。邏輯是科學的基礎，夢想是奉獻的基礎。邏輯是宗教戒律的基礎，夢想則是愛的基礎。只有這兩種方式。適當的擴大你的想像力，使它可以看見神，或者全然的驅散你的想像力，讓它完全消失，然後祂會顯現在你面前。

如果你的路是透過理智，你會經驗到真理。如果你的路是透過奉獻，你會經驗到神、愛人。那是一體的、相同的：那些行走在知識之路的人把它稱為真理，奉獻者則把它稱為神。那由你決定。但我的感覺是，奉獻者更能享受一切，因為他們使真理是美麗的，他們將真理變成他們的愛人。真理不再是一個數學的計算，它不像「二加二等於四」。真理變得像是你的小孩、你的愛人、你所愛的一切。真理開始浸沒在愛裡面。

當你聽到奉獻者唱著讚揚神的歌，如果你的心開始運作，如果你的心被喚醒了，不要害怕。

某個面孔再次停留在我的眼裡，
某些消失的地平線再次出現，
某些沉落的太陽再次升起，
滿是荊棘的路上再次鋪蓋了絲綢。
自從看見那些眼神，
我的肩膀長出了翅膀，
我的夢想再次飛入到那些看不見的渴望裡。
那個我的內在裡被觸碰到的地方，
在那兒，我再次是煥然一新的。
神秘的臂膀再次擁抱著我，
某個面孔再次停留在我的眼裡。

如果神的面孔停留在你的眼裡，吸引了你，那就不要害怕。你終究得在心和理智之間做選擇。

在短暫的瞬間，
非常輕微地，
透過這個方式和那個方式，
移動著岩石般的記憶，

噢，它出現了，
夢出現了。
在很多很多天以後，
月亮出現了。

⋯⋯讓它出現。如果屬於神的夢出現了，不要譴責它只是一個夢。即使夢也是美麗的。

用這個方式來看：如果你將你所有的存在傾注到它們裡面，即使夢也會成真，如果它們是借來的、偷來的、屬於別人的，如果它們裡面沒有包含你所有的存在，即使真理也會變成虛假的。

奧修，你為這個系列的講道所給的名字，似乎造成了依戀和否定的生活態度。請解釋為什麼在這條包圍著愛的、多汁的、狂喜的路上會有這樣的否定？

對你而言似乎看起來是這樣，但這裡面沒有任何否定。**這個世界就像最後的晨星**，這句話裡面並沒有攜帶任何否定的看法，並沒有包含任何棄世的訊息。它只是表達出世界無常的本質。裡面沒有任何主張或否定。這個世界就像最後的晨星。這句話裡面沒有任何譴責。

從各方面來看，這些美麗的話語都不會是譴責的話語。它們只是說明世界就像這樣，就像最後的晨星——在這兒停留一個片刻，然後就消失了。這是事實，不是譴責。如果某個人說氣泡是氣泡，說它停留了一下子，接著就破了，這是否定的嗎？如果某個人說你現在還活著，但死亡隨時會來到，這是否定的嗎？把短暫稱為「短暫」是否定的嗎？不——那只是接受事實。這就是世界。但是人們用自己的方式來了解：

發問者是瑜珈奇瑪亞，他有一個否定的傾向，所以如果他的頭腦在任何地方得到任何支持，他不會錯過機會。他會緊緊的抓著它。他的方法是過時的——否定世界。**這個世界就像最後的晨星**——他一定感覺這是個好機會：「所以——達雅看事情的方式也是這樣！」

但不是這樣，達雅完全沒有這樣說。達雅只是說出事情的本質。

有一天我遇到穆拉那斯魯丁。他沿著河走過來，手上拿著一籃魚。所以我問：「老傢伙，你在哪兒抓到牠們的？」

穆拉說：「我找到一個很棒的地方，某位紳士還放置了一個標示牌，所以我可以記得它的位置。你沿著河流往山下走，那兒有個同時用印度文和英文表示的標示牌：非法入侵者將被起訴。再走遠點還有一個標示牌：禁止釣魚。那兒就是我常去釣魚的地方。」

穆拉相信那位紳士設置了這些標示牌是在為他指引方向：

我們根據自己的利益來解讀。我們會聽到我們想要聽到的。**這個世界就像最後的晨星**——這裡面沒有任何否定的意思，這只是在提示事情的本質。你的世界不是永恆的，你不該認為它是永恆的。即使你把它當成永恆的，它也不會是永恆的。世界出現然後又消失；就像在水上劃線。如果你在這兒等待，認為世界是永恆的，你將只會知道痛苦。如果你欲求永恆，就不要在世界中尋找永恆。永恆在別的地方，隱藏著；某個超越世界的地方。只有當你停止在世界中尋找，你才會看見永恆。

所以當我們說「這個世界就像最後的晨星，」這表示還有北極星，永恆的象徵。不要一直執著於世界，否則你將仍不知道北極星。如果你的目光著重在世界，那你要如何看見那個超越它的？如果你的頭腦知道這個世界不是永恆的，它就已經開始離開世界、遠離世界、超越世界——因為我們所有的生命能量都在欲求永恆的、不變的、不朽的。我們在尋找那個一直是永恆的。尋找那個今天在這兒、明天就消失的東西只是在浪費時間和能量。

奉獻的路是多汁的、狂喜的。裡面怎麼會有任何否定？如果我們看到某個人試著從砂礫中榨出油，然後告訴他最好還是試著從芝麻種子中榨出油，我們並沒有在阻止他找到油，我們沒有否定任何事。記住這點。如果我告訴你：「我親愛的先生，想找到油是好事；用一切可能榨出油，但是你最好還是從芝麻種子中尋找。沙礫不會產生油，而且可能會把石磨弄壞，」我不是在否定或否認任何事，我只是說不可能從砂礫中找到油。油是存在的，但是是在芝麻種子裡。喜悅和狂喜存在，但是是在你充滿神性的存在中，而不是你處於俗世的存在。

世界就是砂礫。累世以來，你一直像奴隸一樣的工作著，轉動著你的石磨。你的努力不會帶來任何東西，但是你不放棄。那已經變成習慣，而你想不到別的事可做。所以你會不斷的研磨砂礫。

奧修，你的話語使人陶醉，我因此感到害怕。

那是令人陶醉的。但是透過我的話語，你只是嚐到小小的一口。如果你開始因為我的話語感到害怕，你將會錯過真正的陶醉，因為真正的陶醉存在於經驗中。如果我說的話語令人陶醉，那只是因為這些話語來自於內在的酒。它們使你嚐到一點，它們征服了你。

我是酒的鑑賞家，一個行家！

我可以了解你的恐懼。你害怕這個酒是如此美味，你的自我會在它裡面淹沒，你將會消失。你在害怕消失。

有個朋友問：

我淹沒在這個無常世界的大海中，
這個世界沒有別的避難所。
靠近著漩渦，我的船承載著我的罪行，
噢，主啊，來吧，快點在我沉沒前拯救我。

你找錯人了。我的所有工作就是要使你淹沒。如果你在拖延那個淹沒，我會加速那個過程，使你更快淹沒——因為一個淹沒的人就是被拯救了。一個淹沒的人就是達到了：淹沒在大海中央使你到了彼岸。這兒的所有工作是和淹沒有關的。我在這兒是要慫恿你，使你也變成一個醉漢。

有一天，穆拉那斯魯丁對我唱著讚酒歌——「另一種」酒。他說：「不只是人類，連動物也相信。」

「你在說什麼？」我問他。

他說：「有一天我去釣魚。因為我忘記帶魚餌，所以我就尋找蚯蚓，但是我找不到。我發現一條蛇，嘴巴裏面有一隻青蛙。我很快從蛇的嘴裡奪走那隻青蛙，把牠切成碎片，當作魚餌。但是我對那條蛇感到抱歉。可憐的東西——我拿走牠的食物。了解到沒有別的辦法補償牠，我從袋子裡面拿出一瓶酒，倒了幾滴酒到牠的嘴裡。牠狂喜的樣子實在值得一看！牠搖頭的樣子、陶醉的吊起雙眼的樣子、搖擺的樣子…」

「然後，」穆拉說：「我非常專注的在抓魚，以致於忘掉那條蛇。一小時後，我感覺鞋子被某個東西敲著。我往下一看，驚訝的看到那條蛇嘴裡啣著兩隻青蛙。牠說：酒保，再來一點同樣的酒。」

這個故事是關於虛假的酒，而我們談論的是真正的酒。

害怕是自然的。你過著某種生活，而我要把它完全打亂。你已經建立了某種世界，我將使它陷入混亂。但是我要告訴你，你所建立的世界會是…**最後的晨星**。你只是以為你在操縱它——並沒有任何事被你操縱。而我指出的是北極星：如果它的光進入你的生命，你將能接觸那個永恆的。

除非你接觸到它，否則不要感到滿足。不要停留在任何低於神的一切。讓這個找尋持續下去，直到你的杯子裝滿了最終的解脫之酒。你必須繼續找尋。那些還沒找到目的地就提早放棄的人，已經把一晚的停留變成他們的家。他們將會悲傷，他們將會受苦。他們是世俗之人。

在這兒的努力是要把你完全變成sadhjan，把你變成十足的醉漢。當你昇起又落下的那一天，當你把腳放在你並未打算放的地方的那一天，當你笑、哭、唱歌和讚美神的那一天——那一天，你生命的花朵，為了綻放而等了很久的它，將會綻放。你的蓮花將會展開它的花瓣，你的芬芳將會釋放到空氣中。那就是莫克夏，最終的解脫。那個莫克夏就是喜樂。其他的一切都是痛苦，悲傷和煩惱。

鼓起勇氣，勇敢點。這個酒不能錯過。

關於靜心村

奧修國際靜心村

位置：位於距離印度孟買東南方一百哩外的普那市，奧修國際靜心村是一個與眾不同的假日勝地。靜心村座落在一個樹木林立的高級住宅區內，是一個擁有四十英畝大的壯麗園區。

獨特性：靜心村每年招待來自一百多個國家的數千位遊客。獨特的園區提供機會使每個人可以直接體驗一種全新的生活方式－帶著更多的覺知、放鬆、慶祝和創造性。全年提供不同的服務項目，以及每日不同的課程選擇。其中一個選擇是什麼事都不做，只要放鬆！

所有課程都是依照奧修對於「左巴佛陀」的見解－一種不同品質的新人類，能同時過著創造性的日常生活，及放鬆在寧靜和靜心中。

靜心：每日的靜心行程表，針對每個人提供不同的靜心課程，被動的和主動的，傳統的和革命性的，特別是奧修動態靜心，它是在奧修大禮堂－全球最大的靜心大廳中進行。

多元大學：針對個人的講習、授課和討論會，涵蓋了創造性藝術、整全健康、私人轉變、關係和生活變化、工作靜心、奧秘科學，以及用於運動和娛樂的「禪」的方法。多元大學成功的秘密在於所有課程都和靜心緊密的結合，人們可以了解到人類是整體的，而不是部份的。

芭蕉Spa：舒適的芭蕉Spa讓人們可以在圍繞著蒼翠樹木的露天場所下悠閒地游泳。獨特的風格、寬敞的浴池、桑拿、體育館和網球場…令人驚歎的設計更是提升了它們的美感。

飲食：各種不同的用餐區提供美味的西方、亞洲和印度素食－為了靜心村，它們大部分是透過有機種植而得。麵包和甜點則是在靜心村內自有的麵包坊進行烘烤而成。

夜晚的生活：多種晚間節目可供選擇－跳舞是其中的首選！其他活動包括星辰下的滿月靜心、各種表演、音樂演奏和每日靜心。

或者你可以只是在廣場咖啡廳裡享受和人們的聚會，或者在寂靜的夜晚漫步在童話故事般的花園中。

設施：你可以在購物廳購買生活所需的日常用品和化妝品。媒體廳則販賣各種奧修影音產品。還有銀行、旅行服務處和園區網咖。對於那些喜愛購物的人，普那提供了各種選擇，包括從傳統的印度民俗產品到全球知名品牌的商店。

住宿：你可以選擇住在奧修招待所裡的高雅客房，也可以選擇長期住宿的套裝居住行程。此外，附近還有各種不同的飯店和公寓可供選擇。

更多資訊請瀏覽www.osho.com/meditationresort

關於作者

奧修反對分門別類。他的數千種談論涵蓋了一切，包括個人詢問的問題，以及現今社會當務之急所面對的社會和政治議題。奧修的書不是書面文字的，而是根據他對國際聽眾所作的即席演講的影音紀錄所謄寫而成。如他所說：「所以記住：無論我說了什麼，那不只是針對你…我也是為了未來的一代而談。」倫敦周日時報說奧修是「創造二十世紀的一千個人」的其中一位，美國作家湯姆羅賓斯說奧修是「自從耶穌基督之後最危險的人」。印度周日午報說奧修是和－甘地、尼赫魯、佛陀－等十個改變印度命運的人。關於他的工作，奧修說他是在幫助創造一個誕生出新人類的環境。他常將這樣的新人類稱為「左巴佛陀」－可以同時是享受娛樂的希臘左巴和寂靜的喬達摩佛。如同一條聯繫著奧修各種書籍和靜心的線運作著，包含了過去各時代的永恆智慧以及現代（和未來）潛力無窮的科學和技術。奧修為人所知的是他對於內在轉變的科學的革命性貢獻，以及用於現代快速的生活步調的靜心方法。他獨特的奧修動態靜心設計，讓人先釋放出身體和頭腦累積的壓力，以便更容易在日常生活中體驗到寂靜以及無念的放鬆。

關於作者，有兩本自傳作品可以購買：奧修自傳：叛逆的靈魂，〔繁體中文／除大陸外，全球販售〕；金色童年，〔繁體中文／除大陸外，全球販售〕。

國家圖書館出版品預行編目(CIP)資料

最後的晨星／奧修(Osho)著；李奕廷譯. -- 初版. -- 臺北市：旗開，2014.06
面； 公分
譯自：The last morning star：talks on enlightened woman mystic, Daya
ISBN 978-986-89034-3-2（平裝）

1. 達雅 2. 傳記 3.靈修

783.718 103011497

欲了解更多資訊請瀏覽

www.OSHO.com

這是一個綜合性的多語網站，包括雜誌、奧修書籍、奧修演講的影音產品、英語及印度語的奧修圖書館資料文獻，以及關於奧修靜心的各種資訊。您也可以在這兒查詢奧修多元大學的課程表以及奧修國際靜心村的相關資訊。

相關網站：

http://OSHO.com/resort

http://OSHO.com/AllAboutOSHO

http://OSHO.com/shop

http://www.youtube.com/OSHO

http://www.oshobytes.blogspot.com

http://www.Twitter.com/OSHOtimes

http://www.facebook.com/pages/OSHO.International

http://www.flickr.com/photos/oshointernational

您可透過下列方式聯繫奧修國際基金會：

www.osho.com/oshointernational,

oshointernational@ oshointernational.com

最後的晨星

原著：The Last Morning Star：Talks on the Enlightened Woman Mystic, Daya
作者：奧修（OSHO）
譯者：李奕廷 (Vivek)
發行：李奕廷
出版：旗開出版社
電話：(02)26323563
網址：www.flag-publishing.com.tw
電子信箱：flag.publish@msa.hinet.net
地址：台北市信義區松德路12號6樓
統編：31855902
匯款訂購：007 (第一銀行) 158-10-012620 (帳號)旗開出版社 (戶名)

經銷：紅螞蟻圖書有限公司
地址：臺北市內湖區舊宗路二段121巷19號
電話：(02)27953656　傳真：(02)27954100

初版：2014年6月
再版二刷：2015年3月
定價：400元
ISBN：978-986-89034-3-2

Original title: ***The Last Morning Star: Talks on the Enlightened Woman Mystic, Daya*** , by Osho
This book is a transcript of a series of original talks by Osho titled Jagat Taraiya Bhor Ki given to a live audience. All of Osho's talks have been published in full as books, and are also available as original Hindi audio recordings. Audio recordings and the complete text archive can be found via the online OSHO Library at www.osho.com